고등통합사회 쉽게 배우기

고등통합사회
쉽-게
배 우 기

박상재 · 서인원 지음

종이와
나무

들어가며

미래 사회는 어떻게 변할까요? 여러분이 대학교를 졸업하고 사회에 진출했을 때는 지금보다도 훨씬 빠른 속도로 세상이 변하고 있을 것을 생각됩니다. 미래학자들은 '올 것 같은 가능 미래'와 '왔으면 하고 바라는 선호 미래'라는 두 가지 관점에서 미래를 예측하고 있습니다. 가장 이상적인 미래는 우리가 왔으면 하고 바라는 미래와 올 것 같은 미래가 일치하는 상황이 나타나는 것이겠지요. 이런 미래 사회가 온다면 우리들은 자신감있고 진취적으로 살아갈 수 있을 것입니다.

그러나 대부분의 경우에는 우리가 바라는 선호 미래와 올 것 같은 가능 미래가 일치하지 않는다는 것입니다. 원하는 미래가 올 것 같지 않는 상황이 지속된다면 부정적인 사회로 변화하면서 많은 문제가 일어나겠지요. 불확실한 미래는 사회·경제·산업 등 모든 영역에서 불안감을 낳습니다. 따라서 앞으로 다가올 미래 사회의 특징과 기술 패러다임 변화를 살펴보고 개인과 조직, 사회가 현재 어떤 준비를 해야 하는지 생각해보아야 하는 시기가 다가왔습니다.

최근 정보화진흥원은 고령화, 지구 온난화 및 기후변화, 자유무역으로 대변되는 글로벌화, 기술진보가 진행되고 있음을 근거로 무한 확장·경쟁 심화, 개인화·다원화 확산, 가상공간의 가치 증대, 디지털 휴머니즘 기술 발달, 사회적 자본으로써의 '신뢰' 강화라는 5가지 미래 사회의 특징을 제시했습니다. 이러한 미래 사회에서는 단순히 지식 위주의 암기나 잘하는 학생을 요구하는 것이 아니라, 토론·사고력·융합 능력 확장이 가능한 통합적 사고 역량을 갖춘 인재가 필요합니다.

이를 해결해보고자 하는 목적으로 탄생한 교과목이 바로 통합 사회입니다. 통합 사회는 인간, 사회, 국가, 지구 공동체 및 환경을 개별 학문의 경계를 넘어 통합적인 관점에서 사회를 바라볼 수 있도록 개발된 교과목입니다. 통합 사회는 시간적, 공간적, 사회적, 윤리적 관점이 조화와 균형을 이루면서, 행복, 자연환경, 생활공간, 인권, 시장, 정의, 문화, 세계화, 지속 가능한 삶과 같은 주요 핵심 개념을 비판적 사고력과과 창의성, 문제 해결 능력과 의사 결정 능력, 자기 존중 및 대인 관계 능력, 공동체적 역량, 통합적 사고력 등을 육성하여 인문사회·자연 계열 통합형 인재를 양성하는데 중점을 둔 교과목입니다.

이런 내용을 담기 위해 이 책 한권을 완성해 보았습니다. 이 한권의 책으로 학교에서 배우는 통합 사회 교과목의 기초도 쌓고 미래 사회가 요구하는 인재가 될 수 있는 내용도 습득하는 기회가 되었으면 합니다.

이 책의 차례

통합사회 교육과정

1. 성격

통합사회는 인간, 사회, 국가, 지구 공동체 및 환경을 개별 학문의 경계를 넘어 통합적인 관점에서 이해하고, 이를 기반으로 기초 소양과 미래 사회의 대비에 필요한 역량을 함양하는 과목이다. 통합사회는 단순히 지식 중심의 교육에 머무르는 것이 아니라 다양한 활동을 통해 지식, 기능, 가치·태도, 행동을 통합적으로 학습하는 것을 지향한다.

통합사회는 중학교 사회(역사 포함)/도덕 교과(군) 및 고등학교 선택 과목과 긴밀한 연계를 갖도록 구성하며, 시간적, 공간적, 사회적, 윤리적 관점이 조화와 균형을 이루면서 '삶의 이해와 환경', '인간과 공동체', '사회 변화와 공존'의 영역 안에서 행복, 자연환경, 생활공간, 인권, 시장, 정의, 문화, 세계화, 지속가능한 삶과 같은 주요 핵심 개념을 다룬다.

통합사회는 학생들에게 다양한 흥미와 호기심을 유발할 수 있는 내용을 제시하여 관찰, 조사, 분석, 해석, 탐구와 성찰, 토의와 토론, 논술, 프로젝트 학습, 현장 체험 학습 등 경험 및 참여 중심의 활동이 가능하도록 학습량을 적정화하고, 효과적인 교수·학습과 평가 방법 및 유의 사항을 제시한다.

통합사회는 글로벌 지식 정보 사회와 개인의 일상에서 성공적으로 삶을 영위하기 위해 필요한 비판적 사고력 및 창의성, 문제 해결 능력과 의사 결정 능력, 자기 존중 및 대인 관계 능력, 공동체적 역량, 통합적 사고력 등과 같은 교과 역량을 육성하는 데 중점을 둔다. 여기서 비판적 사고력 및 창의성은 자료, 주장, 판단, 신념, 사상, 이론 등이 합당한 근거에 기반을 두고 그 적합성과 타당성을 평가하는 능력과 새롭고 가치 있는 아이디어를 생성해 내는 능력을 의미한다. 문제 해결 능력과 의사 결정 능력은 다양한 문제를 인식하고 그 원인과 현상을 파악하여 합리적인 해결 방안들을 모색하고 가장 나은 의견을 선택하는 능력을 의미한다. 자기 존중 및 대인 관계 능력은 자기 자신을 존중하고 자신의 삶을 주체적으로 관리하며, 나와 다른 사람들과의 관계의 중요성에 대한 인식을 토대로 다른 사람을 존중·배려하고, 다양성을 인정하고 갈등을 조정하여 원만한 대인 관계를 유지하고 협력하는 능력을 의미한다. 공동체적 역량은 지역, 국가, 세계 등 다양한 공동체의 구성원으로 필요한 지식과 관점을 인식하고, 가치와 태도를 내면화하여 실천하면서 공동체의 문제 해결 및 발전을 위해 자신의 역할과 책임을 다하는 능력을 의미한다. 통합적 사고력은 시간적, 공간적, 사회적, 윤리적 관점에 대한 폭넓은 기초 지식을 바탕으로 자신, 사회, 세계의 다양한 현상을 통합적으로 탐구하는 능력을 의미한다.

2. 목표

통합사회는 사회과와 도덕과의 교육 목표를 바탕으로 통합 과목으로서 다음과 같은 구체적인 목표를 갖는다.

가. 시간적, 공간적, 사회적, 윤리적 관점을 통해 인간의 삶과 사회현상을 통합적으로 바라보는 능력을 기른다.

나. 인간과 자신의 삶, 이를 둘러싼 다양한 공간, 그리고 복합적인 사회현상을 과거의 경험, 사실 자료와 다양한 가치 등을 고려하면서 탐구하고 성찰하는 능력을 기른다.

다. 일상생활과 사회에서 발생하는 다양한 문제에 대한 합리적인 해결 방안을 모색하고 이를 통해 공동체 구성원으로서 자신의 삶을 통합적인 관점에서 성찰하고 설계하는 능력을 기른다.

3. 내용 체계 및 성취기준

가. 내용 체계

영역	핵심 개념	일반화된 지식	내용 요소	기능
삶의 이해와 환경	행복	질 높은 정주 환경의 조성, 경제적 안정, 민주주의의 발전 그리고 도덕적 실천 등을 통해 인간 삶의 목적으로서 행복을 실현한다	• 통합적 관점 • 행복의 조건	파악하기 설명하기 조사하기 비교하기 분석하기 제안하기 적용하기 추론하기 분류하기 예측하기 탐구하기 평가하기 비판하기 종합하기 판단하기 성찰하기 표현하기
	자연환경	자연환경은 인간의 삶의 방식과 자연에 대한 인간의 대응방식에 영향을 미친다	• 자연환경과 인간 생활 • 자연관 • 환경 문제	
	생활공간	생활공간 및 생활양식의 변화로 나타난 문제에 대한 적절한 대응이 필요하다	• 도시화 • 산업화 • 정보화	
인간과 공동체	인권	근대 시민 혁명 이후 확립된 인권이 사회제도적 장치와 의식적 노력으로 확장되고 있다	• 시민 혁명 • 인권 보장 • 인권 문제	
	시장	시장경제 운영 과정에서 나타난 문제 해결을 위해서는 다양한 주체들이 윤리 의식을 가져야 하며, 경제 문제에 대해 합리적인 선택을 해야 한다	• 합리적 선택 • 국제 분업 • 금융 설계	
	정의	정의의 실현과 불평등 현상 완화를 위해서는 다양한 제도와 실천 방안이 요구된다	• 정의의 의미 • 정의관 • 사회 및 공간 불평등	
사회 변화와 공존	문화	문화의 형성과 교류를 통해 나타나는 다양한 문화권과 다문화 사회를 이해하기 위해서는 바람직한 문화 인식 태도가 필요하다	• 문화권 • 문화 변동 • 다문화 사회	
	세계화	세계화로 인한 문제와 국제 분쟁을 해결하기 위해서는 국제 사회의 협력과 세계시민 의식이 필요하다	• 세계화 • 국제사회 행위 주체 • 평화	
	지속 가능한 삶	미래 지구촌이 당면할 문제를 예상하고 이의 해결을 통해 지속가능한 발전을 추구한다	• 인구 문제 • 지속가능한 발전 • 미래 삶의 방향	

나. 성취 기준

[1. 삶의 이해와 환경]

(1) 인간, 사회, 환경과 행복

이 단원은 "인간, 사회, 환경을 바라보기 위해 어떤 시각을 가져야 하며, 행복한 삶을 위해 무엇이 필요한가?"라는 핵심 질문의 답을 찾아가는 과정으로, 이 단원에서는 삶의 목적으로서 행복을 실현하기 위한 조건들 -질 높은 정주 환경의 조성, 경제적 안정, 민주주의의 발전 그리고 도덕적 실천 등- 을 인간, 사회, 환경의 통합적 관점에서 이해하고자 한다.

[10통사01-01] 시간적, 공간적, 사회적, 윤리적 관점의 특징을 이해하고, 이를 바탕으로 인간, 사회, 환경의 탐구에 통합적 관점이 요청되는 이유를 파악한다.

[10통사01-02] 사례를 통해 시대와 지역에 따라 다르게 나타나는 행복의 기준을 비교하여 평가하고, 삶의 목적으로서 행복의 의미를 성찰한다.

[10통사01-03] 행복한 삶을 실현하기 위한 조건으로 질 높은 정주 환경의 조성, 경제적 안정, 민주주의의 발전 및 도덕적 실천이 필요함을 설명한다.

(가) 학습 요소
통합적 관점, 행복의 의미와 기준, 행복의 조건

(나) 성취기준 해설
• [10통사01-01]에서는 인간의 삶을 이해하기 위한 '통합적 관점'은 하나의 사회 현상에 대한 시대적 배경과 맥락, 장소와 영역 및 네트워크 등의 공간 정보, 사회 구조 및 제도의 영향력, 규범적 방향성과 가치 등을 고려하여 통합적으로 살펴보는 것을 의미한다.

- [10통사01-02]에서는 행복의 기준이 시대적 상황과 지역적 여건 등에 따라 어떤 공통점과 차이점을 보이는지를 찾아내고, 이들을 비교·평가함으로써 행복의 진정한 의미를 성찰할 수 있도록 한다.
- [10통사01-03]에서는 사람이 사람답게 살아가기 위한 질 높은 정주 환경의 조성, 삶의 질을 유지하기 위한 경제적 안정, 시민의 참여가 활성화되는 민주주의의 실현, 도덕적으로 행위하고 성찰하는 삶 등 행복한 삶을 실현하기 위한 조건들을 균형 있게 다루도록 한다.

(다) 교수·학습 방법 및 유의 사항
- 모둠별 토론 및 협력학습을 통해 하나의 사회현상의 원인을 파악하고, 그 해결 방안을 모색함에 있어 통합적 관점이 요청되는 이유와 그 특징을 파악할 수 있도록 한다.
- 행복 실현을 위한 다양한 조건을 동서양의 고전이나 문학 작품, 신문 자료, 통계 자료를 통해 조사할 수 있다. 이러한 조건들을 마인드맵으로 나타낼 경우 이들이 다양한 관점과 서로 연계되었음을 쉽게 파악할 수 있다.

(라) 평가 방법 및 유의 사항
- 모둠별 토론 및 협력학습을 한 경우에는 하나의 사회현상이나 행복의 조건을 시간적, 공간적, 사회적, 윤리적 관점에서 통합적으로 고찰하였는지에 중점을 두어 평가한다. 특히 모둠 안에서 개개인의 역할 분담과 협력 활동, 의견 제시와 논의 과정, 다양한 의견의 종합, 분석, 정리, 결과 발표 등에 대해서는 자기 평가, 동료 평가, 교사 평가 등을 활용할 수 있다.

📖 탐구 주제 및 활동(예시)

✓ 지구촌의 당면 문제(기후 변화) 또는 우리나라의 사회문제(님비 현상) 중 하나를 선

택하고, 이에 관한 자료를 조사하여 통합적 관점에서 문제의 발생 원인과 그 해결 방안을 제안한다.

☑ 다양한 통계 자료(GDP, 환경 지표, 부패지수 등)를 조사하여 경제 발전 정도, 환경보전 여부, 투명성 등과 삶의 질의 관계에 대한 자신의 견해를 발표한다.

☑ 세계 국가별 행복지수에 관한 다양한 자료들의 비교, 분석을 통해 행복의 의미와 그 실현 조건에 대해 토론한다.

☑ 행복의 의미와 기준은 동서양의 문화권과 시대에 따라 어떤 공통점과 차이점을 보이는지를 모둠별로 조사하여 발표한다.

☑ 자신이 행복하다고 느끼는 순간과 불행하다고 느끼는 순간에 대한 목록을 작성한 뒤, 이를 바탕으로 '나의 행복한 삶을 위한 조건'을 발표한다.

(2) 자연환경과 인간

이 단원은 "자연환경과 인간의 삶은 어떻게 연관되어 있는가?"라는 핵심 질문의 답을 찾아가는 과정으로, 이 단원에서는 자연환경과 인간 생활의 관계, 자연관 및 환경 문제에 대한 해결 방안을 모색하고자 한다.

[10통사02-01] 자연환경이 인간의 생활에 미치는 영향에 관한 과거와 현재의 사례를 조사하여 분석하고, 안전하고 쾌적한 환경 속에서 살아갈 시민의 권리에 대해 파악한다.

[10통사02-02] 자연에 대한 인간의 다양한 관점을 사례를 통해 설명하고, 인간과 자연의 바람직한 관계에 대해 제안한다.

[10통사02-03] 환경 문제 해결을 위한 정부, 시민사회, 기업 등의 다양한 노력을 조사하고, 개인적 차원의 실천 방안을 모색한다.

(가) 학습 요소
자연환경과 인간 생활, 자연관, 환경 문제

(나) 성취기준 해설
- [10통사02-01]에서는 기후와 지형 등 자연환경에 따른 생활양식의 차이를 다루고, 자연환경의 영향으로 인해 인간의 삶이 위협받는 사례를 조사하고, 이와 관련하여 시민에게 보장된 권리를 파악한다.
- [10통사02-02]에서는 자연에 대한 인간의 다양한 관점은 인간 중심주의와 생태 중심주의를 중심으로 다루되 구체적인 사례를 통해 학습하도록 한다. 그리고 자연 생태계와 인간의 삶은 유기적으로 연계되어 있음을 고려하면서 인간과 자연의 바람직한 관계를 다루도록 한다.
- [10통사02-03]에서는 국내외적으로 발생하는 환경 문제 해결을 위한 정부의 제도적 노력이나 시민단체들의 시민운동 및 캠페인, 기업 차원에서의 시설 정비 및 기술 개발 등 다양한 실제 사례들을 조사하고, 개인적 차원에서 할 수 있는 분리수거, 에너지 절약 등의 실천 방안을 탐색할 수 있도록 한다.

(다) 교수·학습 방법 및 유의 사항
- 뉴스, 다큐멘터리, 영화, 광고, 문학 작품, 인터넷 등을 활용하여 기후와 지형 등 자연환경이 인간의 생활양식에 미치는 영향, 자연환경이 인간의 삶을 위협한 사례 등을 모둠별로 조사하여 발표하게 하거나 현장 체험을 통해 이를 탐구해 볼 수 있다.
- 환경 위기 해결을 위한 방안에서는 학생들이 서로 다른 입장을 대변하는 토론 수업을 통해 자신의 입장을 명료히 하고 상대방의 입장을 이해함으로써 바람직한 해결 방안을 모색하도록 한다. 여기서 유념해야 할 것은 특정 가치를 주입하지 않도록 한다. 환경 문제 해결을 위한 정부, 시민사회, 기업 등의 노력은 역할극이나 브레인스토밍을 통해 효과적으로 파악하게 할 수 있다.

(라) 평가 방법 및 유의 사항

- 모둠별로 조사하여 발표한 내용에 대한 평가는 각종 정보와 자료를 획득, 조직, 활용, 표현, 발표할 수 있는 능력에 초점을 두어 교사 평가와 동료 평가를 병행하여 실시한다.

- 환경 위기의 해결을 위한 상반된 가치에 대한 평가는 특정 사안에 대한 자신의 가치, 의견과 주장을 명료하게 표현할 수 있는 능력과 태도를 중심으로 평가한다. 예를 들면 가치 명료화 척도를 활용할 수 있다. 환경 문제 해결을 위한 다양한 주체들의 역할에 대한 역할극이나 브레인스토밍은 자기 평가 또는 동료 평가를 활용한다.

📖 탐구 주제 및 활동(예시)

✅ 쌀, 밀, 커피 중 하나를 골라 생산이 많은 지역을 세계지도에 표시하고, 자연 조건이나 사회 조건과 관련지어 그 분포 이유와 관련 농목업이 음식 문화, 경제 또는 정치 측면에서 생활에 미치는 영향을 발표한다.

✅ 세계 각국의 자연재해(미국의 허리케인, 일본의 지진 쓰나미, 인도네시아 쓰나미 등)에 대한 사례를 조사하여 정부와 시민사회의 대응 방식 등을 비교한다.

✅ 어떤 지역을 개발할 때 경제적 이익을 중시하는 측과 환경 보전을 중시하는 측이 대립하는 경우가 많다. 대립하는 두 입장을 이해하고 자신의 견해를 발표한다.

✅ 인간과 자연환경과의 관계가 어떻게 변해 왔는지를 살펴보고, 자연환경에 대한 인간의 다양한 관점을 통해 둘 사이의 바람직한 관계가 무엇인지에 대해 토론해 본다.

✅ 세계 생태 도시의 모범적인 사례를 조사하고 이를 우리나라에 어떻게 적용할 수 있을지 탐구한다.

(3) 생활공간과 사회

이 단원은 "변화하는 생활공간은 우리의 삶에 어떤 영향을 미치는가?"라는 핵심 질문의 답을 찾아가는 과정으로, 이 단원에서는 생활공간 및 생활양식의 변화로 나타난 문제에 대한 적절한 대응 방안을 파악하고자 한다.

[10통사03-01] 산업화, 도시화로 인해 나타난 생활공간과 생활양식의 변화 양상을 조사하고, 이에 따른 문제점을 해결하기 위한 방안을 제안한다.

[10통사03-02] 교통·통신의 발달과 정보화로 인해 나타난 생활공간과 생활양식의 변화 양상을 조사하고, 이에 따른 문제점을 해결하기 위한 방안을 제안한다.

[10통사03-03] 자신이 거주하는 지역을 사례로 공간 변화가 초래한 양상 및 문제점을 파악하고 이를 해결하기 위한 방안을 제안한다.

(가) 학습 요소
도시화, 산업화, 정보화

(나) 성취기준 해설
• [10통사03-01]에서는 산업화와 도시화로 인해 나타난 생활공간의 변화 양상으로는 거주 공간, 생태 환경 등의 변화를 다루며, 생활양식의 변화 양상은 도시성의 확산, 직업의 분화, 개인주의 가치관의 확산 등에 초점을 둔다. 아울러 산업화와 도시화로 인한 문제를 해결하기 위한 방안은 개인적 차원과 사회적 차원으로 나누어 제시할 수 있다.
• [10통사03-02]에서는 교통·통신의 발달과 정보화로 인해 나타난 생활공간의 확대 및 격차, 생태 환경의 변화, 생활양식의 변화 등을 다루며, 이 과정에서 사생활 침해, 사이버 범죄, 정보 격차 등 새로운 사회문제가 발생하고 있음을 다룬다. 더불어 새롭게 등장한 문제를 해결하기 위해 실제 우리 사회에서 시행

하고 있는 제도적 방안을 평가하도록 한다.
- [10통사03-03]에서는 자신이 거주하는 지역의 토지 이용, 산업 구조, 직업, 인구, 인간관계, 생태 환경 및 주민의 가치관 등의 변화를 중심으로 살펴볼 수 있으며, 이 과정에서 나타난 문제점과 그 해결 방안을 탐구하도록 한다.

(다) 교수·학습 방법 및 유의 사항
- 산업화, 도시화, 정보화 등으로 인해 나타난 생활공간과 생활양식의 변화 양상은 모둠별로 영역을 나누어 조사하여 발표할 수 있다. 그리고 그 과정에서 나타난 문제점을 찾고 이를 해결하는 방안은 문제 해결 학습, 토론 학습 등을 활용하거나 모둠별로 마인드맵을 그린 후 서로 비교하여 이해를 높일 수 있다.
- 자신이 거주하는 지역을 사례로 공간 변화가 초래한 양상 및 문제점을 파악하고 이를 해결하기 위한 방안을 제안하는 것은 매우 광범위한 활동이 요구되므로, 학급 구성원 전체가 참여하여 하나의 과제를 수행하는 협동 학습을 적용할 수 있다. 이 경우 해당 자료를 얻기 위해 문헌 연구, 면담, 답사 등을 실시할 수도 있다.

(라) 평가 방법 및 유의 사항
- 변화 양상을 조사하여 발표하는 경우 각종 정보와 자료를 획득, 조직, 활용, 표현, 발표할 수 있는 역량을 중심으로 평가할 수 있다. 문제점과 그 해결 방안을 찾기 위해 마인드맵을 적용한 학습의 경우 이에 대한 평가는 마인드맵이 갖추어야 할 논리적인 형식 체계와 내용의 타당성의 관점에서 교사 평가와 동료 평가를 병행하여 실시할 수 있다.
- 문제 해결 학습, 토론 학습, 협동 학습의 경우에는 체크리스트를 만들어 교사가 관찰 평가를 진행할 수 있고 동료 평가 시에는 동료 평가지를 활용하여 객관적 근거를 들어 평가할 수 있도록 한다.
- 자료를 얻기 위해 문헌 연구, 면담, 답사 등의 경우 계획서와 보고서를 작성하

도록 하여 이를 평가에 반영한다.

☑ '○○도시의 하루'라는 제목으로 도시인의 삶을 그려 보고, 각종 통계 자료, 신문 기사, 방송 자료 등을 토대로 50년 전 도시인의 삶을 조사하여 비교한다.

☑ 현대 사회의 속도 지향적 특성을 비판하고, 이러한 문제를 해결하는 방안으로 제시되고 있는 느림의 가치에 대한 자신의 입장을 발표한다.

☑ 고속도로와 고속철도 건설로 인해 나타난 지역의 변화를 살펴보고, 이러한 변화가 지역 주민의 삶에 미친 영향을 긍정적, 부정적 측면으로 나누어 토론한다.

☑ 가상공간(인터넷)에서의 인간관계와 현실 공간에서의 직접적인 인간관계가 어떻게 다른지 비교하고, 가상공간에서의 인간관계가 증가할 때 발생할 수 있는 장점과 단점을 발표한다.

☑ 자신이 거주하는 지역을 사례로 더 나은 지역을 만들기 위해 해결해야 할 과제(공간 이용, 환경, 지역경제 발전 등)를 찾아 그 방안을 탐구한다.

[2. 인간과 공동체]

(4) 인권 보장과 헌법

이 단원은 "인권은 어떻게 확장되어 왔으며, 그 내용은 무엇인가?"라는 핵심 질문의 답을 찾아가는 과정으로, 이 단원에서는 근대 시민 혁명 이후 확립되고 확장되어 온 인권의 의미와 변화 양상을 파악하고 인권 보장을 위한 여러 가지 제도적 장치와 의식적 노력을 살펴보고자 한다.

> [10통사04-01] 근대 시민 혁명 등을 통해 확립되어 온 인권의 의미와 변화 양상을 이해하고, 현대 사회에서 주거, 안전, 환경 등 다양한 영역으로 인권이 확장되고 있는 사례를 조사한다.
>
> [10통사04-02] 인간 존엄성 실현과 인권 보장을 위한 헌법의 역할을 파악하고, 준법 의식과 시민 참여의 필요성에 대해 탐구한다.
>
> [10통사04-03] 사회적 소수자 차별, 청소년의 노동권 등 국내 인권 문제와 인권지수를 통해 확인할 수 있는 세계 인권 문제의 양상을 조사하고, 이에 대한 해결 방안을 제시한다.

(가) 학습 요소
- 시민 혁명, 인권 보장, 헌법, 인권 문제

(나) 성취기준 해설
- [10통사04-01]에서는 인권의 의미가 역사 속에서 확장되어 온 과정과 그 결과로 변화된 것이 무엇인지 탐색한다. 현대 사회에서 인권이 확장되고 있는 사례로는 도시민들에게 보장되어야 할 권리를 다룰 수 있다.
- [10통사04-02]에서는 인권과 헌법의 관계, 인권 보장을 위해 헌법에 규정된 제

도적 장치 등을 다룬다. 준법 의식과 함께 정의 실현, 인간 존엄성 실현 등을 위해 시민 불복종 등 시민 참여의 의미와 필요성을 함께 생각하고, 시민 불복종의 정당화 조건에 대해서도 다루도록 한다.

- [10통사04-03]에서 사회적 소수자의 사례로는 장애인, 이주 외국인 등을 다룰 수 있으며, 청소년 노동권의 경우 청소년들이 일을 하면서 보장받아야 할 권리 및 관련 법규를 청소년 아르바이트와 같은 사례에 적용하여 다룰 수 있다. 세계 인권 문제는 국제기구나 비정부 기구 등에서 발표하는 인권지수를 활용하여 세계 각 지역에서 나타나는 인권 문제의 양상과 해결 방안을 다루도록 한다.

(다) 교수·학습 방법 및 유의 사항

- 인권 보장의 역사와 그 과정에서 등장한 인권 관련 문서와 주장, 우리나라 헌법 등에 대한 탐구 학습을 통해 인권의 확대 과정, 인권 보장을 위한 제도적 장치 등을 파악할 수 있다.
- 준법과 시민 참여, 국내외의 인권 문제는 토론 학습, 논술 학습을 통해 다룰 수 있다.
- 다양한 측면의 인권지수를 수준별로 묶어 국가를 세계지도에 나타낼 경우 지역별 특성을 효과적으로 파악할 수 있다.

(라) 평가 방법 및 유의 사항

- 인권의 의미와 변화 양상, 헌법을 비롯한 인권 보장을 위한 제도적 장치 등을 서술할 수 있는 능력을 평가할 수 있다. 모둠별로 사례를 조사하여 발표하는 경우 조사 결과에 들어가야 할 내용을 명확히 하여 각 내용을 평가에 반영한다.
- 준법과 시민 불복종에 대한 토론을 진행하는 경우 토론 과정에 대한 교사 평가와 동료 평가가 함께 진행될 수 있도록 한다.

🗒️ 탐구 주제 및 활동(예시)

☑️ 프랑스 혁명(1789년) 때의 '인간과 시민의 권리 선언'과 '세계 인권 선언(1948년)'에 나타난 인권의 의미를 시대적 배경과 맥락 속에서 비교한다.

☑️ 과거에는 요구되지 않았으나 사회 변화로 인해 새롭게 요구되거나 등장하는 인권의 내용(문화권 등)에 대해 조사한다.

☑️ 인간 존엄성 실현과 인권 보장을 위한 조항을 우리나라 헌법을 통해 탐구하고 각 조항을 구체적으로 실현할 수 있는 방안에 대해 토의한다.

☑️ 시민 불복종에 대한 역사적인 사례(간디, 마틴 루터 킹 목사 등)를 찾아보고, 시민 불복종이 정당화될 수 있는 조건을 발표한다.

☑️ 공신력 있는 국제기구가 발표한 다양한 인권지수를 수준별로 묶어 각 국가를 세계 지도에 나타내도록 하고 지역별 특성을 파악한다.

(5) 시장경제와 금융

이 단원은 "시장경제는 인간의 삶에 어떤 영향을 미치는가?"라는 핵심 질문의 답을 찾아가는 과정으로, 이 단원에서는 시장경제의 의의, 시장경제의 한계를 극복하기 위한 노력, 국제 분업과 무역 및 금융 생활에 대해 탐구하고 이에 대해 다양한 사례를 분석하고자 한다.

[10통사05-01] 자본주의의 역사적 전개 과정과 그 특징을 조사하고, 시장경제에서 합리적 선택의 의미와 그 한계를 파악한다.

[10통사05-02] 시장경제의 원활한 작동과 발전을 위해 요청되는 정부, 기업가, 노동자, 소비자의 바람직한 역할에 대해 설명한다.

[10통사05-03] 자원, 노동, 자본의 지역 분포에 따른 국제 분업과 무역의 필요성을 이해하고, 무역의 확대가 우리 삶에 어떤 영향을 끼치는지 사례를 통해 탐구한다.

안정적인 경제생활을 위해 금융 자산의 특징과 자산 관리의 원칙을 파악하고, 이를 토대로 생애 주기별 금융 생활을 설계한다.

(가) 학습 요소

- 시장경제, 합리적 선택, 기업가 정신, 국제 분업, 금융 설계

(나) 성취기준 해설

- [10통사05-01]에서 '자본주의의 시간적·공간적 전개 과정과 그 특징'은 역사적 사건이나 사상가들의 주장을 통해 다루도록 한다. 그리고 합리적 선택이란 비용보다 편익을 크게 하는 것을 의미하며, 선택의 효율성만 추구할 경우 공공의 이익이나 규범 준수 등을 간과할 수 있으므로 합리적 선택과 더불어 그 한계에 대해서도 다루도록 한다.
- [10통사05-02]에서는 시장경제의 원활한 작동과 발전을 위해 요청되는 시장 참여자들의 역할은 시장의 한계와 관련지어 제시한 것이다. 정부의 역할, 기업가 정신, 기업의 사회적 책임, 노동권, 윤리적 소비 등에 대해서도 함께 다룬다.
- [10통사05-03]에서는 자원, 노동, 자본 등의 지역적 분포의 차이 및 이에 따른 생산비의 차이가 국제 분업 및 무역을 초래하고 있음을 언급하도록 한다. 그리고 국제 무역의 확대가 국가 경제와 개인의 삶에 끼치는 긍정적 측면과 부정적 측면을 구체적인 사례를 통해 다루도록 한다.
- [10통사05-04]에서 '금융 자산'으로는 예금, 채권, 주식 등이 있고, '자산 관리의 원칙'으로는 수익성, 유동성, 안전성을 들 수 있다. 그리고 생애 주기란 시간의 흐름에 따라 개인의 삶이 어떻게 변해가는지 단계별로 나타내는 것으로, 각 생애별로 요구되는 과업이 다름을 인식하면서 금융 생활을 설계할 수 있도록 한다.

(다) 교수·학습 방법 및 유의 사항

• 자본주의 성립 과정에서의 역사적 사건이나 사상가들의 주장에 대한 탐구 학습을 통해 자본주의의 전개 과정과 그 특징을 파악하고, 합리적 선택을 실제 사례에 적용하거나 시뮬레이션 게임을 해 봄으로써 이에 대한 이해를 도울 수 있다.

• 시장의 한계에 대한 구체적인 사례를 제시하고 이를 극복하기 위한 경제 주체들의 역할 등은 모둠별 토의를 통해 탐구하게 할 수 있다.

• 우리나라의 주요 교역 상품에 대한 분석 등의 탐구 학습을 통해 국제 분업이 발생하는 원인에 대한 이해를 도울 수 있다.

• 올바른 금융 관리 습관을 함양할 수 있도록 개인별로 생애 주기별 금융 설계 워크시트지를 활용할 수 있다.

(라) 평가 방법 및 유의 사항

• 자본주의의 전개 과정과 그 특징, 가격 기구에 의한 경제 문제 해결, 국제 분업과 무역의 발생, 금융 자산의 특성 등을 서술하는 능력을 평가할 수 있다.

• 경제 주체별 역할을 주제로 한 모둠별 토의는 동료 평가 및 교사 평가를 통해 토의 참여 과정 및 그 결과에 대해 평가할 수 있다.

• 개별적으로 작성한 금융 설계 워크시트지를 활용하여 적합성이나 현실성 등을 기준으로 금융 관리 습관을 평가할 수 있다.

📖 탐구 주제 및 활동(예시)

✅ 최근 국제 규모의 금융 위기가 국가, 사회와 개인의 경제활동에 미치는 영향과 극복 방안을 조사하여 발표한다.

✅ 일반적으로 공정 무역 상품이나 친환경적 상품이 보통의 상품보다 비싸고 희소한 경우가 많다. 이런 상황에서 합리적 소비자로서 비용 편익을 고려하여 보통의 상품을 구입할 수도 있고, 윤리적 소비를 위해 비용을 감수할 수도 있다. 자신은 어떤 선

택을 할 것인지 생각해 보고, 그 이유를 발표한다.

- ✅ '일하기 좋은 회사'의 조건에 대해 생각해 보고, 노동자들의 권리를 보장하고 노동 조건을 향상시키는 것이 기업가에게는 어떤 이익을 가져다 줄 수 있는지 구체적인 사례를 통해 탐구한다.

- ✅ 통계 자료를 바탕으로 자원, 노동, 자본 분포를 지도에 표시해 보고, 이러한 분포의 차이가 국제 분업과 무역에 어떠한 영향을 미쳤는지 사례를 통해 분석한다.

- ✅ 우리나라 근로자의 평균 소득을 기준으로 자신의 금융 생활을 설계해 본다.
  (단, 출산 육아비, 교육비, 생활비, 주택 마련비 등의 다양한 통계 자료를 활용할 것)

(6) 사회 정의와 불평등

이 단원은 "정의로운 사회의 조건은 무엇이며 이의 실현을 위해 어떻게 해야 하는가?"라는 핵심 질문의 답을 찾아가는 과정으로, 이 단원에서는 정의의 의미와 기준 등을 탐구하고 사회적·공간적 불평등 현상을 완화하기 위한 다양한 제도와 실천 방안을 탐색하고자 한다.

[10통사06-01] 정의가 요청되는 이유를 파악하고, 정의의 의미와 실질적 기준을 탐구한다.

[10통사06-02] 다양한 정의관의 특징을 파악하고, 이를 구체적인 사례에 적용하여 평가한다.

[10통사06-03] 사회 및 공간 불평등 현상의 사례를 조사하고, 정의로운 사회를 만들기 위한 다양한 제도와 실천 방안을 탐색한다.

(가) 학습 요소
정의의 의미, 정의관, 사회 및 공간 불평등

(나) 성취기준 해설

- [10통사06-01]에서는 정의의 실질적 기준으로서 업적, 능력, 필요 등을 사회의 다양한 영역이나 분야에 적용함으로써 그 장단점을 다루도록 한다.
- [10통사06-02]에서는 자유주의적 정의관과 공동체주의적 정의관을 바탕으로 개인의 권리와 공동체에 대한 의무, 사익과 공익(공동선) 등의 문제를 중심으로 탐구하도록 한다.
- [10통사06-03]에서는 사회 계층의 양극화, 공간 불평등, 사회적 약자에 대한 차별 등의 사례를 조사하여 원인을 분석하고, 이를 해결하기 위한 사회 복지 제도, 지역 격차 완화 정책, 적극적인 우대 조치 등을 다루도록 한다.

(다) 교수·학습 방법 및 유의 사항

- 정의의 실질적 기준에 대한 모둠별 토의 학습을 통해 업적, 능력, 필요의 장단점을 파악할 수 있도록 한다.
- 자유주의적 정의관과 공동체주의적 정의관은 토론 학습으로 전개할 수 있는데, 학생들이 자유주의를 극단적인 이기주의로, 공동체주의를 집단주의로 이해하지 않도록 유의하여 지도한다.
- 사회 계층의 양극화, 공간 불평등, 사회적 약자에 대한 차별 등 사회 불평등 문제에 대해서는 신문 기사, 다큐멘터리, 역사적 사례 등을 소재로 하여 모둠별 탐구 학습을 진행할 수 있다.
- 사회 불평등 해결을 위한 다양한 제도와 실천 방안은 토론 학습, 논술 등을 통하여 학습할 수 있다.

(라) 평가 방법 및 유의 사항

- 정의의 기준에 대한 토론 학습을 하는 경우 실제 사례에 적용함으로써 그 기준의 장단점을 파악하였는지에 초점을 두어 평가한다.
- 정의관을 둘러싼 토론 학습의 경우 체크리스트를 만들어 토론 과정을 평가하

고 토론 과정에 참여하지 않은 방청 학생들은 토론 평가지를 작성하게 하여 기재된 내용을 토대로 평가할 수 있다.
- 모둠별 탐구 학습의 경우 사회 불평등 문제의 원인과 현상을 구체적 자료를 바탕으로 다양한 관점에서 분석하였는지 평가한다.

📖 탐구 주제 및 활동(예시)

☑ 시험 성적에 따른 진학, 성과에 따른 급여 등과 같이 사회적으로 수용되는 불평등의 사례를 찾아보고, 업적, 능력, 필요 등 다양한 정의의 기준에 비추어 이러한 불평등이 정당화될 수 있는지 발표한다.

☑ 불평등을 해소하기 위해 적극적으로 노력하는 과정에서 발생하는 역차별은 정당화될 수 있는지 토론한다.

☑ 낙후된 지역(도시의 쪽방촌 등), 환경이 열악한 지역(쓰레기 처리장 등), 사회적 약자에 대한 차별(여성의 사회 진출과 승진 문제 등) 중 하나를 선택하고 이에 관한 구체적 자료를 조사하여 이러한 문제가 발생한 원인을 다양한 측면에서 분석하여 발표한다.

☑ 다양한 분야(경제, 교육 등)에서 이루어지는 복지 정책을 조사하고, 각 정책이 정당화될 수 있는 근거를 제시한 후 이러한 복지 정책의 확대에 관한 자신의 견해를 발표한다.

☑ 교육에 있어서 기회의 평등과 결과의 평등 중 어느 것이 우선시되어야 할지 생각해 보고, 각각의 평등을 추구했을 때 발생하는 긍정적 측면과 부정적 측면을 비교해 본다.

[3. 사회 변화와 공존]

(7) 문화와 다양성

　이 단원은 "다양한 문화권의 특징은 무엇이며, 문화 다양성을 어떻게 유지해야 할까?"라는 핵심 질문의 답을 찾아가는 과정으로, 이 단원에서는 문화의 형성과 교류를 통해 나타나는 다양한 문화권과 다문화 사회를 이해하기 위해서는 바람직한 문화 인식 태도가 필요함을 파악하고자 한다.

　[10통사07-01]　자연환경과 인문환경의 영향을 받아 형성된 다양한 문화권의 특징과 삶의 방식을 탐구한다.

　[10통사07-02]　문화 변동의 다양한 양상을 이해하고, 현대사회에서 전통문화가 갖는 의의를 파악한다.

　[10통사07-03]　문화적 차이에 대한 상대주의적 태도의 필요성을 이해하고, 보편 윤리의 차원에서 자문화와 타문화를 성찰한다.

　[10통사07-04]　다문화 사회에서 나타날 수 있는 갈등을 해결하기 위한 방안을 모색하고, 문화적 다양성을 존중하는 태도를 갖는다.

(가) 학습 요소

문화권, 문화 변동, 문화 상대주의, 보편 윤리, 다문화 사회

(나) 성취기준 해설

- [10통사07-01]에서 문화권은 문화적 특성이 유사하게 나타나는 지표 공간을 의미하는데, 문화권의 형성에 영향을 주는 요인으로 자연환경은 기후와 지형을, 인문환경은 종교와 산업에 초점을 두어 다룬다. 그리고 자연환경과 인문환경의 영향을 받아 형성된 다양한 문화권의 특징과 삶의 방식은 비교 문화의

관점에서 고찰하도록 한다.

- [10통사07-02]에서는 문화 병존, 문화 융합, 문화 동화 등 문화 변동의 다양한 양상을 구체적인 사례를 통해 다루도록 하며, 현대사회에서 전통문화가 갖는 의의와 더불어 전통문화를 창조적으로 계승·발전시키기 위한 방안에 대해서도 언급한다.
- [10통사07-03]에서는 지역에 따라 문화적 차이가 나타나는 맥락을 파악하게 함으로써 문화 상대주의의 필요성을 인식할 수 있도록 하며, 자문화와 타문화를 보편 윤리 차원에서 성찰함으로써 극단적 문화 상대주의로 흐르지 않도록 경계한다.
- [10통사07-04]에서는 다문화 사회의 갈등 해결 방안을 다룰 때, 다문화 사회의 갈등만을 부각하기보다는 긍정적 측면도 함께 다루면서 다문화 사회의 모습을 다룰 수 있도록 한다. 그리고 다문화 사회의 갈등 해결 방안은 문화 다양성의 존중과 관련지어 모색하도록 한다.

(다) 교수·학습 방법 및 유의 사항
- 모둠 활동을 통해 다양한 문화권의 특징과 삶의 방식을 조사하고 이를 지도에 나타낼 수 있으며, 문화 변동에 관한 다양한 사례를 찾아 분석하게 함으로써 그 변동 양상을 유형화할 수 있다.
- 역할극을 통해 문화 상대주의의 필요성을 깨닫고, 프로젝트 수행을 통해 특정 문화 현상이 나타나게 된 맥락을 찾아낼 수 있다.
- 브레인스토밍이나 토론 수업, 논술 등을 통해 현대사회에서 전통문화가 갖는 의의, 다문화 사회의 갈등 해소 방안을 찾아낼 수 있다.

(라) 평가 방법 및 유의 사항
- 다양한 문화권의 특징, 다양한 문화 변동 양상, 문화 상대주의의 의의 등을 서술하는 능력을 평가할 수 있다.

- 역할극, 브레인스토밍, 토론 수업으로 진행된 교수·학습의 경우 평가가 수업 중의 활동과 함께 이루어질 수 있도록 한다.
- 프로젝트 학습이나 논술은 평가 기준에 대한 안내를 학생들에게 미리 제공하여 학생들이 숙지할 수 있도록 한다. 이 경우 자료 선정 및 논거의 타당성, 내용 전개의 논리성 등을 평가 내용에 포함시킴으로써 학생들의 프로젝트 수행 과정 및 논리적 사고 과정을 일정한 기준에 의거하여 측정하도록 한다.

🖥 탐구 주제 및 활동(예시)

- ✅ 문화권별로 정치, 경제, 종교 등의 측면에서 어떤 특징이 나타나고 있는지를 조사하고, 이를 세계지도에 나타낸다.
- ✅ 과거 다양한 문화권에서 민족과 종교의 공존을 지향한 사례(서아시아와 남아시아 등)를 조사하고, 해당 지역의 현재 사회에서 찾아볼 수 있는 다양한 문화에 대해 발표한다.
- ✅ 각 지역에 나타난 문화 경관 사례(강화도의 성공회 성당 등)를 문화 변동 양상과 관련지어 분석한다.
- ✅ 다문화 사회의 갈등을 해소하기 위한 다양한 관점을 드러내는 글을 분석하게 한 후, 어떤 관점이 미래 한국 사회의 통합에 가장 바람직한지를 논술한다.
- ✅ 우리나라가 다문화 사회로 변화하면서 달라진 점(외국 음식점, 다문화 지원 정책, 광고 등)을 조사하여 이러한 변화가 가져온 긍정적 측면과 부정적 측면을 비교한다.

(8) 세계화와 평화

이 단원은 "세계화는 우리의 삶에 어떤 영향을 미치고 있으며, 다양한 갈등과 분쟁의 평화적 해결 방법은 무엇인가?"라는 핵심 질문의 답을 찾아가는 과정으로,

이 단원에서는 세계화로 인한 문제와 국제 사회의 분쟁을 해결하기 위해서는 국제 사회의 협력과 평화를 추구하는 세계시민 의식이 필요함을 파악하고자 한다.

[10통사08-01] 세계화 양상을 다양한 측면에서 파악하고, 세계화 시대에 나타나는 문제를 조사하여 이를 해결하기 위한 방안을 제안한다.

[10통사08-02] 국제 갈등과 협력의 사례를 통해 국제 사회의 행위 주체의 역할을 파악하고, 평화의 중요성을 인식한다.

[10통사08-03] 남북 분단과 동아시아의 역사 갈등 상황을 분석하고, 우리나라가 국제 사회의 평화에 기여할 수 있는 방안을 탐구한다.

(가) 학습 요소
세계화, 국제 사회의 행위 주체, 평화

(나) 성취기준 해설
- [10통사08-01]에서는 세계화와 지역화의 관계 파악, 세계도시의 형성과 다국적 기업의 등장에 따른 공간적·경제적 변화 등을 통해 세계화의 양상을 알아보고, 문화의 획일화와 소멸, 빈부 격차의 심화, 보편 윤리와 특수 윤리 간 갈등 등 세계화가 초래할 수 있는 문제점에 대한 해결 방안을 제안하도록 한다.
- [10통사08-02]에서는 지구촌 곳곳의 갈등과 협력에 대한 사례를 통해 국가, 국제기구, 비정부 기구 등의 국제 사회의 행위 주체의 역할을 다루고, 평화의 중요성은 소극적 평화와 적극적 평화로 구분하여 다룬다.
- [10통사08-03]에서는 남북 분단의 배경과 통일의 필요성, 동아시아의 역사 갈등 상황에 대한 분석과 그 해결 방안을 다룬다. 아울러 국제적 위상, 역사적 상황, 지정학적 위치 등을 고려하여 국제 사회의 평화에 우리나라가 기여할 수 있는 방안을 제안하도록 한다.

(다) 교수·학습 방법 및 유의 사항

• 상품, 축제 등 일상 사례를 통해 세계화와 지역화가 동시에 이루어지고 있음을 학습할 수 있다.

• 세계화의 긍정적 측면과 부정적 측면에 대해서는 논쟁 학습을 통하여 파악할 수 있으며, 국제 분쟁과 갈등을 해결하기 위해 국제 사회의 행위 주체가 수행했던 구체적인 역할은 사례 학습을 통해 파악할 수 있다.

• 다른 나라의 화해 사례를 통해 남북 분단 및 동아시아의 역사 갈등 해결을 위한 시사점을 도출할 수 있다.

(라) 평가 방법 및 유의 사항

• 세계화와 지역화에 대한 사례 학습을 하는 경우 사례의 적절성과 분석의 타당성을 바탕으로 평가한다.

• 국제 갈등과 협력에 대한 논쟁 학습을 하는 경우 토론 과정에서 교사 평가와 동료 평가가 함께 진행될 수 있도록 한다.

• 남북 분단과 역사 갈등 해결을 위한 시사점을 도출하는 경우 관련되는 쟁점을 명확하게 인식하고 있는지, 적절한 시사점을 얻을 수 있는 자료를 선정하였는지, 이에 따라 논리적 결론을 도출하였는지를 평가한다.

📖 탐구 주제 및 활동(예시)

✅ 세계화와 관련하여 '가장 지역적인 것이 가장 세계적인 것이다.'라는 주장에 대한 자신의 입장을 밝히고, 자신의 주장을 뒷받침할 수 있는 사례를 찾아 발표한다.

✅ 세계화로 인해 자본, 노동, 각종 재화, 문화 등의 교류가 활발해지고 있다. 이러한 변화가 세계 각국 정치, 경제, 사회, 문화에 어떤 영향을 끼쳤는지 개발도상국과 선진국을 중심으로 비교한다.

☑ 세계 각 지역별 분쟁과 갈등 양상을 유형화하여 세계지도에 표시하고, 그러한 분쟁과 갈등이 원만하게 해결된 사례를 조사하여 평화를 정착시키기 위한 방안을 제안한다.

☑ 소극적 평화와 적극적 평화의 측면에서 남북한 간의 갈등 상황을 분석하고, 남북한 간 적극적 평화를 실현하기 위한 방안을 발표한다.

☑ 제3세계의 기아 문제와 빈부 격차의 심화를 해결하기 위한 해외 원조 사례를 조사한다.

(9) 미래와 지속가능한 삶

이 단원은 "지구촌의 미래와 관련하여 지속가능한 발전이 우리 삶에 어떤 영향을 미치는가?"라는 핵심 질문의 답을 찾아가는 과정으로, 이 단원에서는 인구 문제 해결, 지속가능한 발전을 위한 다양한 방안과 자신의 미래 삶의 방향 설정에 대해 탐구하고자 한다.

[10통사09-01] 세계의 인구 분포와 구조 등에 대한 자료 분석을 통해 현재와 미래의 인구 문제 양상을 파악하고, 그 해결 방안을 제안한다.

[10통사09-02] 지구적 차원에서 사용 가능한 자원의 분포와 소비 실태를 파악하고, 지속가능한 발전을 위한 개인적 노력과 제도적 방안을 탐구한다.

[10통사09-03] 미래 지구촌의 모습을 다양한 측면에서 예측하고, 이를 바탕으로 자신의 미래 삶의 방향을 설정한다.

(가) 학습 요소

인구 문제, 지속가능한 발전, 미래 삶의 방향

(나) 성취기준 해설

• [10통사09-01]에서는 세계의 인구 분포와 구조, 인구 이동에 대한 자료를 분석하고, 저출산·고령화, 인구 과잉 등 지역별로 다양한 인구 문제가 나타나게 된 배경과 문제점을 파악한다. 특히 저출산·고령화가 초래할 문제에 대한 해결 방안으로 잠재 성장률 유지를 위한 인구 정책의 필요성, 세대 간 정의, 미래 세대에 대한 책임 등을 다루도록 한다.

• [10통사09-02]에서는 지구적 차원에서 사용 가능한 자원의 분포와 소비 실태는 석유, 석탄, 천연가스 등을 중심으로 다룬다. 그리고 지속가능한 발전은 경제, 환경뿐만 아니라 사회가 균형 있게 성장하는 포괄적이고 총체적인 성장에 있음을 고려하면서 개인적 노력과 제도적 방안을 다루도록 한다.

• [10통사09-03]에서는 정치적·경제적 문제에 따른 국가 간 협력과 갈등, 과학 기술의 발전에 따른 공간과 삶의 변화, 생태 환경의 변화 등 다양한 측면에서 미래 지구촌의 변화 양상을 예측하도록 하고, 이를 바탕으로 자신의 미래 삶의 방향을 자신이 지구촌의 구성원이라는 점과 관련지어 설정할 수 있도록 한다.

(다) 교수·학습 방법 및 유의 사항

• 인구 및 자원 통계 등에 대한 자료의 수집 및 분석을 통해 인류가 당면한 인구 및 자원 문제를 파악하는 것은 탐구 학습, 인구 문제의 해결 방안은 문제 해결 학습이나 브레인스토밍 및 토론 학습으로 진행할 수 있다. 특히 세대 간 정의와 미래 세대에 대한 책임에 대한 토론 학습을 진행할 때에는 제로섬게임 형태의 세대 갈등을 유발하는 대립적이고 소모적인 논쟁이 되지 않도록 유의한다.

• 델파이법, 시나리오법 등을 활용하여 미래 지구촌의 모습을 예측하는 것은 모둠 토의 학습으로, 이를 토대로 자신의 미래 삶의 방향을 설정하는 것은 개별 발표 수업으로 진행할 수 있다.

(라) 평가 방법 및 유의 사항

• 인류가 당면한 인구 및 자원 문제를 파악하도록 하는 탐구 학습이나 문제 해결 방안을 제안하는 문제 해결 학습의 경우 개인별 또는 모둠별로 보고서를 작성하게 하고 수집된 자료의 적절성, 자료에 대한 해석력, 자료에 근거한 결론 도출 능력 등을 기준으로 보고서를 평가할 수 있다.

• 인구 문제 해결 방안을 구안하는 브레인스토밍, 세대 간 정의와 미래 세대에 대한 책임을 소재로 한 토론 학습, 지구촌의 미래 모습을 예측하는 모둠 토의 학습은 교사의 관찰 평가와 모둠 활동에 참여한 학생들 간 동료 평가가 함께 진행되도록 할 수 있다.

📖 탐구 주제 및 활동(예시)

☑ 유럽 각국의 지도자 또는 시민이 북부 아프리카와 서남아시아의 유럽행 난민들의 수용 여부에 대해 어떤 결정을 내리는 것이 바람직한지 토의한다.

☑ 저출산·고령화 현상의 심화가 세대 간 갈등을 유발할 수 있는 이유와 이를 해결하기 위한 방안을 토의한다.

☑ 자신이 결혼을 한다면 자녀를 몇 명 낳을 것인지, 그리고 그 이유는 무엇인지를 짝과 토의한 후 발표한다.

☑ 자원의 분포지와 소비지의 불일치로 인해 지구촌에서 일어나는 갈등은 무엇이며, 이에 대한 해결 방안은 무엇인지 조사하여 발표한다.

☑ 미래 지구촌의 밝은 모습과 암울한 모습을 각각 삼행시[지구촌]로 표현하고 그렇게 표현한 이유를 발표한다.

4. 교수 학습 및 평가의 방향

가. 교수·학습 방향

통합사회에서는 시·공간적으로 다르게 나타나는 다양한 사회현상에 대한 이해와 가치 판단을 통해서 세계화 및 정보화 사회에 대한 통합적인 인식과 비판적 사고력을 기르도록 해야 한다. 이를 위해서는 통합사회에서 추구하는 교과 역량을 기반으로 하여 일상생활과 학습의 경험을 통합하고 학습자 상호 간 의사소통할 수 있도록 교수·학습 방법이 제공되어야 한다.

❶ 중학교 사회(역사 포함)/도덕 교과(군) 및 고등학교 선택 과목과 연계하여 지도한다.

❷ 단순 사실의 암기나 특정 영역의 지식보다는 일상생활의 시·공간을 통해 나타나는 다양한 사회적 현상과 그와 관련된 가치·태도를 통합적으로 연계하고, 학습자가 습득한 기존 지식 체계를 토대로 시·공간적 인식, 사회·도덕적 사고를 통합할 수 있도록 지도한다.

❸ 일상생활과 관련한 적절한 문제 상황을 설정하고 사회현상을 통합적 관점에서 이해하고 종합할 수 있는 능력을 신장할 수 있는 협동 학습 방안을 모색하여 지도한다.

❹ 학생들이 사회현상을 다양한 규모에서 인식하고, 이를 토대로 관련된 문제를 해결할 수 있는 능력을 기르는 동시에 바람직한 가치관을 형성할 수 있도록 창의적인 학습 지도 방안을 모색한다.

❺ 학습 내용의 이해와 더불어 학습자들이 통합사회의 내용 요소 및 텍스트에 대한 쓰기, 읽기, 말하기 등 다양한 사회적 의사소통 능력을 함양할 수 있도록 지도한다.

❻ 탐구 학습, 현장 답사와 체험 학습, 사례 조사 학습, 시뮬레이션 학습, 토론과 토의 학습, 프로젝트 학습 등의 다양한 교수·학습 방법과 전략을 활용하여 지

도한다.

❼ 학습자의 학업 성취수준, 흥미, 사회적 요구 등을 고려하여 교육 현장에 적합한 주제와 사례를 중심으로 지도, 도표, 영화, 슬라이드, 통계, 연표, 사료, 연감, 신문, 방송, 사진, 기록물, 여행기, 탐험기 등의 다양한 교수·학습 자료를 활용함으로써, 이해와 흥미를 제고하는 방안을 모색하여 지도한다.

나. 평가 방향

통합사회의 교과 역량, 일반화된 지식, 내용 요소를 중심으로 다양한 평가가 이루어져야 한다. 이를 위해서는 사회현상에 대한 종합적 이해 정도와 사회현상을 통합적으로 탐구하는 데 필요한 각종 정보와 자료를 획득, 조직, 활용하는 능력을 평가하도록 한다.

❶ 교수·학습과 평가를 통합함으로써 질적인 과정 중심의 평가가 이루어지도록 한다. 선다형, 서술형 및 논술형, 포트폴리오 등의 다양한 방법을 활용하되 단순한 지식 습득 여부보다는 교과 역량과 일반화된 지식에 대한 이해를 중점적으로 평가하도록 한다.

❷ 성취기준에 근거하여 평가를 실시하되 학습 목표 및 내용, 탐구 활동, 교수·학습 방법과 평가 방법이 유기적으로 연계되어 환류될 수 있도록 한다. 단순한 사실을 묻기보다는 기본 개념을 바탕으로 다양한 자료 및 실생활과 관련된 사례를 활용하여 창의적 문제 해결력, 사고력, 가치·태도를 측정할 수 있다.

❸ 지식 영역에서는 시·공간적인 현상의 설명과 사회문제 해결에 필요한 기본 및 핵심 개념의 이해와 적용을 바탕으로 일상생활의 창의적 문제 해결력 등을 평가한다.

❹ 기능 영역에서는 사회현상을 이해하는 데 필요한 각종 자료와 정보를 수집, 비교, 분석, 종합하는 인지적 기능, 지도, 도표, 사진, 컴퓨터 등을 이용하여 표현할 수 있는 실제적 기능, 의사소통, 토론, 역할 수행 등을 통해 상호 협력하

는 사회적 기능을 다면적으로 평가하도록 한다.

❺ 가치·태도 영역에서는 통합적 사회현상과 관련된 다양한 가치 및 관점에 대한 이해와 공감의 기회를 제공하고, 바람직한 가치와 합리적 가치의 내면화 정도, 가치에 대한 분석 및 판단 능력 등을 평가하도록 한다.

❻ 학습 과정과 결과를 함께 평가하되 평가 계획 수립, 평가 문항과 도구 개발, 평가의 시행, 평가 결과의 처리, 평가 결과의 활용 등의 절차에 따라 객관성과 공정성이 유지되도록 평가한다.

❼ 학생들이 학습한 내용을 구체적인 문제 상황에 적용할 수 있도록 선택형 및 서술형, 논술형 등의 지필 평가 외에도 면접, 체크리스트, 토론, 논술, 발표, 답사 보고서, 시뮬레이션, 포트폴리오, 프로젝트 결과물 등을 자기 평가, 동료 평가를 활용하여 평가한다.

통합사회 과목의
특성과 학습 대책

1. 특성

2015 개정 교육과정에서 통합사회는 고등학교 사회과에 신설된 공통 교과목입니다. 2018학년도 고등학교 입학생부터는 이 교과목을 1학년에서 반드시 이수해야 하며, 기본 이수 단위는 8단위로 단위를 늘리는 것은 불가능하고 2단위 이내에서 줄이는 것만 가능합니다.

오늘날 우리 사회는 세계화가 가속되고, 정보 사회로의 움직임이 확대되고 있습니다. 또한 새로운 과학 기술이 다양하게 등장하는 등 큰 변화가 일어나고 있습니다. 이러한 변화에 적응하고 미래 사회가 요구하는 상황에 대응할 수 있는 인재를 양성할 필요성이 대두되었습니다. 이에 따라 현대 사회는 지속적으로 필요한 지식의 형태 및 역량을 규명하고, 이를 함양해 줄 것을 학교 현장에 요구하고 있습니다. 이렇듯 미래가 요구하는 창의 융합형 인재 양성을 위한 통합 교육의 요구가 거세어지면서 '통합사회'라는 교과목의 필요성이 대두하였습니다.

현재의 분과 학문적 지식에 기반을 둔 교과 기반 학습과 고등학교에서 인문사회·자연 계열로 구분된 학습 체제로는 학생들이 미래 사회가 요구하는 핵심역량을 기르는 데 일정한 한계가 있습니다. 미래 사회가 요구하는 핵심역량을 갖춘 창의 융합형 인재 양성을 위한 통합 교육의 요구를 반영하기 위하여 통합사회 과목이 등장하게 된 것입니다.

통합사회의 큰 특성은 다음과 같습니다.

첫째, 인간, 사회, 국가, 지구 공동체 및 환경을 개별 학문의 경계를 넘어 통합적인 관점에서 바라보고 있습니다.

둘째, 내용의 비중은 교과서 별로 조금씩 차이가 있지만, 대체적으로 일반사회의 비중이 가장 높고, 지리와 윤리의 비중이 뒤따르고 있으며, 역사 비중은 아주 적은 편입니다.

셋째, 일부 경제와 지리 내용을 제외하고는 대부분의 내용은 심화된 중학교 수준이라 내용들이 평이한 편입니다. 그중에서도 변별력이 있는 부분으로는 환경윤리와 정의관, 기본권 구제 제도, 합리적 선택과 비교우위, 세계의 인구변화와 자원 등이라고 할 수 있습니다.

넷째, 대학수학능력시험 과목에서는 제외되어 있으며, 내신 교과목으로 존재하고 있습니다. 그러나 기본 공통 과목이라는 점에서 수시 입시에 큰 비중을 차지하고 있다는 점을 유념해야 합니다.

이어서 통합사회의 성격을 파악하면 다음과 같습니다.

첫째, 주제(개념) 중심의 통합을 지향하고 있습니다. 통합사회는 단순 통합이 아니라 융합형에 가까운 통합을 지향하고 있습니다. 이를 위해 즉 여러 개념을 아우를 수 있는 상위의 개념으로서, 행복 등 9개의 빅 아이디어를 선정하였습니다.

둘째, 통합사회는 5대 교과 역량을 기르는 방향에서 구성되었습니다. 주장 등의 적합성 평가, 새롭고 가치 있는 아이디어를 생성하기 위한 '비판적 사고력 및 창의성', 다양한 사회적 문제를 해결하기 위해 합리적으로 결정하는 능력을 키우는 '문제 해결력 및 의사 결정 능력', 자기 자신 및 타인을 존중하고 원만한 대인 관계를 유지하기 위한 '자기 존중 및 대인 관계 능력', 공동체의 구성원으로서 공동체 발전을 위한 역할을 수행할 수 있게 해주는 '공동체적 역량', 다양한 현상을 통합적으로 탐구하게 할 수 있는 '통합적 사고력'의 다섯 가지 역량을 육성하는 데 주안점을 두고 있습니다.

셋째, 통합사회는 사회과와 도덕과의 교육 목표를 바탕으로 통합 과목으로서 다음과 같은 목표를 갖습니다. 먼저 '시간적, 공간적, 사회적, 윤리적 관점을 통해 인간의 삶과 사회현상을 통합적으로 바라보는 능력'을 기르고, '인간과 자신의 삶, 인간을 둘러싼 공간, 그리고 복합적인 사회현상을 과거의 경험·사실·자료와 다양한 가치 등을 고려하면서 탐구하여 성찰하는 능력'을 함양하며, '일상생활과 사회에서 발생하는 다양한 문제에 대한 합리적인 해결 방안을 모색하고 이를 통해 공동체 구성원으로서 자신의 삶을 통합적인 관점에서 성찰하고 설계하는 능력'을 기르는 목표를 설정하고 있습니다.

각단원별 특징을 살펴보면 다음과 같습니다.

Ⅰ. 인간, 사회, 환경과 행복

통합사회가 지향하는 방향을 가장 잘 제시하고 있는 단원입니다. 이 단원에서는 질 높은 정주 환경의 조성(지리), 경제적 안정과 민주주의의 발전(일반사회+역사), 도덕적 실천(윤리) 등을 통해 인간 삶의 목적으로서 행복한 삶을 실현하고자 하는데 목적을 두고 있습니다.

Ⅱ. 자연환경과 인간

이 단원에서는 자연환경이 인간 생활에 미치는 영향(지리), 자연재해를 극복하고 안전한 삶을 지속하기 위한 정부와 개인의 대책(지리+일반사회), 인간과 자연의 바람직한 관계 설정(윤리+일반사회) 등을 통해 자연환경과 인간의 적절한 공생 관계를 추구하는데 목적을 두고 있습니다.

Ⅲ. 생활 공간과 사회

이 단원에서는 생활공간을 핵심 개념으로 하여 산업화 및 도시화로 나타난 생활공간의 변화 모습(지리·경제지리), 교통과 통신의 발달·정보화로 나타난 변화(지리+사회문화) 등을 통해 생활공간 및 생활양식의 변화로 나타난 문제를 해결하는 데 목적을 두고 있습니다.

Ⅳ. 인권 보장과 헌법

이 단원에서는 역사 속에서 인권이 확립되어 온 과정과 현대 사회에서의 인권 문제(정치와 법+윤리+역사), 인권 보장을 위한 헌법의 역할(정치와 법), 준법 의식과 시민 불복종의 필요성(윤리+정치와 법) 등을 통해 인권 보장을 위한 여러 가지 제도적 장치와 의식적 노력을 구현하는데 목적을 두고 있습니다.

Ⅴ. 시장 경제와 금융

이 단원에서는 자본주의의 역사적 전개 과정과 특징(일반사회+경제+역사), 합리적 선택의 의미와 한계 및 시장 참여자의 바람직한 역할(경제+윤리), 국제 분업과 무역의 필요성(경제지리+일반사회) 등을 통해 시장경제의 의의, 시장경제의 한계를 극복하기 위한 노력, 국제 분업과 무역 및 금융 생활에 대해 탐구하고 이에 대해 다양한 사례를 파악하는데 목적을 두고 있습니다.

Ⅵ. 사회 정의와 불평등

이 단원에서는 사회 정의의 의의와 의미(일반사회+윤리), 자유주의적 정의관과 공동체주의적 정의관(윤리+일반사회), 사회 불평등의 양상과 원인 및 해결책(윤리+사회문화) 등을 바탕으로 정의의 의미와 기준 등을 탐구하고 사회적·공간적 불평등 현상을 완화하기 위한 다양한 제도와 실천 방안을 탐구하는데 목적을 두고 있습니다.

Ⅶ. 문화와 다양성

이 단원에서는 다양한 문화권의 특징 및 문화 다양성의 유지 방법(사회문화+윤리)를 통하여 문화의 형성과 교류를 통해 나타나는 다양한 문화권과 다문화 사회를 이해하기 위해서는 바람직한 문화 인식 태도를 기르는데 목적을 두고 있습니다.

Ⅷ. 세계화와 평화

이 단원에서는 세계화(지리), 국가 분쟁(지리+일반사회), 평화(일반사회+윤리) 등을 통해 세계화로 인한 문제와 국제 사회의 분쟁을 해결하기 위해서는 국제 사회의 협력과 평화를 추구하는 세계시민 의식이 필요함을 탐구할 수 있는 능력 함양에 목적을 두고 있습니다.

IX. 미래와 지속 가능한 삶

이 단원에서는 지구촌의 미래와 지속 가능한 발전이 우리에게 미치는 영향(지리+경제+일반사회+윤리 영역)을 바탕으로 인구 문제 해결, 지속 가능한 발전을 위한 다양한 방안과 자신의 미래 삶의 방향 설정에 대한 능력을 함양하는 데 목적을 두고 있습니다.

2. 학습 대책

통합사회는 고등학교에 이르기까지의 학습자가 습득한 기존 지식 체계를 토대로 시공간적 인식, 사회·도덕적 사고를 통합할 수 있는 능력을 가져야 합니다. 따라서 학생은 각 주제별로 윤리, 지리, 일반사회, 역사 등의 내용을 어떻게 통합하느냐 하는데 목적을 두고 학습하여야 합니다. 다시 한번 정리해보면 다음과 같습니다.

가. 통합사회는 일반사회, 지리, 윤리, 역사 분야로 구성되어 있습니다. 단 역사 분야는 시민 혁명과 산업혁명의 일부분만 포함되므로 영향력이 거의 없는 편입니다. 일반사회 내용이 많고 지리와 윤리 분야가 섞여 있는 형태이므로 중학교 사회와 윤리 과목을 잘 정리했다면 학습에 큰 무리는 없습니다.

나. 통합사회 중 일반사회 분야를 학습할 때에는 일반사회 분야에 한정하지 말고 해당 내용이 다른 분야(지리, 윤리, 역사)와 어떤 상관 관계가 있는지를 파악해야 합니다.

다. 해당 내용이 일상생활에 어떻게 적용되는지 세 가지 관점(사회적 관점, 공간적 관점, 시각적 관점)에서 학습해야 합니다.

📖 **사례**

☑ 학습 주제: covid-19가 우리 생활에 미친 영향

✓ 학습 순서

    ① covid-19 개요 파악

    ② covid-19가 나(개인), 국가 전체, 국제 사회에 미친 영향 탐구

    ③ ②에서 탐구한 영향을 사회적, 시간적, 공간적 관점으로 분류

    ④ 세 가지 관점을 통합하여 주된 영향 정리 후 짝(혹은 모둠)과 나누기

    ⑤ 발표자를 선정하여 짝(혹은 모둠)과 나눈 내용을 정리하여 발표(개인적 생각 정리 후 제출 포함)

학교에서는 통합 사회가 크게 강의와 학생 협동 학습을 중심으로 수업이 전개됩니다. 강의는 지필고사와 연결되며, 학생 협동 학습은 수행 평가와 연결됩니다.

(1) 지필고사 유의점

    ① 시험 범위 내의 단원별 개념을 정확히 정리

    ② 개념에 가장 적절한 사례 파악

    ③ 개념 풀이에 대해 가장 적절한 것과 적절하지 않은 것을 분별

    ④ 주관식의 경우 정확한 개념 설명(혹은 설명에 적합한 개념 파악)

    ⑤ 개념 내용과 사회 실생활과의 연관성 고려

(2) 학생 협동 학습(모둠 활동)의 유의점

    ① 모둠 내 각자의 역할을 정확히 확정

    ② 역할에 맞는 자료 조사 및 활동

    ③ 모둠 내에서 여러 의견을 조합하여 발표 내용 구성

    ④ 발표자가 내용을 정확하게 발표

    ⑤ 각 개인별 활동 내용 정리

I

인간, 사회, 환경과 행복

인간, 사회, 환경에 대한 통합적 관점 이해

개념정리

1. 통합적 관점에 대한 이해

(1) 인간의 사회생활에 의하여 생기는 사회 현상을 바라보는 여러 가지 관점

① 시간적 관점: 과거부터 현재의 모습이 있기까지의 특정 사회 현상이 나타나게 된 시대적 배경과 맥락을 토대로 사회 현상을 살펴보는 것

② 공간적 관점: 인간 생활과 사회 현상을 장소·영역·지역을 둘러싼 인문 및 자연환경을 바탕으로 위치와 장소, 분포 패턴과 형성과정, 이동과 네트워크 등의 측면에서 살피거나 공간적 맥락에서 살펴보는 것

③ 사회적 관점: 제도적·정책적·사회 구조적 영향력을 고려하여 사회 현상을 살펴보는 것

④ 윤리적 관점: 좋고 나쁨, 옳고 그름과 같은 도덕적 가치 판단과 윤리적 방향성과 가치 등에 초점을 두고 사회 현상을 살펴보는 것

(2) 통합적 관점: 특정 주제에 대해 어느 하나의 관점이 아닌 시간적·공간적·사회적·윤리적 관점을 모두 고려하여 종합적으로 사회 현상을 살펴보는 것

2. 통합적 관점의 필요성

(1) 관점의 다양성: 시대와 장소, 사회 구조나 그 사회가 추구하는 가치에 따라 같은 사회 현상이라도 다르게 해석되기도 하고, 받아들이는 정도가 다를 수 있음

(2) 문제 해결의 특수성: 사회 문제가 발생하였을 때 발생 경과, 지역적 특성, 관련 정책이나 제도, 그 사회가 추구하는 가치 등을 고려하여 문제를 해결해야 함

(3) 통합적 관점의 필요성: 통합적 관점에서 문제를 관찰하고 분석할 때 제대로 된 해

결책을 얻을 수 있음 → 사회 현상에 대한 제대로 된 이해를 통해 적합한 해결책을 모색할 수 있음

우리는 인간, 사회, 환경이 어우러진 세상에서 살아가고 있습니다. 이는 인간이 독립적으로 존재하는 것이 아니라 사회, 환경과 상호 작용하면서 서로 영향을 주고 받으면서 살아가는 것을 의미합니다. 따라서 인간을 둘러싼 사회 현상은 여러 요인들이 복잡하게 얽혀서 일어날 수밖에 없습니다. 그러므로 사회 현상을 제대로 탐구하고 이해하려면 다양한 관점에서 바라보는 것이 필요합니다. 이처럼 인간, 사회, 환경를 바탕으로 하는 사회 현상을 바라보는 관점에는 시간적 관점, 공간적 관점, 사회적 관점, 윤리적 관점이 있습니다.

시간적 관점은 과거부터 현재의 모습이 있기까지의 특정 사회 현상이 나타나게 된 시대적 배경과 맥락을 토대로 사회 현상을 살펴보는 것으로, 특정 현상은 독립적으로 존재하는 것이 아니라, 역사적 사건 간의 연관성 속에서 나타나는 것으로 시간의 흐름에 따라 역사적 사건들을 살펴볼 필요가 있습니다.

공간적 관점은 인간 생활과 사회 현상을 위치와 장소, 분포 패턴과 형성 과정, 이동과 네트워크 등의 측면에서 살피거나 공간적 맥락에서 설명하려는 것으로, 인간에 의해 나타나는 현상은 그 지역을 둘러싼 인문·자연 환경 및 영역과의 연관성 속에서 나타나기 때문에 특정 현상을 이해하기 위해서는 장소나 지역 등 공간 정보에 대한 이해가 필요합니다.

사회적 관점은 제도적·정책적·사회 구조적 영향력을 고려하여 사회 현상을 살펴보는 것으로 개인은 자신을 둘러싼 사회 구조나 제도의 영향력에서 자유로울 수 없으므로 특정 사회 현상을 이해하기 위해서는 개인의 행동에 영향을 끼치는 사회 구조나 제도를 살펴보아야 합니다.

윤리적 관점은 좋고 나쁨, 옳고 그름과 같은 도덕적 가치 판단과 윤리적 방향성과 가치 등에 초점을 두고 사회 현상을 살펴보는 것으로, 이러한 윤리적 관점을 통해서 사회가 나아가야 할 바람직한 방향을 찾을 수 있게 됩니다.

사회 현상은 다양한 원인이 복합적으로 작용하여 나타나며, 사실 문제와 가치 문

제가 혼재되어 있는 경우가 많습니다.

따라서 사회 현상을 파악하기 위해서는 어느 하나의 관점이 아닌 시간적, 공간적, 사회적, 윤리적 관점으로 사회 현상을 바라보고 이해할 때 통합적 관점으로 사고해야 합니다. 같은 사회 현상도 시대와 장소에 따라 다르게 해석되기도 하고, 사회 구조나 그 사회가 추구하는 가치에 따라 받아들이는 정도가 다를 수도 있기 때문입니다.

➡ 님비(NIMBY): 위험 시설, 기피 시설 등이 자신이 살고 있는 지역에 들어서는 것을 강하게 반대하는 시민들의 행동을 의미.

≗ 탐구 활동

☑ 인권에 대한 통합적 관념

시간적 관점	인권의 역사적 관점 변천 과정을 살펴보기 위하여 전근대의 인권과 근대의 인권 변화 양상에 대해 비교함
공간적 관점	서양의 인권과 동양의 인권 개념을 비교하여 살펴봄
사회적 관점	사회 복지 제도, 종교 제도 등 여러 제도와의 관련성을 바탕으로 인권에 대해 살펴봄
윤리적 관점	인권을 보장받기 위하여 해당 국가의 정치 체제에 대항하는 것이 바람직한 일인지 살펴봄

☑ 사회 현상의 복합성

사실 문제	개인적 감정이나 태도가 개입되지 않은 객관적 상태로 사실 여부에 대한 경험적 판단으로 참과 거짓을 가릴 수 있음 ➡ ○○ 고등학교는 남녀 공학이다
가치 문제	개인의 주관적 판단에 기초하여 현상, 가치에 대하여 참과 거짓을 가릴 수 없음 ➡ 자연은 보호해야 한다

☑ 사회적 관점에서 본 기후 문제를 해결하려는 국제적 노력(예시)

파리 협정

- **체결 일시**: 2015년 12월 12일
- **체결 참여 국가**: 파리에서 열린 기후 변화 회의(COP21)에 참여한 196개국이 채택(법적 구속력 있는 조약)
- **장기 목표**: 산업화 이전 대비 지구 기온의 상승폭을 2℃ 보다 훨씬 낮게 유지하고, 바람직하게는 1.5℃ 이하로 제한하기 위한 노력 추구
- **주요 내용**
- 온실가스를 더 오랜 기간 배출한 선진국이 더 많은 책임을 지고, 개발 도상국의 기후 변화 대처 사업 지원
- 선진국과 개발 도상국 모두 책임을 분담하여 전 세계가 기후 재앙을 막는 데 동참
- 2023년부터 5년마다 당사국이 탄소 감축 약속 이해 상황을 점검

- **효과**: 점점 더 많은 국가, 지역, 도시 및 회사가 탄소 중립 목표 수립
- **한계**: 국제적인 구속력 없이 개별 국가의 국내법에 의한 구속력으로 이행하므로 실효성 의심

- United Nations Clmate Change H·P -

02 행복의 의미와 기준

1. 행복의 의미

(1) 사전적 의미: 생활에서 기쁨과 만족감을 느껴 흐뭇한 상태

(2) 교과적 의미: 다양한 삶의 목적에도 불구하고 최종적으로 기쁨과 만족감을 느끼는
상태

(3) 행복의 보편성과 상대성: 행복의 기준이 시대와 지역에 따라 서로 다를 수 있지만,
시대나 지역을 뛰어넘는 공통된 기준 존재

(4) 행복한 삶을 위한 기본 조건: 빈곤에서의 탈피, 건강, 원만한 인간관계 등

2. 동서양의 행복론

아리스토텔레스	행복은 최고의 선으로 인간 존재의 목적이고 이유로 이성의 기능을 잘 발휘할 때 달성됨
에피쿠로스	육체에 고통이 없고 마음에 불안이 없는 상태
석가모니	생로병사의 괴로움에서 벗어난 상태 혹은 불성(부처의 성품)을 바탕으로 '나'라는 의식을 벗어버리기 위한 수행과 고통받는 중생을 구제하는 실천을 통해 해탈의 경지에 이르는 것
노자	타고난 그대로의 본성에 따라 인위적인 것이 더해지지 않은 자연 그대로의 모습으로 살아가는 것
정약용	행복은 누구나 원하는 지위, 부귀 등의 성공을 의미하는 열복과 욕심 없이 맑고 소박하게 사는 청복으로 분류
칸트	행복은 자신의 복지와 처지에 관한 만족: 인간으로서 마땅히 지켜야 할 도덕 법칙을 실천하는 사람만이 행복을 누릴 자격이 있음

공리주의 (벤담과 밀)	행복은 쾌락이며 삶의 목적: 최대 다수에게 최대 행복을 가져다 주는 행위 실천 강조

3. 삶의 목적으로서의 행복

(1) 현재를 희생하지 않는 삶: 미래의 꿈을 위해 현재의 행복을 너무 희생하지 않는 삶

(2) 주도적인 삶: 자신이 좋아하는 일을 하고 그 일의 결과가 만족스러운 삶

(3) 삶의 전반이 즐거운 삶: 과정으로서의 현재의 삶과 결과로서의 미래의 삶 두가지 모두에서 즐거움을 느끼는 삶

4. 행복의 기준

(1) 행복의 기준: 사람에 따라 다양한 기준 → 목표에 대한 성취, 가족의 화목 등

　① 시대 상황이나 지역 여건의 영향을 받음

　② 동시대에 살거나 비슷한 환경의 사람들은 행복의 기준을 공유하기도 함

(2) 생활에서 충분한 만족과 기쁨을 느껴 흐뭇한 상태를 행복으로 여긴다는 점에서는 공통적임

　인간은 부, 명예, 봉사, 화목한 가정, 종교적인 삶 등을 삶의 목적이라고 하고 있습니다. 이와 같이 다양한 삶의 목적은 궁극적 목적이라기보다는 더 큰 목적을 이루기 위한 수단이라고 할 수 있습니다. 결국 모든 인간은 행복한 삶을 살기 위해 여러 가지 수단을 통해 목적을 이루어 가고 있는 것입니다.

　행복이란 사전적으로는 '삶(생활)에서 충분한 만족감이나 기쁨을 느끼어 흐뭇한 상태'를 의미합니다. 그러나 행복의 구체적인 기준은 지역적 여건과 시대적 상황 등에 따라 다르게 나타납니다. 인간들은 대체로 주어진 여건 속에서 행복의 기준을 설정하기 때문에 동시대를 살아가거나 비슷한 환경에 놓은 사람들은 행복의 기준을 공유하기도 합니다. 따라서 동서양의 많은 철학자들은 자신이 살고 있는 시대에 맞추어 행복의 기준을 제시하였습니다.

　동양 사상은 몸과 마음을 바르게 하는 수양을 통해 인간 본성을 실현하는 것을

이상적인 삶으로 강조하여 행복에 이르는 길을 모색한다고 볼 수 있습니다. 반면 서양에서는 철학이 발달한 그리스의 경우 아리스토텔레스는 행복을 삶의 궁극적 목적으로 보았으며, 헬레니즘 시대에는 전쟁과 사회적 혼란 속에서 에피쿠로스학파는 육체에 고통이 없고 마음에 불안이 없는 평온한 삶을 행복이라고 주장하였고, 스토아학파는 여러 가지 생각에 방해받지 않는 초연한 태도로 자연의 질서에 따라 사는 것을 행복이라고 보았습니다. 크리스트교가 지배한 중세 유럽에서는 신앙을 통해 영원하고 완전한 존재인 신과 하나가 되어야 참된 행복에 도달한다고 보았습니다. 근대에 들어와서는 칸트가 행복은 자신의 복지와 처지에 관한 만족이라고 여겼고, 공리주의 사상가 벤담과 밀은 행복을 쾌락이라고 강조하면서, 최대 다수에게 최대 행복을 가져다 주어야 한다고 주장하였습니다. 이들이 제시한 행복의 기준을 보면 결국 삶의 목적으로서의 행복을 추구하였습니다.

또한 자연환경과 인문 환경에 따라 행복이라는 기준이 다양하게 제시되기도 하였습니다. 먼저 지역의 기후와 지형 등 자연 환경에 따라 행복의 기준이 정해집니다. 예를 들어 기후가 건조한 사막 지역에서는 깨끗한 물, 일조량이 적은 북쪽 지역에서는 따뜻한 햇빛이 행복의 조건이 되기도 합니다. 또한 인문 환경에 따라 행복의 조건이 달라질 수 있습니다. 아프리카의 여러 나라처럼 경제적으로 빈곤한 지역에서는 아프지 않고 배부르게 먹을 수 있는 것, 홍콩처럼 민주주의가 실현되지 않은 지역에서는 정치적 자유가 보장되는 것, 민족이나 종교 갈등이 심한 지역에서는 평화가 행복의 조건이 될 수 있습니다.

시대 상황에 따라서도 행복의 조건이 달라집니다. 인류의 생활이 시작된 선사 시대에는 충분한 먹거리, 전쟁과 정치적 혼란이 존재한 그리스, 로마, 헬레니즘 시대 등 고대에는 세상일에서 벗어나 마음의 평온을 얻는 것, 신 중심의 중세에는 신의 선택을 받아 천국에 가는 것, 인간의 기본적 권리가 강조되었던 근대에는 자유나 평등의 실현이 행복의 조건이 되었습니다.

우리 삶의 목적은 무엇일까요?

이에 대한 대답은 사람들마다 모두 다를 것입니다. 재산, 건강, 명예 등 다양하게 제시할 수 있지만, 결국 궁극적으로 우리가 추구하는 삶의 목적은 행복이라고 할 수 있을 것입니다. 삶의 목적으로서의 행복은 단지 하나의 사건을 통해 느낄 수 있는 일시적이고 감각적인 즐거움보다는 장기간에 걸쳐 자신의 삶 전체를 통해 느낄 수 있는 지속적이고 정신적인 즐거움이어야 합니다. 따라서 미래의 꿈만을 쫓기 위해 현재를 희생하지 않아야 하며, 남에 의해 좌우되지 않으면서 자신이 좋아하는 일을 주도하여 그 일의 결과가 만족스러워야 하고, 과정과 결과에 모두 즐거움을 느낄 수 있는 삶이야말로 행복한 삶이 될 수 있을 것입니다.

☑ 다양한 행복 지수

행복 지수	측정 지표
행복 지수 (국제 연합)	1인당 국내 총생산, 기대 수명, 사회적 지원, 부패 인식, 선택의 자유, 관대함
인간 개발 지수 (유엔 개발 계획)	평균 수명, 교육 정도, 교육 기회, 1인당 GDP 등 객관적 지표로 측정된 종합 지수
보다 나은 삶 지수 (경제 협력개발 기구)	주거, 소득, 직업, 공동체, 교육, 환경, 시민 참여, 건강, 삶의 만족, 안전, 일과 삶의 균형
삶의 질 지표 (유럽 연합)	물질적 생활 조건, 생산 활동, 건강, 교육, 여가, 경제적/신체적 안전, 거버넌스, 환경, 삶의 만족도 등
행복 지수 (영국 신경제 재단)	삶의 만족도, 생태 발자국, 기대 수명, 결과의 불평등
삶의 질 지표 (한국 통계청 통계 개발원)	소득·소비·자산, 고용·임금, 사회 복지, 주거, 교육, 건강, 문화·여가, 가족·공동체, 시민 참여, 안전, 환경, 주관적 웰빙

국민 통합 이슈 모니터링, 2014. 08.

☑ 시대 상황에 따른 행복의 기준

선사 시대	식량 확보, 외부 위협으로부터의 안정 등
고대 그리스 시대	철학적 성찰을 통한 지혜의 획득 및 도덕적 삶
서양 중세 시대	신의 은총을 통해 구원 획득
일제 식민지 시대 (우리나라)	빼앗긴 주권을 되찾는 독립 쟁취
산업화 시대	물질적 풍요, 건강, 일과 취미, 인간관계, 사회 복지 등

☑ 지역 여건에 따른 행복의 기준

자연 환경	건조 기후 지역(사막)	생존에 필요한 식수 확보 등

자연 환경	일조량 적은 지역(북유럽)	햇볕을 쬘 수 있는 일조량 확보 등
	기아와 질병 만연 지역	빈곤 탈출 및 의료 혜택 등
인문 환경	민족, 인종 등 차별 지역	자유 보장, 민족이나 종교 갈등의 해소와 평화, 정치적 안정 등
	종교 발달 지역	종교 교리의 실천 등

TIPS

지필고사
- 행복의 기준 분류
- 삶의 목적과 행복의 연관성 탐구

수행 평가
- 행복의 기준에 대한 협동 학습의 수행 과정(역할 분담, 조사 방법 등)
- 나만의 행복 지수 제작

03 행복한 삶을 위한 조건

개념정리

1. 행복한 삶 누리기 위한 조건

(1) 행복한 삶의 구체적 조건은 다양

(2) 보편적 조건: 질 높은 정주 환경의 조성, 삶의 질을 유지할 수 있는 경제적 안정, 시민 참여가 활성화되는 민주주의 실현, 도덕적 실천과 성찰하는 삶 등

2. 질 높은 정주 환경의 조성

(1) 정주(定住) 환경의 의미: 우리가 자리 잡고 살아가는 터전을 둘러싼 환경 → 좁은 의미로는 주거 환경을, 넓은 의미로는 문화, 여가, 자연환경 등 일상생활의 전 영역을 광범위하게 일컬음 → 질 높은 정주 환경이 마련되면, 보다 행복한 삶을 누릴 수 있음

(2) 정주 환경의 내용

안락한 주거 환경	• 국민이 살기 좋은 쾌적한 주거 환경 • 정부의 주택 개발 정책과 관련
삶의 인프라	• 국민에게 일정한 교육과 의료 혜택 제공(각종 교육 기관과 의료 시설) • 편리한 삶을 위한 교통·통신 시설 • 인간다운 삶을 위한 문화 예술, 체육, 복지 시설
생태 환경	• 인간과 자연이 조화와 공존을 이루는 환경

3. 삶의 질을 위한 경제적 안정

개인적 측면	• 기본적 삶의 조건 충족, 삶의 질 유지를 위해 필요 → 고용 안정, 최저 임금 보장 등

사회적 측면	• 국민에게 쾌적한 환경, 질 높은 의료 및 교육 혜택을 제공하는 기초 → 복지 확충
유의점	• 국민 소득이 높다고 해서 구성원의 삶의 질이 반드시 높은 것은 아님 • 경제적 안정과 더불어 빈부 격차를 줄이기 위한 다양한 사회 복지 제도를 마련해야 함 → 경제적 불평등 해소

➡ **1인당 국내 총생산, 영아 사망률, 기대 수명의 관계:** 1인당 국내 총생산이 높은 나라일 수록 삶의 기본 조건들이 잘 갖추어져 있어 기대 수명은 높고, 영아 사망률은 낮음

4. 시민 참여가 활성화되는 민주주의의 실현

(1) **민주주의 의미:** 시민이 주권을 가지고 국가를 스스로 다스려야 한다는 이념 → 시민이 정책 결정 과정에서 자신의 의사를 적극 반영할 수 있도록 시민 참여를 제도로 보장함 → 삶에 대한 만족감과 행복감 실현

(2) **민주주의 실현을 위한 노력**

민주적 제도	• 주권자인 시민의 의사를 반영한 정책의 실현 • 의회 제도, 복수 정당 제도, 권력 분립 제도 등 시행
정치 참여 문화 조성	• 시민들의 권리나 의무, 정치 공동체에 대한 이해 필요 • 적극적인 정치 참여 문화 형성 → 참여를 통해 민주주의의 핵심 가치인 자유와 평등을 경험할 수 있음

(3) **정치 참여의 방법:** 선거나 국민 투표를 통해 기본적으로 참여 가능

① 직접 참여: 자신이 직접 공직자 선거에 입후보하고 선출되어 활동

② 개인적 참여: 언론 매체에 투고, 행정 기관에 진정·건의·청원 등

③ 집단적 참여: 정당, 이익 집단, 시민 단체 등에 가입하여 활동

5. 도덕적 실천과 성찰하는 삶

(1) **도덕적 실천의 의의:** 자신과 타인의 행복을 함께 추구하는 것, 바람직한 도덕적 가치에 대해 합의하고 이를 행동으로 옮기는 도덕적 실천의 필요성

(2) **성찰의 의의:** 자신의 이익이나 욕망을 위해 타인과 공동체에 해를 끼치는 비도덕적 행위를 하고 있지는 않은지 스스로를 뒤돌아보는 것

(3) 도덕적 성찰

의미	자신의 행동과 삶을 도덕적 측면에서 반성하는 것
특징	도덕적 성찰을 통해 인간은 인격적으로 성숙

(4) 도덕적 실천의 내용

① 역지사지(易地思之)의 마음: 다른 사람의 입장에서 상황을 바라보는 자세, 자신과 이웃에 대한 이해 → 서양의 황금률 '네가 대우받고자 하는 대로 남을 대우하라'와도 관련

② 사회적 약자(소수자)에 대한 배려: 사회적 약자의 고통에 공감하며 이를 시정하기 위한 기부나 사회 봉사에 참여

행복한 삶의 조건은 다양하지만, 질 높은 정주 환경과 삶의 질을 유지할 수 있는 경제적 안정, 시민의 참여가 활성화되는 민주주의의 실현, 도덕적 실천과 성찰하는 삶 등이 대표적이라고 할 수 있습니다. 이 외에도 여유로운 문화생활, 사랑과 존경을 나누는 인간관계 등 다양한 요인을 고루 갖출 때 전반적인 삶의 질이 높아질 수 있습니다.

정주 환경이란 인간이 일정한 장소에 정착하여 살아가는 터전을 비롯한 여러 가지 필요한 환경을 의미합니다. 좁게는 주거 환경에서부터 넓게는 문화, 여가 자연 환경 등 일상생활의 모든 분야를 광범위하게 포함하고 있습니다. 1976년 국제 연합(UN)은 인간이 살아가고 있는 환경이 점점 악화되는 상황에 대처하기 위하여 캐나다에서 제1차 인간 정주 회의(UN Habitat)를 열어 모든 사람의 적절한 주거를 위해 노력하고 있습니다. 오늘날 정주 환경 문제는 도시화에 따른 빈곤과 불평등의 해소, 취약 계층을 위한 주거지 및 기초 서비스 제공 등 인간이 생존에 위협을 받지 않는 삶과 밀접한 관련이 있습니다. 인간들의 주거 생활에의 필수 조건인 집과 상하수도, 교통, 복지, 문화 시설 등의 제반 시설들이 갖추어져야만 행복한 삶을 위한 기본 조건이 충족된다고 할 수 있습니다. 또한 인간과 자연이 조화와 공존을 이루는 생태 환경도 무시할 수 없는 조건이 될 수 있습니다.

인간이 기본적으로 기본적인 삶의 조건과 삶의 질을 유지하기 위해서는 일정 수준의 경제적 소득을 통한 경제적 안정이 필요합니다. 대체적으로 1인당 국내 총생

산(GDP)이 높은 나라일수록 행복의 기본 조건에 대한 만족도가 높습니다. 물질적 충족만이 행복의 실현을 보장하는 것은 아니지만, 행복한 삶을 실현하기 위한 필수 조건인 셈입니다. 그러나 경제 성장으로 소득 수준이 높다고 하더라도 소득의 양극화 심화로 느끼는 상대적 박탈감 및 빈곤이나 질병 등으로 살아가면서 일부 계층은 고통을 받을 수도 있습니다. 이를 해결하기 위해서는 경제적 안정과 더불어 다양한 사회 복지 제도가 마련될 때, 국민은 행복한 삶을 살아갈 수 있습니다.

한편 정치적으로는 시민 참여가 활성화되는 민주주의의 실현도 행복한 인간의 삶에 필수적인 요소입니다. 민주주의가 정착한 현대 사회에서 시민이 주권을 가지고 국가를 스스로 다스려야 한다는 이념이 강조되었습니다. 이는 민주 사회에 살더라도 정치적 결정 과정에 참여할 수 있느냐 없느냐에 따라 사람들의 행복 지수가 달라지기 때문입니다. 이에 따라 민주 사회에서는 시민이 정책 결정 과정에 참여할 수 있는 권리(선거 등)를 보장하는 제도를 시행하고 있습니다. 시민 참여가 활성화되지 않는다면 자신의 권리가 제한되거나, 행정부 구성원의 권력 남용과 부정부패 등이 발생하기 쉽습니다. 8·15 광복 이후 우리 사회에서 일어났던 여러 가지 정치적 사건(독재, 권력 남용 등)들을 생각해 보면 시민들의 정치 참여가 얼마나 중요한지 알 수 있을 것입니다. 민주주의의 핵심은 시민 참여입니다. 이러한 참여야말로 시민 자신의 자유와 권리를 최대한 보장받을 수 있고, 행복한 삶을 살아가는데 중요한 요소입니다.

물질적 욕구의 충족이나 민주적 시민 참여 외에도 개인의 삶에 있어서 도덕적으로 살아가고 성찰하는 것도 행복한 삶을 실현하기 위한 기본적인 조건입니다. 부나 권력, 명예 등 개인적인 욕구를 실현하는 과정에서 도덕적 실천이 전제되지 않는다면, 자신뿐만이 아니라 타인에게도 행복한 마음을 가지게 할 수 없습니다. 성찰이란 자신의 말이나 행동에 잘못이 없는지 반성하고 바로 잡는 것을 의미합니다. 그리스 철학자 소크라테스는 "성찰하지 않는 삶은 살 가치가 없다."라고 하면서 도덕적 성찰을 통해 진정한 삶의 가치와 행복을 찾을 수 있다고 주장하였습니다. 사회 구성원이 도덕적으로 행동하고 성찰하는 삶을 추구한다면 개인뿐만 아니라 사회 전체가 행복해질 수 있습니다. 왜냐하면 각자의 행복을 지나치게 추구하다 보면 다른 사람의 행복을 침해할 수도 있는데, 도덕적 성찰이 일반화된 사회에서는 갈등을 최소화할 수 있기 때문입니다. 이처럼 우리가 작은 일에서부터 삶을 성찰하고 바로 자을 때 사회적 신뢰는 높아지고 공동체 모두의 행복은 실현될 것입니다.

✅ 서울 시민의 연령별·소득별 행복 지수

2015년 기준, 10점 만점(단위: 점)

연령별 행복 지수

서울시, 「2016 서울서베이 사회상 조사 결과」, 2016

월 소득별 행복 지수

　'서울 시민의 연령별·소득별 행복 지수' 그래프를 보면 연령별 행복 지수는 연령이 낮을수록 높았고, 월 소득별 행복 지수는 100만 원 미만의 소득 계층을 제외하고는 큰 차이가 나타나지 않았다. 이는 1974년 리처드 이스털린(Easterlin, R. A.) 교수가 주장한 '소득이 행복과 관련된 것은 맞지만, 장기적으로 소득 증가가 행복 증대로 이어지는 것은 아니다. 또한 소득이 높은 사람일수록 대체로 행복하다고 응답하지만 1인당 국민 소득이 일정 수준을 넘어선 나라의 경우 그 나라 국민의 행복이 소득과 비례하지는 않는다.'라고 하는 '이스털린의 역설(Easterlin Paradox)'이 의미가 있음을 보여준다.

✅ 이중환의 집터 생각

사람이 살 터를 정할 때 첫째는 지리(地理)가 좋아야 하고, 둘째는 생리(生利)가 좋아야 하며, 셋째는 인심(人心)이 좋아야 하고, 넷째는 산수(山水)가 좋아야 한다. 이 중 하나라도 모자라면 좋은 땅이라고 할 수 없다. 지리가 뛰어나도 생리가 부족하면 오래 살 수 없고, 생리가 좋아도 지리가 나쁘면 그 또한 오래 살 수 없다. 지리와 생리가 모두 좋아도 인심이 나쁘면 반드시 후회할 일이 생기고, 가까운 곳에 즐길만한 산수가 없으면 마음을 풍요롭게 할 수 없다.

이중환, 《택리지》

이중환이 말하는 지리란 풍수학적 지리이며, 생리란 기름진 땅이나 교통 등의 살아갈 때 필요한 요소이고, 인심이란 풍속에 따른 사람들의 마음이다. 마지막으로 산수는 인간과 자연의 조화를 바탕으로 한 휴양 공간을 의미하였다.

✅ 덴마크의 행복 비결

덴마크인들은 자유를 누리고 산다. 스스로 좋아하는 것을 선택하는 자유로운 삶은 초등학교 때부터 본격적으로 다져진다. 덴마크의 초등학교는 우리의 중학교 과정을 포함해 9학년제인데, 7학년까지는 점수를 매기는 시험이 없다. 그런데 이러한 자유는 안정감에서 나온다. 덴마크 사회는 개인의 경제적 부담을 줄여 주는 아주 촘촘한 사회 안전망을 갖추고 있다. 우선 병원 진료비가 평생 무료다. 누구나 태어날 때부터 개인별로 주치의가 정해진다. 교육비도 대학까지 무료다. 한편 덴마크의 학교는 9년간 담임이 똑같다. 교사는 학생 개개인에게 좀 더 집중할 수 있고, 학생과 학부모들은 그런 교사를 신뢰하고 의지한다. 이런 신뢰는 정치권을 향해서도 마찬가지이다. 덴마크의 부자들은 월급의 50% 이상을 세금으로 낸다. 그들은 자신도 대학 다닐 때 누군가의 세금으로 혜택을 받아 공부했으니 후배들을 위해 내는 세금은 당연하다고 여긴다. 정부와 시민들 사이에는 오랫동안 형성된 신뢰가 있다. 덴마크에서는 국회의원도 특별한 직업이 아니다. 택시 기사, 의사, 변호사, 식당 종업원, 열쇠 수리공 등 다양한 직종의 종사자들이 평등하게 대우받기 때문에 자신의 직업에 대해 자긍심을 가진다.

오연호, 《우리도 행복할 수 있을까?》

덴마크인들이 행복한 비결은 누구나 인간다운 삶을 누릴 수 있는 환경에 있는데, 이는 개인 간의 신뢰와 개인과 정부와 신뢰를 바탕으로 이루어진다. 각 개인이 누릴 수 있는 행복을 정부가 부정부패 없이 보장할 때 인간은 최소한의 행복한 마음을 가질 수 있다.

✅ 비민주적 정치 체제

비민주적 정치 체제는 크게 전체주의와 권위주의가 있다. 전체주의의 특징은 다음과 같다.
첫째, 배타적으로 존재하는 '하나의 통합 이데올로기'가 있다. 즉 모든 행위의 옳고 그름을 판단하는 배타적인 기준이 있다.
둘째, 1인 독재자가 존재한다.
셋째, 독재자 또는 단일 정당이 언론, 경제 등의 영역들을 독점적으로 통제할 수 있는 권한을 가진다.
넷째, 국가에 의해 강요된 대중들의 사회 참여가 있다.

비권위주의의 특징은 다음과 같다.

　첫째, 민주주의와 유사한 제도들을 채택하여도 정부 관료나 공직자들의 사고방식이 권위
　　적이고 고압적이다.

　둘째, 대중들의 정치적 무관심을 조장한다.

진영재, 《정치학 총론》

　　국가나 정부가 민주주의라는 것을 표방하고 있지만, 실질적으로는 민주적이지 않은 정치 체제가 존재한다. 예를 들어 북한이 국호로 사용하고 있는 조선민주주의인민공화국의 민주주의나 박정희 시대의 민주주의 같은 것들을 들 수가 있다. 북한의 김일성-김정일-김정은과 박정희의 경우에는 민주주의를 표방하였으나, 전체주의에 가까운 통치 체제를 유지하였다고 할 수 있다. 또한 권위주의의 경우에는 지금도 우리나라에서 일부 보여지고 있다. 이를 해결하기 위해서는 국민들의 적극적인 정치 참여만이 해결할 수 있다. 이승만을 하야시킨 4·19 혁명, 독재와 권위주의 정부를 유지하던 전두환 체제에서의 6월 민주 항쟁, 여야 정권 교체를 처음으로 실현하여 김대중 정부를 탄생시킨 제15대 대통령 선거 등을 사례로 들 수 있다.

TIPS

지필고사
- 행복한 삶을 실현하기 위한 기본적인 조건
- 질 높은 정주 환경, 경제적 안녕, 민주주의의 발전, 도덕적 실천과 행복과의 관계

수행 평가
- 행복한 삶을 위한 정주 환경
- 민주주의의 발전 지수와 행복 지수 비교
- 청소년이 행복해질 수 있는 정책 제안
- 행복한 삶을 위해 자신이 세울 수 있는 삶의 목표 탐구

| 의회

스위스 연방 의회

| 시민 단체 활동

차별금지/평등법 제정을 위한 비상시국선언(차별금지법제정연대 터울/시민사회단체연대회의)

자연환경과 인간

자연환경과 인간 생활

✏️ 개념정리

1. 기온에 따른 생활 양식의 차이

(1) 열대 기후 지역

음식	부패 방지를 위해 기름에 볶거나 튀기는 요리 발달
의복	간편하고 헐렁한 의복
주거	통풍을 위한 개방적 구조

(2) 한대 기후 지역

음식	육류 중심 → 높은 열량과 비타민
의복	동물 가죽 또는 털로 만든 의복
주거	난방과 보온을 중시하는 폐쇄적 구조

(3) 냉 · 온대 기후 지역: 추위와 더위를 모두 극복할 수 있는 생활 양식 발달

(4) 최근의 변화: 불리한 기온 조건을 극복할 수 있는 기술 발달로 지역 간 생활 양식의 차이 감소

2. 강수량에 따른 생활 양식의 차이

(1) 열대 우림 기후 지역: 지면에서 띄운 가옥 바닥, 비가 잘 흘러내리는 급경사 지붕

(2) 건조 기후 지역: 최근에는 관개 시설 확충으로 물 부족 문제를 극복하여 농업 확대 및 도시 내 녹지 조성

구분	사막	초원
산업	오아시스나 외래 하천 부근에서 밀, 대추야자 재배	목축

구분	사막	초원
의복	온몸을 휘감는 옷	가축의 가죽이나 털 이용
주거	흙집, 평평한 지붕	천막집

(3) 온대 기후 지역: 연중 습윤한 서안 해양성 기후 지역은 모자, 우산, 비옷을 휴대하며, 여름철이 건조한 지중해성 기후 지역은 수목 농업(올리브, 포도 등) 발달

3. 지형에 따른 생활 양식의 차이

(1) 산지 지역: 사면의 경사가 급하고 해발 고도가 높음

　① 감자, 옥수수 등 재배

　② 고산 지대에 잘 적응한 라마, 알파카, 야크 등의 가축 사육 → 먹거리와 의복 재료 제공, 운송 수단으로 활용

　③ 고온 다습한 지역의 고산 지대에서는 계단식 벼농사

　④ 열대 고산 기후 지역에는 상춘 기후가 나타나 인구 밀집 → 고산 문명, 고산 도시 발달

　⑤ 관광 산업, 지하자원을 이용한 광업 발달

(2) 평야 지역: 경지 개간과 교통로 건설에 유리

　① 넓은 경지를 이용한 벼농사 및 밀농사 발달

　② 교통로의 중심지로 성장 → 도시적 생활 양식 발달

(3) 해안 지역: 육지와 바다가 만나는 곳으로, 농업 및 어업과 관련된 생활 양식 발달, 항구 도시로의 성장, 염전 및 양식업 발달

(4) 독특한 지형이 나타나는 지역: 카르스트 지형이나 화산 지형 등을 관광 자원으로 활용

4. 벼농사와 인간 생활

(1) 쌀의 주요 재배 지역: 아시아의 계절풍 기후 지역

(2) 쌀 재배 조건

　① 자연 조건: 성장기의 고온 다습한 조건, 계절풍 기후가 나타나는 지역, 충적 평야, 대하천 주변

　② 사회 조건: 노동력 공급이 원활한 인구 조밀 지역

(3) 벼농사와 정치: 관개 시설 건설에 필요한 대규모 노동력을 동원하기 위해 정치 조

직이 필수이며, 치수(물을 다스림)가 고대 국가에서의 중요한 정치 행위임

(4) 벼농사와 지역 경제(미국 캘리포니아주): 관개 시설을 갖춰 대표적인 쌀 생산 지역
　　으로 성장했으며, 미국이 쌀 수출 5위국(2015년 기준)으로 성장하는 데 기여함

(5) 쌀과 관련된 음식 문화: 베트남의 쌀국수, 중국 및 동남아시아의 볶음밥, 일본의 초밥 등

5. 자연재해와 인간의 삶

(1) 자연재해: 기후, 지형 등의 자연환경 요소들이 인간의 안전한 생활을 위협하면서 피
　　해를 주는 것으로, 기상 재해(홍수, 태풍, 강풍, 폭설, 가뭄 등)와 지질(지형) 재해(화
　　산 활동, 지진, 지진 해일〈쓰나미〉 등)로 나눌 수 있음

(2) 자연재해에 따른 피해: 인명·재산 피해, 생산 및 생활 공간과 사회 기반 시설 파괴

(3) 자연재해에 대한 대응과 이와 관련된 시민의 권리

　　① 피해 최소화: 사전 예측에 따른 예방 조치, 방어 시설물 구축, 재해 발생 시 신속한 복구 대
　　　책 수립 등

　　② 시민의 권리: 안전하고 쾌적한 환경 속에서 살아갈 시민의 권리를 보장하기 위해 정부는
　　　재해 예방 대책을 수립해야 함

(4) 세계 각국의 자연재해 사례

　　① 미국의 허리케인 '카트리나': 뉴올리언스 지역에 강풍과 폭우에 따른 피해가 심각하게 나
　　　타났으나, 불명확한 지휘 체계와 시민 단체의 협조 미비로 인명·재산 피해가 컸음. 이후 재
　　　난 관리 개혁법 마련, 재난 관리청 기능 강화 등으로 대응함

　　② 일본의 2011년 쓰나미: 혼슈의 동북부 해안에서 발생한 강한 지진으로 대형 쓰나미가 여
　　　러 해안을 휩쓸어 구조 대원과 자위대가 대처하였으나, 유례없는 강력한 쓰나미로 초기 대
　　　응에 실패하여 피해가 컸음. 이후 재해 예방 시스템을 전반적으로 정비함

　　③ 인도네시아의 2004년 쓰나미: 수마트라섬 서부 해안에서 발생한 지진의 여파로 대형 쓰
　　　나미가 발생했으나, 경보 체계가 구축돼 있지 않고 정보가 부족하여 피해가 컸고 정부의
　　　원조 거부 및 원조 차별 정책으로 복구 과정이 느렸음. 이후 첨단 쓰나미 탐지 및 경보 장치
　　　를 도입했으나 아직 미흡한 편임

독일의 기상학자 쾨펜은 한 지역에 분포하는 식생이 그 지역의 기온 및 수분 특성과 밀접하게 관련되어 있을 것이라는 점을 가정하고 식생 경계를 기후 구분 경계로 이어가는 작업을 시도하였습니다.

열대 기후	최한월 평균 기온 18℃ 이상
온대 기후	최한월 평균 기온 −3~18℃
냉대 기후	최한월 평균 기온 −3℃ 미만, 최난월 평균 기온 10℃ 이상
한대 기후	최난월 평균 기온 10℃ 미만
건조 기후	연 강수량 500mm 미만, 증발량 〉 강수량

나시고렝은 동남아시아 지역의 전통적인 볶음밥으로, 말레이어로 나시(nasi)는 '쌀, 밥'을, 고렝(goreng)은 '튀기다, 볶다'를 의미합니다. 열대 기후가 주로 나타나는 동남아시아 일대에서는 고온 다습한 날씨 때문에 음식이 쉽게 상하므로 밥을 기름으로 볶은 음식인 나시 고렝이 발달했습니다. 나시고렝은 기본적으로 길쭉한 모양의 인디카 쌀(Indica rice)로 만듭니다. 우리나라나 일본에서 주로 먹는 자포니카 쌀(Japonica rice)은 찰기가 많아 밥알이 서로 붙지만, 인디카 쌀은 찰기가 없어 밥알이 서로 떨어지므로 기름에 볶기 좋습니다.

타이의 고상 가옥은 비가 아주 많이 내리는 열대 기후 지역에서는 가옥 지붕의 경사가 급하며, 일 년 내내 고온 다습한 환경을 견디기 위해 땅 바닥에서 집을 띄워 짓습니다. 이집트의 흙벽돌집의 경우 사막의 주된 건축 재료인 흙은 건조 기후 지역에서 집을 짓기에 딱 알맞은 재료입니다. 사막 지역의 흙집은 겨울에는 따뜻하고 여름에는 시원합니다. 또한 이 지역은 일교차가 크므로 낮에는 더위, 밤에는 추위를 막기 위해 벽이 두껍고 창이 작은 것이 특징입니다.

알프스 산지에서는 만년설이 나타나는 설선 아래 지역까지 목초지를 조성하여 가축을 방목합니다. 이 지역에서는 더운 여름에는 서늘한 고지대의 초원으로, 추운 겨울에는 풀이 잘 자라는 산 아래의 목장으로 수직 이동하며 가축을 사육하는 이동 목축이 발달하였습니다. 오늘날은 이러한 목장들이 대부분 숙박 시설로 개조되어 활용되고 있습니다.

바다에서 썰물과 밀물의 차이가 큰 지역은 갯벌이 넓게 나타나 이를 이용한 수산 양식업이 발달합니다. 수산 양식업은 김이나 굴 등을 기르는 어업입니다. 미국 매사추세츠는 세계적인 굴 양식장입니다. 우리나라 남해안도 겨울에도 따뜻하고, 섬이 많아 파도가 잔잔하므로 굴 양식의 최적지입니다.

밀은 세계에서 가장 많이 소비되는 곡물로 세계 시장에서 가장 많이 사고 팔리는 품목입니다. 세계 최대의 밀 수출국은 미국(2015년 기준)으로, 북아메리카 중앙부에 넓게 발달한 초원에서 대규모로 밀 재배가 이루어지고 있습니다. 미국의 미네소타는 밀 재배지로, '프레리'라고 불리는 넓은 초원이 있습니다.

석회암이 기반암을 이루고 있는 지역에서는 오랫동안 서서히 빗물이나 지하수 등에 의해 석회암이 녹는 과정에서 단단한 부분이 남아 뾰족한 원추 모양의 구릉이 형성되는데, 마치 탑처럼 생겼다고 하여 탑 카르스트라고 불립니다. 이러한 지형은 독특한 경관을 갖고 있기 때문에 관광 자원으로 활용되고 있습니다.

남아메리카의 해발 고도 4,000m 지역에서는 서늘한 기후를 이용하여 감자와 옥수수 등을 재배하며, 그보다 높은 지역에서는 라마와 알파카 등을 기릅니다. 열대 고산 기후 지역은 저지대보다 서늘하여 인간 거주에 유리하기 때문에 고산 지역을 중심으로 아스테카 문명, 잉카 문명 등 원주민 문명이 발달하였습니다. 이는 오늘날 남아메리카의 인구와 주요 도시들이 멕시코 고원과 안데스 산지에 주로 밀집하여 분포하는 것과도 깊은 관련이 있습니다. 알파카는 낙타과에 속하는 동물로, 건조하고 목초가 드문 황량한 고산 지대에서도 잘 견디는 특성이 있어 오래전부터 안데스 산지의 원주민들이 사육해 왔습니다. 알파카는 물건을 운반하는 운송 수단일 뿐 아니라, 고기와 젖은 식량으로, 털은 옷을 만드는 재료로, 분뇨는 말려서 연료로 씁니다.

동남아시아의 열대 계절풍 지역이 원산지인 벼는 생육 기간이 5개월 정도로, 성장기에 고온 상태가 유지되어야 하며 재배 기간 중 충분한 일조량과 연 강수량 1,000mm 이상을 필요로 하는 아주 까다로운 작물입니다. 또한 벼를 재배하는 논의 땅은 평평해야 하며 충분한 양의 물을 공급받을 수 있는 시설이 마련되어야 합니다. 벼의 주요 재배 지역은 아시아 계절풍 기후 지역의 충적 평야이며, 특히 베트남의 메콩강, 타이의 짜오프라야강, 미얀마의 이라와디강 하류 지역에서는 3모작도 가능합니다.

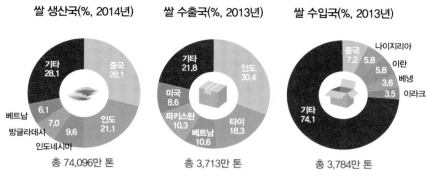

쌀 생산국(%, 2014년) / 쌀 수출국(%, 2013년) / 쌀 수입국(%, 2013년)

국제 연합 식량 농업 기구(FAO), 2016.

지중해성 기후는 여름철에 기온이 높지만, 강수량이 매우 적기 때문에 벼농사에 어려움이 있습니다. 그러나 수리 관개 시설이 설치되어 물을 댈 수만 있으면 햇볕이 좋으므로 벼농사가 잘됩니다. 지중해성 기후 지역이면서 벼농사가 활발한 곳은 미국의 캘리포니아 지역뿐 아니라, 에스파냐의 발렌시아 지역, 이탈리아 북부 롬바르디아 평야 등이 대표적입니다.

태풍은 강한 바람과 호우를 동반하여 막대한 파괴력을 갖습니다. 강한 태풍의 파괴력은 히로시마에 투하된 원자 폭탄의 1만 배에 이릅니다. 태풍은 풍수해를 가져오기도 하며, 바다에 큰 풍랑을 일으키며 해일의 원인이 되기도 합니다. 태풍이 상륙하는 시간과 만조가 겹치면 폭풍 해일이 일어나 막대한 침수 피해가 나타날 수 있습니다.

칠레의 건물들은 벽체와 기둥, 슬래브 등이 함께 묶여서 서로를 지지하는 구조로 만들어져 있습니다. 칠레는 수 차례 지진을 겪으며 건물에 대한 내진설계 기준을 적용하여 다음과 같이 대비하였습니다.

내진 설계	• 엄격한 내진 설계 기준법 적용 및 강화 • 지진 격리 장치 등 내진 기술 개발
철저한 방재 인프라	• 통신(동시 다발 경고 체계), 급수(신형 상하수도 설비) 등 인프라 구축·보완
국제 경보 시스템	• 태평양·인도양 주변 국가를 아우르는 지진·지진 해일 대비 국제 공조 체계 • 하와이(PTWC)·알래스카(WCATWC) 경보 센터 주도

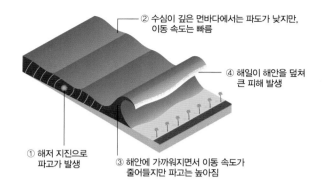

② 수심이 깊은 먼바다에서는 파도가 낮지만,
이동 속도는 빠름

④ 해일이 해안을 덮쳐
큰 피해 발생

① 해저 지진으로
파고가 발생

③ 해안에 가까워지면서 이동 속도가
줄어들지만 파고는 높아짐

일반적으로 열대성 저기압은 해수면 온도가 27℃ 이상인 해역에서 발생하며, 남·북위 20° 이상의 고위도 해역에서는 발생하지 않습니다. 일단 열대성 저기압이 형성되면 주변의 대기가 조건부 불안정 상태이기 때문에 막대한 상승 기류가 발달합니다. 이에 따라 소용돌이가 발생하며 이동을 하게 되는데, 북반구인 경우에는 북서쪽으로 이동합니다. 이후 북위 30° 정도에 이르면 편서풍을 만나 그 바람을 타고 북동진합니다.

지진 해일은 주로 지진에 의해 생기는 해일로, 드물게는 해저의 산사태나 화산 활동 때문에 발생하기도 합니다. 다른 말로는 쓰나미(Tsunami)라고도 부릅니다. 지진 해일 대부분은 태평양에서 발생하며, 진원은 주로 지각판의 경계에서 나타납니다. 심해에서는 파고는 낮지만 긴 파장이 빠른 속도로 전파되며, 해안에 접근할수록 파장은 짧아지고 파고는 높아집니다. 지진 해일은 지진이 일어난 후로부터 도착 시각을 예측할 수 있습니다. 지진 해일이 일어났을 때 가장 위험한 곳은 해안과 바닷가 낮은 지역으로, 발생 즉시 높은 지대로 대피해야 합니다. 또한 해일이 한 번 지나갔어도 수차례 더 올 수 있으므로 섣불리 저지대로 내려와서는 안 됩니다.

탐구 활동

✔ 기후 그래프를 통한 각 기후 지역의 생활 양식 탐구

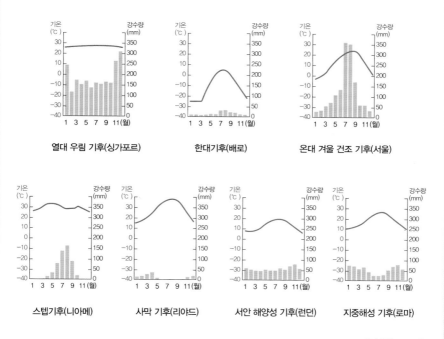

열대 우림 기후(싱가포르)   한대기후(배로)   온대 겨울 건조 기후(서울)

스텝기후(니아메)   사막 기후(리야드)   서안 해양성 기후(런던)   지중해성 기후(로마)

[이과연표, 2016]

✔ 발달한 농업을 바탕으로 한 생활 양식 탐구

　지중해성 기후 지역에서는 올리브, 포도, 오렌지, 레몬, 코르크나무 등의 재배가 유리하다. 이런 수목들은 잎이 작고 두껍고 단단하여 여름철 건조한 기후를 잘 견딘다. 또한 이 지역의 과수원은 나무 간격을 넓게 하여 충분한 수분을 확보하도록 한다.

✔ 기후를 바탕으로 한 생활 양식 탐구

　규모가 큰 산지를 따라서 나타나는 고산 기후는 주변의 저지대와 비교하여 기온은 낮고, 강수량의 계절 분포는 비슷하다. 적도가 지나는 곳에 자리 잡은 에콰도르의 키토

는 매월 월평균 기온이 15℃ 내외로, 항상 봄과 같은 날씨가 이어진다. 공기가 희박한 고산 지역은 저지대보다 자외선과 같은 단파 복사 에너지가 풍부하여 주민들의 피부색이 그을린 편이다.

☑ 기후와 발달한 농업을 바탕으로 한 생활 양식 탐구

　　계절풍은 대륙과 해양의 비열 차이에 의해 여름과 겨울의 풍향이 반대가 되는 바람이다. 비열이란, 물질 1g을 1℃ 높이는 데 필요한 열량을 의미하는 것으로, 비열이 작으면 적은 열량으로도 온도를 높일 수 있다. 대륙은 해양보다 비열이 작다. 계절풍은 주로 대륙 동안에서 잘 나타나는데, 특히 동아시아와 동남 및 남부 아시아에서 뚜렷하게 나타난다. 겨울철에는 아시아 대륙으로부터 한랭 건조한 바람이 불고, 여름철에는 태평양이나 인도양으로부터 고온 다습한 바람이 분다. 여름 계절풍은 많은 비를 가져오므로 벼농사에 유리한 환경을 제공한다.

02 자연에 대한 다양한 관점

✏️ 개념정리

1. 인간 중심주의

(1) 인간 중심주의의 의미: 오직 인간만이 이성을 지닌 존재라는 점에서 인간에게만 본래적 가치를 인정하는 입장

(2) 인간 중심주의의 특징: '도구적 자연관'을 토대로 자연을 인간의 욕구 충족을 위한 도구라고 여김

> **예** 숲이 지닌 가치는 숲을 통해 인간이 얻는 이익이 얼마나 많은가에 따라 결정되는 것이지, 숲 그 자체가 가치 있는 것은 아니라고 여김

(3) 인간 중심주의의 의의와 한계

의의	• 자연 현상을 탐구하고 개발하여 과학 기술을 발전시키고, 경제 성장을 이룸 → 인간의 삶을 풍요롭게 하는 데 기여함
한계	• 인간의 필요를 충족하기 위해 자연을 남용하고 훼손하여 자원 고갈, 생태계 파괴와 환경 오염 등을 초래함 **예** 샴푸 등 화학제품 사용, 자동차 이용 시 배기가스 배출, 관광지 개발로 인한 생태계 파괴 등

2. 생태 중심주의

(1) 생태 중심주의의 의미: 자연은 인간에게 주는 유용성과 관계없이 그 자체로 존중받을 가치가 있다고 보며 자연의 균형을 중시하는 입장

(2) 생태 중심주의의 특징: 인간은 자연으로부터 독립된 존재가 아니라 자연의 일부이며, 생태계를 이루는 모든 존재를 도덕적으로 대우해야 한다고 봄

(3) 생태 중심주의의 의의와 한계

의의	• 인간을 생태계 구성원의 하나로 여기고 생태계를 포괄적으로 바라보게 함 → 환경 문제 해결의 시사점 제공 例 레오폴드의 일화, 생태 공동체 마을 등의 생태 중심적 생활 방식
한계	• 인간의 개입이나 문화 활동을 허용하지 않는 비현실적 입장으로 흐르기 쉬움 • 개별 생명체나 종보다 자연 전체의 이익을 우선시하는 '환경 파시즘'적 성격을 띠기도 함

3. 경제적 이익과 환경 보전

(1) 케이블카 설치에 관한 두 입장과 근거

찬성	• 지역 경제를 활성화할 수 있음 • 등산로 주변의 훼손을 방지할 수 있음 • 관광객의 편의를 증진할 수 있음
반대	• 생태계를 회복 불가능할 정도로 파괴할 수 있음 • 경제적 효과가 미미할 수 있음 • 문화재를 훼손할 우려가 있음

(2) 케이블카 설치에 관한 인간 중심주의의 주장: 자연환경은 많은 사람에게 행복을 줄 때 가치가 있으며, 인간의 이익과 행복을 위해서 자연을 개발할 수 있음

(3) 케이블카 설치에 관한 생태 중심주의의 주장: 자연은 그 자체로 가치가 있으므로 돈벌이나 관광 수단으로 삼아서는 안 되며, 자연이 파괴되면 인간 역시 행복할 수 없음

4. 인간과 자연의 바람직한 관계

(1) 인간과 자연의 관계 변화: 인간 중심주의에서 벗어나 자연과의 유기적 관계를 지향하며, 인간은 생태계의 구성원으로서 자연에 속해 있고 다른 존재들과 서로 의존하여 살아감

(2) 인간과 자연의 조화를 위한 자세

유교	천인합일 → 본래적 가치를 지닌 만물에 인을 베풀 것을 강조
불교	연기설 → 모든 생명에게 자비를 베풀 것을 강조
도교	무위자연 → 인간과 자연의 조화를 중시

근대 경험론자 베이컨(Bacon, F.)의 "지식은 힘이다."라는 말에서 '지식'은 인류에게 물질적 혜택과 복지를 가져다주기 위해 자연을 정복할 수 있는 도구적 성격을 가집니다. 그는 "자연은 순종하는 가운데에 정복된다."라고 하였으며, 철학의 역할은 자연 속에서 움직이고 있는 원인과 자연을 지배하는 법칙을 설명하는 것이라고 보았습니다. 마찬가지로 근대 합리론의 대표적 사상가인 데카르트(Descartes, R.)는 "나는 생각한다. 그러므로 나는 존재한다."라는 선언을 통해 인간과 자연을 분리시키고, 자연을 기계적 인과 법칙에 종속된 단순한 물질로 간주하였습니다. 그의 인식론은 인식 주관과 인식 대상을 이원화시킴으로써 인식 주관이 인식 대상을 이용하고 정복하는 구도를 드러내고 있습니다.

관광지 개발로 인한 동굴 생태계 파괴가 심각합니다. 외부에서 유입되는 공기와 조명 시설의 빛 등으로 생기는 이끼로 인한 오염이 가장 빈번하게 발생하며, 관광객들이 종유석을 만져서 손때로 색이 검게 변하거나 아예 이를 떼어가는 바람에 훼손되는 경우도 많습니다. 때로는 관광객들이 버리고 간 페트병이나 껌, 담배꽁초 등이 동굴 내부에서 발견되기도 합니다. 더욱 심각한 문제는 동굴 생태계가 파괴된다는 점입니다. 자연 상태의 동굴에서는 박쥐, 각종 곤충과 새우 등 보통 30~50종 가량의 생물이 서식합니다. 하지만 관광지로 동굴들이 개발되면서 최근에는 50%가량의 동굴 서식 생물들이 멸종하였으며, 멸종하지 않은 경우도 개체수가 절반 이상으로 줄어든 것으로 조사되었습니다. 전문가들은 동굴이 한번 훼손되면 영원히 과거 그대로 복원할 수 없다고 우려합니다.

크리스털 워터스는 오스트레일리아 퀸즐랜드의 브리즈번에서 100km쯤 떨어진 곳에 있습니다. 생태 마을의 어머니로도 불리는 이곳은 1985년에 설계되어 현재 18개국에서 온 200여 명의 사람이 사는 '다국적 공동체'입니다. 크리스털 워터스는 '퍼머컬쳐'(perma-culture)의 개념으로 세워진 최초의 생태 마을입니다. '퍼머컬쳐'란 영원하다는 뜻의 '퍼머넌트'와 '문화'를 합친 개념으로 '지속 가능한 문화'를 뜻하는데 특히 농업에 중심을 두고 있습니다. 여기에는 땅을 살리고 인간을 살리고 나아가 이웃을 살리자는 생명 운동의 뜻이 담겨 있습니다.

고대에는 동서양을 막론하고 자연을 숭배하며 두려워하였습니다. 인간은 자연 안에서 살고 죽는 존재로서 자연이 주는 위협과 시련을 겪으며 자연의 위대함을 체험하였기 때문입니다. 따라서 사람들은 자연을 함부로 대하면, 자연이 인간에게 가뭄이나 홍수, 원인 모를 질병과 같은 재앙을 내린다고 생각했습니다. 근대 이후 사람들은 자연과 인간을 별개의 존재로 여기고, 인간이 자연보다 우위에 있다는 믿음을 갖게 되었습니다. 과학과 기술의 발달로 자연의 제약을 벗어나 자연을 이용할 수 있게 되었기 때문입니다. 그 결과 인간이 자연을 지배할 수 있다고 생각하게 되었으며 인간을 중심으로 자연을 바라보게 되었습니다. 오늘날 인간은 자연을 지나치게 이용한 결과 환경 훼손과 오염으로 자신의 생존을 위협당하고 있습니다. 이러한 문제 상황에 직면하여 인간도 자연의 일부에 지나지 않으며, 자연과 떨어져 살아갈 수 없는 존재임을 깨닫고 있습니다.

　도교에서는 인간이 사물을 분별하고, 순서와 등급을 매김으로써, 있는 그대로의 세계를 보지 못하고 자기 위주로 생각하게 되어 자연스런 덕을 잃게 된다고 봅니다. '저절로 그러한' 자연의 세계를 인간의 잣대로 평가하면서 사람들은 원래 없던 것을 만들어 내기도 한다는 것입니다.

🔎 탐구 활동

✅ 두 철학자의 사상을 바탕으로 한 서양의 인간 중심주의 탐구

아리스토텔레스	"식물은 동물의 생존을 위해, 동물은 인간의 생존을 위해서 존재한다. 가축이 식량이나 기타 용도로 존재하는 것처럼, 야생 동물도 그러하다."
아퀴나스	"야수를 죽이는 것이 죄라고 주장하는 사람은 오류를 범하고 있다. 신의 섭리에 의해 동물은 자연의 과정에서 인간이 사용하도록 운명 지워졌기 때문이다."

✅ 레오폴드의 사상을 바탕으로 한 환경 윤리 탐구

레오폴드의 '대지의 윤리'는 오디세우스에 관한 이야기로 시작한다. 그것은 트로이 전쟁에서 돌아온 오디세우스가 열두 명의 노예를 비행 죄로 교수형에 처한다는 이야기이다. 노예는 재산으로 이해되었기 때문에 오디세우스의 행위는 비윤리적인 행위로 보지 않았다. 이후로 윤리는 진화를 거듭해 도덕적 지위가 모든 인간에게 확대 적용되었다. 레오폴드는 윤리가 동물, 식물, 땅을 포함하도록 더욱 확대 적용할 것을 요구한다. 특히 오늘날 여전히 땅은 오디세우스 시대의 노예와 마찬가지로 단순한 재산일 따름이다. 즉, 우리는 땅에 대한 특권은 갖고 있지만, 땅에 대한 의무는 지고 있지 않다.

✅ 배리 코머너의 사상을 바탕으로 한 생태 중심주의의 기본 입장 탐구

미국의 환경 운동가이며 생태주의자인 배리 코머너(Barry Commoner)는 생태주의의 원칙을 네 가지로 밝힌다. 첫째, 모든 생물은 다른 모든 생물과 서로 깊이 연결되어 있다. 인간을 포함한 모든 생물체는 상호 의존하고 있으므로 인간의 환경 파괴는 전체 생태계에 영향을 끼치게 된다. 둘째, 모든 것은 어디론가로 자리를 옮길 뿐 이 세계에서 없어지는 것은 아무것도 없다. 인간이 배출하는 오염 물질은 축적되어 결국 자연을 파괴하고 생태계의 질서를 훼손한다. 셋째, 자연이 가장 잘 알고 있다. 자연적인 질서에 순응하고 사는 것이 가장 올바른 삶이다. 그리고 넷째, 대가를 지불하지 않고서 얻어지는 것이라고는 아무것도 없다. 인간의 모든 활동은 자원을 소모하고, 그러한 소모

는 자원 고갈과 환경 오염을 유발한다.

☑ 근대적 사고를 바탕으로 인간 중심주의적 세계관 탐구

인간 중심적 접근은 특정 종의 소멸, 자원의 고갈, 각종 오염, 급속한 인구 증가 등 기술과 과학의 이용에서 빚어지는 바람직하지 못한 위험한 재앙들을 인간에 의해서, 그리고 오직 인간에 의해서만 통제하고 예방할 수 있으며, 그러기에 인간만이 그것에 대해 책임을 진다는 것이다. 이 말은 자연에 대한 인간의 도덕적 권리와 의무 우선성을 강조한 것이라고 할 수 있다. 인간에게는 동물, 식물과 달리 인간 고유의 능력이 있으며, 이것은 결코 다른 존재가 가질 수 없고, 바로 이것이 동식물과는 질적으로 다른 인간의 가치와 존엄성을 증거한다는 것이다. 인간의 의식 능력, 이성 능력, 도덕 능력에 기반한 이러한 논증은 역사적으로 대부분의 서양 철학자들에 의해 주장되었다. 이러한 근대적 사고방식은 인간으로 하여금 자연에 대한 배려를 잊어버려도 괜찮다는 생각을 갖게 하였다. 자연에도 감정이나 영혼이 스며 있다고 보거나, 자연에 대해 동정이나 연민을 느낄 필요가 없게 되었다. 인간의 육체를 포함해서 모든 자연은 인간의 이성에 의해 목적에 따라 마음대로 상태를 변경시키고 이용할 수 있는 대상이 된다. 그렇기에 댐을 만드는 일, 골프장을 건설하는 일, 쉽게 올라갈 수 있도록 높은 산에 케이블카를 설치하는 일 등은 근대적 사고에서는 쉽게 이루어질 수 있다.

☑ 레이첼 카슨의 사상을 바탕으로 인간 중심주의 비판

생물학자이자 환경론자인 레이첼 카슨은 그녀의 저서 《침묵의 봄》에서 과학 기술을 맹신한 인간이 지속적으로 환경을 파괴해 나간다면, 다가오는 미래에는 어떠한 생명도 움트지 못하는 '침묵의 봄'이 찾아올 것이라고 경고하였다. 그녀는 저서에서 "자연은 소름이 끼칠 정도로 이상하리만큼 조용했다. 봄은 왔는데 침묵만이 감돌았다. 새 생명 탄생의 소리를 들을 수 없게 된 침묵의 세계는 마술도 장난도 적의 침입도 아니며 바로 인간들 자신이 그렇게 만든 것이다."라며 "우리는 아직도 정복의 관점에서 크게 벗어나지 못하고 있다. 또한 아직껏 우리 자신을 거대하고 엄청난 우주의 아주 작은 부분에 불과한 존재로 여길 만큼 충분히 성숙하지도 못했다. …… 이제 자연이 아니라 바로 우리 자신을 정복하는 성숙한 면모를 보여 주어야 한다."라고 주장했다.

✅ 유·불·도 사상의 자연관의 차이점 비교

유교	"하늘은 나의 아버지이며 땅은 나의 어머니이다. 그리고 나와 같이 작은 존재도 이들 가운데서 친밀한 위치를 발견한다. 그러므로 우주를 가득 채우고 있는 것을 나는 나의 몸으로 여기며, 우주를 이끌고 가는 것을 나의 본성으로 여긴다. 모든 사람은 나의 형제자매이며, 만물은 나의 식구이다." 《성리대전》
불교	"한 개의 작은 티끌 그 가운데서 수없는 세계들을 모두 본다. 한 개의 티끌에서 그런 것처럼 일체의 티끌마다 모두 그러해 온갖 세계 그 가운데 다 들어가니 이것은 헤아릴 수 없는 일이다." 《화엄경》
도교	"하늘도 땅도 나와 함께 태어났으며 만물이 나와 더불어 하나이다." 《장자》

TIPS

지필고사
- 자연에 관한 인간의 다양한 관점
- 인간과 자연의 바람직한 관계

수행 평가
- 케이블카 설치에 관한 자신의 생각을 인간 중심주의 또는 생태 중심주의의 관점 설명
- 유교, 불교, 도교 등 동양의 자연관에 나타난 인간과 자연의 바람직한 관계 사례 파악

03 환경 문제 해결을 위한 노력

✏️ 개념정리

1. 환경 문제 해결을 위한 정부의 노력

(1) 오늘날의 환경 문제: 지구 온난화, 사막화, 오존층 파괴, 산성비, 생물종 감소와 열대림 파괴 등

(2) 환경 오염 관련 법과 제도 수립

환경 오염의 발생 규제	• 오염 물질 배출 사업자 또는 소비자의 처벌, 부담금 부과 등
환경 오염의 발생 예방	• 친환경 사업자에 대한 국가 보조금 지급 • 개발 사업 시행 전 '환경 영향 평가' 시행

(3) 환경친화적 정책 시행: 친환경 제품에 관한 정보 제공, 친환경 산업 육성, 청정 과학 기술·에너지 연구 및 개발 장려

(4) 국제 사회와의 협력: 기후 변화 등과 같은 전 지구적 차원의 환경 문제 해결을 위한 국제적 협력에 동참

> 예 기후 변화 협약(1992), 생물 다양성 협약(1992), 교토 의정서(1997), 파리 기후 협약(2015), G20 탄소 중립 협약(2021) 등 환경 관련 국제 협약 체결, 비닐 봉투·플라스틱 사용 억제 정책, 탄소 배출권 거래제 참여 등

2. 환경 문제 해결을 위한 시민 단체와 기업의 노력

(1) 시민 단체의 노력

감시	• 정부나 기업, 개인 등이 환경 오염을 유발하는 행위를 하지 않도록 견제함 • 환경에 악영향을 주는 행위에 대해 반대 여론을 형성하여 압력을 행사함

지원	• 각종 환경 운동 전개, 환경 보호 실천 방안 교육 등 환경 친화적 행위를 하도록 지원함

(2) 기업의 노력: 친환경 경영 추구, 생산·유통·폐기 과정에서의 환경 오염 축소 노력

생산	• 생산 과정에서 배출되는 오염 물질 정화 시설 확보, 친환경 기술 개발 및 상품 생산 등
유통	• 유통 과정 간소화 • 친환경 상품 우선 공급 및 진열
폐기	• 자연 상태에서 쉽게 분해되는 재질 사용, 과대 포장 지양, 재활용을 통한 상품 제조 등

3. 환경 문제 해결을 위한 개인의 노력

(1) 개인적 차원의 환경 보호 실천의 중요성

　① 개인이 환경 문제에 관심을 두지 않고 정부의 환경 정책이나 제도에 따르지 않으면 효과를 기대할 수 없음

　② 개인이 환경을 고려하는 소비를 하지 않으면 기업 또한 환경친화적 제품이나 기술 개발에 힘쓰지 않을 것임

　③ 개인이 환경 보호에 동참하지 않으면 시민 단체의 환경 보호 운동은 성공할 수 없음

(2) 개인적 차원의 실천 방안

자원과 에너지 절약	개인용 컵 사용하기, 대중교통과 자전거 이용하기, 사용하지 않는 가전제품의 플러그 뽑기, 절수형 샤워기 사용하기, 음식물 쓰레기 남기지 않기 등
재사용과 재활용	교복 물려주기, 사용하지 않는 물건 판매하기, 쓰레기 분리 배출하기 등
기타	환경 관련 법 지키기, 환경 마크 부착 상품 등 환경친화적 상품 소비하기 등

　환경 영향 평가는 고속 도로, 댐, 비행장, 대규모 공장, 골프장 등 대규모 개발 사업이 자연환경에 어떠한 영향을 미치는가에 대해 사전 조사하고 평가하여 환경 영향을 최소화하고 환경 파괴 방지책을 마련하고자 하는 제도를 말합니다. 1969

년 미국에서 국가 환경 정책법으로 환경 평가가 처음으로 제도화된 이후, 주요 선진국에서는 개발 사업에 앞서 반드시 환경 영향 평가를 실시하도록 법률로 규정하고 있습니다. 우리나라에서는 1977년 처음 도입된 이후 환경의 중요성에 대한 인식이 증대되면서 1993년 환경 영향 평가법을 별도로 제정하여 본격적으로 실시하고 있습니다.

제도적·기능적 측면에서 볼 때 환경 오염의 규제 방법은 학자에 따라 그 명칭이나 범위에서 다소의 차이가 있으나, 이를 법적 규제(regulation), 보조금 지급제(subsidization), 오염 부과금제(pollution charges)로 삼분하는 것이 가장 보편적입니다. 경제 협력 개발 기구(OECD)는 환경 규제 수단을 크게 명령 및 통제 수단, 경제적 수단, 기타 수단으로 구분하고 있습니다. 명령과 통제는 환경에 영향을 주는 행동을 직접적으로 규제하며, 경제적 수단은 재정적 유인이나 반유인을 제공하는 방식이며, 기타 수단에는 정보 제공이나 자발적 규약 등이 있습니다. 가장 보편적으로 이용되고 있는 규제 수단은 명령·통제 방식의 직접 규제로, 특정 연료의 사용 금지, 특정 오염 물질의 배출 금지, 배출량이나 농도의 한계 설정, 배출 방법의 규제, 배출 허용 지역의 지정 등이 있습니다. 경제적 유인 방식에는 규제 당국이 배출 행위에 세금을 부과하는 방식, 오염 억제 행위에 대하여 보조금을 주는 방식, 그리고 배출 행위에 대한 권리의 설정 및 거래를 통하여 총량적으로 규제하는 방식 등이 해당합니다. 결국 환경 대책 입법에서의 관건은 이들 방법과 수단을 어떻게 선택적 혹은 병합적으로 채택할 것인가에 달려 있습니다. 위의 방법 중 법적 규제는 오염 배출자에 대한 법적인 강제 수단임에 반하여 다른 두 가지는 오염 배출자로 하여금 자발적으로 오염 배출을 억제하게 하려는 경제적인 유인책이라고 할 수 있습니다. 지금까지의 각국의 오염 규제 입법은 주로 법적 규제의 방법에 의존하여 왔습니다. 이에 반하여 대개의 경제학자들은 법적 규제보다는 경제적 부담, 특히 부과금제가 훨씬 더 효율적인 방법임을 강조하여 왔습니다.

정부의 적극적인 역할을 기대하는 방식 중 하나는 정부가 앞장서서 친환경 산업을 일으키고 투자하는 것입니다. 자전거 도로를 닦는 사업, 또는 각종 친환경 에너지원을 개발하는 사업들이 이 방식에서 나온 것들입니다. 정부가 나서야 하는 이유는 분명합니다. 민간이 할 수 없는 영역이기 때문에 정부가 나서야 하는 것입니다.

예를 들어, 자동차 대신 자전거를 이용하자는 캠페인은 민간이 벌일 수 있지만, 자전거 도로를 설치하고 자전거 주차장을 만드는 등의 기반 시설 마련은 민간이 할 수 없습니다. 당장 자기들에게 떨어지는 이익이 없기 때문입니다. 차세대 에너지원으로 각광받는 각종 신·재생 에너지 사업도 마찬가지입니다. 태양광 발전은 원자력 발전에 비해 그 발전 단가가 15배 이상 비쌉니다. 전력 1kW를 생산하는 데 원자력은 39원, 태양광 발전은 647원의 비용이 들어갑니다. 태양광 발전 사업자는 원자력과의 경쟁에서 결코 수익을 낼 수 없습니다. 따라서 신·재생 에너지 사업을 민간 시장에만 맡길 경우, 태양광은 아무리 친환경이라 하더라도 도태될 수밖에 없습니다. 그래서 여기에 정부가 개입하는 것입니다. 정부가 태양광 사업자에게 보조금을 지원하여 그 손해를 보전해 가면서 지속적으로 기술 개발을 할 수 있도록 하는 것입니다. 초기에는 태양광 사업 비용이 높겠지만, 점차 기술이 발전함에 따라 비용이 줄어들 수 있습니다. 이러한 정부의 보조가 없다면 신·재생 에너지를 발전시키기가 어렵습니다.

경제 논리에 의해 급속히 파괴되고 있는 환경을 지키기 위해 끊임없이 노력하는 집단이 있습니다. 바로 환경 단체가 그 주인공인데, 특히 유럽의 환경 단체는 세계 여러 나라의 환경 단체에게 좋은 모델이 되고 있습니다. 보존 가치가 있는 자연이나 문화유산을 일반인들의 참여를 통해 보존하는 '내셔널 트러스트', 새에 대한 연구와 보존을 진행하고, 이를 사회 운동으로 이끄는 '왕립 조류 보호 협회', 그리고 새들이 찾는 습지를 보존하기 위해 일반인들의 참여를 적극적으로 유도하고 있는 '야생 조류 습지 트러스트'와 '런던 습지 센터' 등이 영국의 대표적인 환경 보호 단체입니다. 이와 함께 일반인들의 참여를 극대화하여 환경에 대한 인식을 공유하고 전파하는 환경 단체로는 '그린피스'와 '세계 자연 보호 기금' 등이 있으며, 우리나라에는 '환경 재단'이 환경 문제에 대한 인식을 심어주기 위해 노력하고 있습니다. 이러한 환경 단체들의 활동은 이제 일반인들의 참여를 이끌어 내고, 이를 기반으로 여론을 형성하여 환경 문제를 해결하는 방향으로 점차 진화하고 있습니다.

〈노 임팩트 맨〉은 작가이자 환경 운동가인 콜린 베번의 놀라운 실험을 다룬 영화입니다. '노 임팩트 맨'은 '아무런 영향도 주지 않는 사람'입니다. 결국 이 영화의 내용은 환경에 아무런 영향도 주지 않으면서 살아남는 프로젝트 그 자체입니다.

1년간 지속된 이 프로젝트는 다큐멘터리로 제작되어 많은 화제를 모았고, 책으로도 출간되었습니다. 다음은 '노 임팩트 맨' 프로젝트를 통해 제안하는 쓰레기 만들지 않는 방법입니다.

1. 일회용 포장된 음식 안 먹기

2. 캔 음료나 페트병에 든 생수 안 마시기

3. 잡지, 신문 구독 끊기

4. 쓸데없는 우편물 정리하기(광고 보내지 말라고 전화하기)

5. 계란과 딸기 상자는 판 사람에게 돌려주기

6. 우유는 다시 쓸 수 있는 병에 담긴 것 사기

7. 재활용되는 통에 담긴 베이킹 소다로 이 닦기

8. 식료품은 지역 장터에서 신선한 것으로 사기

9. 일회용 면도기와 면도날 통 쓰지 않기

10. 키친타월 대신 낡은 옷감 쓰기

11. 벌레를 키워 음식 찌꺼기 퇴비로 만들기

✅ 국가 간 협력을 바탕으로 한 미세 먼지 줄일 수 있는 방법 탐구

(1) 한·중 협력

2014년 7월 시진핑 중국 국가주석의 한국 국빈 방문 시 개최된 한·중 정상 회의에서 「환경 협력 양해 각서」가 체결되었다. 이에 따라 미세 먼지 공동 대응을 위한 한·중 협력 사업과 우리 기술의 중국 현지 실증 사업을 추진 중이다. 대기 질 개선을 위한 실증 사업으로 중국의 대표적인 제철소 3개소를 선정하여 집진, 탈황, 탈질 설비 등 우리나라의 미세 먼지 저감 시설을 설치·운영하는 시범 사업을 벌이고 있다. 향후에는 화력 발전소, 소각 발전소 등 다량 배출 사업장으로 확대할 것이다. 시범 사업에서 우리 기술의 우수성이 확인되면 중국 측은 우리 기술을 본격적으로 적용할 것으로 기대된다. 또한 2015년 10월 「한·중 대기 질 및 황사 측정 자료 공유에 관한 합의서」를 체결하여 한·중 양국의 대기 질 측정 자료의 실시간 공유 기반을 마련하였다. 2015년 12월부터는 전용선(FTP, File Transfer Protocol)을 이용하여 한국의 서울 등 3개 도시와 중국의 베이징 등 35개 도시의 실시간 대기 질 관측 자료를 공유하고 있다. 공유 대상은 미세 먼지를 비롯한 6개 대기 질 항목이며, 향후에는 대상 도시를 더 확대해 나갈 예정이다.대기 오염의 원인 규명, 대기 오염 물질 배출량 정보 공유, 미세 먼지 예보 모델 개선 등을 위한 '한·중 대기 질 공동 연구단'의 연구 활동도 2015년 6월부터 진행 중에 있다. 또한 양국의 우수한 대기 정책과 대기 오염 저감 기술을 공유하기 위하여 대기 분야 전문 인력도 교류한다.

(2) 한·일 협력

미세 먼지(PM2.5, 지름이 2.5μm 이하 입자상 물질) 측정 자료의 공유, 배출 특성 관련 공동 연구 등 한·일 협력도 추진하고 있다. 2014년에 개최된 '3국 환경 장관 회의'에서 열린 한·일 양자 회담에서 미세 먼지(PM2.5) 협력 사업을 추진하기로 합의하였다. 미세 먼지 협력 사업은 미세 먼지 측정 기기 정확도 관리 방법 공유, 미세 먼지 예보 정확도 향상, 실시간 대기 질 모니터링 자료 공유, 장거리 이동 대기 오염 물질과 배출량 목록 공동 조사, 대기 환경 기준을 달성하기 위한 대책 공유를 포함한다. 미세 먼지 예

보 모델 개발과 배출 목록 분야 기초 연구를 공동으로 추진하기로 함에 따라 2017년까지의 한·일 공동 연구 계획을 마련했고, 현재 세부 연구를 진행하고 있다.

(3) 한·중·일 협력

1999년 우리나라가 처음 제안한 이래 매년 한·중·일 3국이 국외에서 유입되는 미세 먼지에 공동 대응하기 위하여 교대로 '3국 환경 장관 회의'를 개최해 오고 있다. 미세 먼지 등 대기 오염에 대해서는 동일 운명체라는 인식이 밑바탕이 되어, 2014년부터 '한·중·일 대기 분야 정책 대화'를 개설하였다. 2015년 우리나라에서 열린 2차 정책 대화에서는 미세 먼지 등에 대한 공동 대응을 위한 2개 공동 작업반(WG, Working Group) 구성에 합의하여 공동 연구를 추진 중에 있다. 또한 2015년에 개최된 제17차 3국 환경 장관 회의에서는 '9대 우선 협력 분야 공동 실행 계획(2015~2019)'을 채택하였고, 그 일환으로 대기 오염의 예방과 관리를 위한 한·중·일 3국의 공동 노력을 더욱 강화하기로 하였다. 한편 3국 환경 장관 회의 출범 이전인 1995년부터 우리나라 주도로 동북아 지역의 장거리 이동 대기 오염 물질에 관한 공동 연구(LTP, Long-range Transboundary Air Pollutants in Northeast Asia)가 진행되어 왔다. 황산염·질산염 등 대기 오염 물질의 국가 간 상호 영향을 정량적으로 도출하였고, 미세 먼지에 대한 공동 관측과 영향 분석도 하고 있다.

✅ 두 환경 협약의 공통점과 차이점 파악

구분	교토 의정서	파리 협정
범위	온실가스 감축에 초점	감축을 포함한 포괄적 대응 (감축, 적응, 재정 지원, 기술 이전, 역량 강화, 투명성)
감축 대상 국가	37개 선진국과 유럽 연합 (미국, 러시아, 일본, 캐나다, 뉴질랜드 불참)	선진국 및 개발 도상국 모두 포함
감축 목표 설정 방식	하향식 (top-down)	상향식 (bottom-up)
적용 시기	공약 기간 (1차는 2008~2012년, 2차는 2013~2020년)	2021년 이후 적용

✅ 환경 보호를 위해 시민 단체나 기업을 도울 수 있는 방법 탐구

국가보다 작은 집단에서 환경 보호 운동을 실시할 수 있다. 즉, 회사나 학교 또는 동호회 등의 단위로 환경 운동을 하는 경우이다. 이 유형은 국가 주도적 환경 운동에 비해 자율적이라는 점이 특징이다. 소집단 구성원들이 함께 논의하고 정하여 실시하는 것으로 구체적인 실천법적 성격이 강해서 그 효과가 단기간에 나타나고 일상생활에 변화를 가져오는 경우가 많다. 회사에서 사원을 대상으로 하는 환경 운동들이나 업계 공통으로 실시하는 실천법이 이 유형에 속한다. 백화점에서 포장을 간소화하고 사무실 실내 온도를 조절하는 것 등이다. 특히 사원을 대상으로 실시하는 실천 운동은 가정에까지 효과가 확산된다는 장점이 있다. 이 유형 중에서 환경 운동을 위해 만든 시민 단체들은 그 사회에 매우 강력한 영향력을 발휘하기도 한다. 환경 단체들은 환경 관련 신문을 발간하고, 환경 교육을 실시하는 등 교육적 활동과 함께 사회 전반에서 일어나는 환경 문제를 감시한다. 그 결과 '골프장'이나 '댐' 건설을 반대하는 운동이나 서명 운동 등을 벌이기도 하는데, 이러한 활동들은 간혹 매우 큰 영향력을 발휘하여 국가 정책이나 대기업의 사업을 시작조차 못하게 하는 경우도 있다.

TIPS

지필고사
- 환경 영향 평가 제도의 의미와 필요성
- 환경 문제 해결을 위한 정부와 민간의 노력

수행 평가
- 생태 도시가 지역 환경에 미치는 영향과 생태 도시를 우리 마을에 적용할 수 있는 방안 탐구
- 인간 중심주의와 생태 중심주의 중 하나를 선택하여 역간척 사업에 관한 의견 주장

Ⅲ

생활 공간과 사회

01 산업화·도시화에 따른 변화

📝 개념정리

1. 산업화·도시화에 따른 생활 공간의 변화

(1) 산업화·도시화의 의미

산업화	농업 중심의 사회가 공업과 서비스업 중심의 사회로 변화해 가는 현상
도시화	한 국가 및 지역에서 도시에 거주하는 인구의 비율이 높아지는 현상, 또는 도시적 삶의 방식이 확대되어 가는 현상

(2) 거주 공간의 변화

   ① 제한된 공간의 효율적 사용: 도시의 인구 밀도 증가 → 고층 건물 밀집

   ② 도시 내부 공간의 분화: 업무와 상업 기능은 교통이 편리한 도심에 집중되고, 주거와 공업

      기능은 주변 지역으로 이동

   ③ 대도시권 형성: 대도시의 인구와 기능이 많아지고 영향력이 커지면서 대도시와 주변 촌락

      이 하나의 생활권을 이룸

(3) 생태 환경의 변화

   ① 녹지 면적 감소, 포장 면적 증가 → 토양의 빗물 흡수 능력 저하 → 홍수 발생 위험도 증가

   ② 많은 인구가 다양한 경제 활동 추구 → 과도한 오염 물질 배출 → 생활 환경 악화

2. 산업화·도시화에 따른 생활 양식의 변화

(1) 도시성의 확산

   ① 도시성의 개념: 도시에 사는 사람들이 가지고 있는 촌락과 구별되는 독특한 생활 양식으

로, 도시적 생활 양식 혹은 도시 문화라고 함

　② 도시성의 특징: 구성원들이 이질적이고 개인주의적인 방식으로 행동하며, 구성원들 간의

　　사회적 관계가 이해타산적이고, 도시 공간의 확장 및 도시와 촌락의 교류 증가로 도시성이

　　점차 보편적인 생활 양식이 되고 있음

(2) 직업의 분화

　① 직업 구조의 변화: 단순한 직업 구조 → 직업의 수 증가, 직업의 세분화·전문화

　② 직업 분화의 결과: 작업 능률과 생산성이 높아짐 → 풍족한 도시 생활 가능

(3) 개인주의 가치관의 확산

　① 전통 사회 가치관의 특징: 개인보다는 사회 혹은 집단이 강조되며, 개인의 자유보다 사회

　　공동체에 대한 의무를 중시함

　② 산업화 이후 사회 가치관의 특징: 공동체와의 조화를 추구하며, 개인의 정체성·목표·존엄

　　성·자율성을 중시하는 개인주의 가치관의 확산

3. 산업화· 도시화에 따른 문제점과 해결 방안

(1) 문제점

　① 도시 문제 발생: 증가하는 도시 인구를 수용할 수 있는 도시 기반 시설이 제대로 확충되지

　　않았거나 일자리가 부족하여 발생, 주택·교통·환경·범죄·실업 문제 등

　② 공동체의 결속력 약화, 인간 소외 등: 도시적 생활 양식이 확대되었기 때문임

(2) 사회적 차원의 해결 방안

　① 인구의 지방 정착 유도: 정부가 도시 기능 중 일부를 분산하거나 지방 도시를 육성

　② 도시 기반 시설 확충, 환경 관련 법적 규제 강화, 지역 공동체 회복을 위한 다양한 전략 추진

(3) 개인적 차원의 해결 방안

　① 대중교통 이용, 환경 오염 물질의 배출 최소화 노력 등

　② 서로에게 관심을 가지고 배려하면서 양보하고 도움을 주고 받는 이웃이 되기 위해 노력

4. 대표적인 산업화· 도시화의 사례(울산광역시)

(1) 울산의 산업 · 도시화: 1960년 이전에는 작은 농어촌 지역이었으나, 1962년에 특정 공

　업 지구로 지정되면서 급속한 산업화 · 도시화가 진행되고, 1997년에 광역시로 승격됨

(2) 인구와 산업 구조 변화: 2015년 인구수가 1960년 대비 약 6배 증가, 세대 당 인구수는 1960년 5.6명에서 2015년 2.7명으로 감소, 3차 산업의 비중이 갈수록 높아짐

(3) 토지 이용 및 주택 유형 변화: 시가지 면적 증가, 공업 관련 시설 증가, 도로·교량 증가, 아파트의 비중이 갈수록 높아짐

(4) 생태 환경 변화: 산업화·도시화로 태화강이 오염됨 → '태화강 생태 회복 프로젝트'로 생태 하천이 됨

(5) 이웃 주민과의 친밀도: 산업화·도시화 이전에는 공동체 의식이 매우 강해 친밀도가 높았으나, 이후에는 개인주의 가치관이 확산되면서 친밀도가 이해타산에 기초하여 맺어짐

우리나라는 광복 후에 6·25 전쟁으로 그동안의 성장 기반이 완전히 파괴되어 자립 경제의 기반을 구축하지 못한 채 미국의 경제적 원조를 받았습니다. 제3공화국 이후부터 꾸준한 경제 개발 5개년 계획으로 산업화는 진전을 보게 되었고, 1962년부터 1982년 사이에 고도성장을 이룩하며 획기적인 2차 산업의 성장과 수출 증대가 일어났습니다. 그 이후 경공업에서 중화학 공업으로 산업 구조가 바뀌어 갔으며, 21세기에는 서비스 산업과 정보 통신 산업을 중심으로 하는 새로운 산업화가 진행되고 있습니다.

도시화는 많은 사람이 일정한 지역에 집중하여 그 지역의 인구수가 증가하고, 주변 지역보다 인구 밀도가 상대적으로 높아지는 과정을 의미합니다. 또한 도시화가 진행되면서 1차 산업 종사자 수가 줄어들고, 2·3차 산업의 종사자 수가 늘어나면서 도시적 산업 비율이 증가하는 현상도 나타납니다. 그리고 도시화가 진행되면 주변 지역에 재화와 서비스를 제공하는 기능을 수행하는 지역의 수가 증가하거나, 기존의 도시가 확대되어 보다 넓은 지역에 재화와 서비스를 제공해 주는 도시권의 확장 현상도 나타납니다. 이렇게 볼 때 도시화는 점(点)으로서의 도시화와 면(面)으로서의 도시화로 이해하는 것이 가능합니다. 우선 점으로서의 도시화는 도시의 수가 증가하는 현상을 의미합니다. 도시의 수가 증가하면 상대적으로 농촌 지역이 줄어들고 농업 종사자 수도 감소합니다. 면으로서의 도시화는 기존의 도시

도시 내부 구조

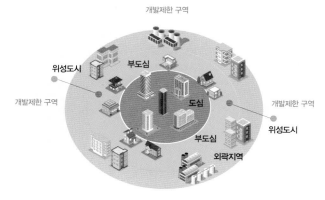

영역이 확대되어 도시 주변의 농촌 지역이 도시로 바뀌는 대도시권화 양상이 전개되는 것을 말합니다. 즉, 도시화는 인구수가 증가하고 인구 밀도가 높아지며, 비농업적 산업의 비율이 증가할 뿐만 아니라, 도시 수도 늘어나고 도시권의 확대가 나타나는 현상으로 정의할 수 있습니다. 도시화는 크게 두 유형으로 구분됩니다. 첫째, 농촌 인구가 도시로 이동하여 도시 인구가 증가하는 경우입니다. 이것은 산업화가 현저한 도시일수록 두드러지게 나타나며 도시로 이동한 개인들은 본래의 향토적인 전통이나 신념을 버리고 평균화·획일화되어 가는 특징을 띱니다. 둘째, 도시의 팽창으로 도시권이 확대되면서 점차 농촌 지역까지 확산되어 가는 경우입니다. 이 경우에는 농촌이 도시의 문화나 신념 체계·가치 체계 등을 흡수함으로써 그 지역 사회 고유의 개성을 상실할 수 있습니다.

〈도시인〉은 가수 故 신해철이 이끄는 그룹인 '넥스트'의 1집 앨범에 수록된 곡으로, 1992년에 발표되었습니다. 1990년대 도시인의 삶을 '아침에는 우유 한 잔, 점심에는 패스트푸드. 쫓기는 사람처럼 시곗바늘 보면서, 거리를 가득 메운 자동차 경적 소리. 어깨를 늘어뜨린 학생들'로 표현했습니다. 항상 바쁘고 잠시 숨 돌릴 곳조차 없는 공간, 갈수록 위로만 치솟는 고층 빌딩들 속에서 언제나 똑같은 일상을 되풀이 하는 도시인들의 모습을 잘 나타냈다고 할 수 있습니다. 이 곡은 발표된 지 25년이 넘었지만, 도시인의 생활을 잘 표현하여 여전히 대중들로부터 사랑받고 있습니다.

도시의 내부 구조와 각 구조의 기능은 다음과 같습니다.

도심	• 접근성이 좋아 지가가 비싸고 고층 건물이 밀집 • 중심 업무 지구(CBD) 형성: 주요 관청, 은행 본점, 대기업 본사, 고급 상점 입지 • 인구 공동화 현상 발생: 비싼 땅값, 열악한 주거 환경으로 상주인구가 적음
부도심	• 도심의 기능을 분담하는 2차 중심지로, 상업 및 업무 기능 담당 • 도심과 외곽 지역을 연결하는 교통의 요지에 형성
외곽 지역 (주변 지역)	• 저렴하고 넓은 토지가 필요한 주택, 공장, 학교 등이 분포 • 도시와 농촌 경관이 함께 나타나는 곳이 있음
개발 제한 구역	• 도시의 지나친 팽창을 막고, 녹지 공간을 확보하기 위해 설정
위성 도시	• 대도시 주변에서 대도시의 주거, 공업, 행정 등의 기능을 분담

청년 세대를 중심으로 1인 가구가 증가하면서 '혼밥(혼자 밥 먹기)', '혼놀(혼자 놀기)' 등을 즐기는 이른바 '나홀로족'이 증가하고 있습니다. 취업 포털 사이트에서 20~30대 성인 중 본인이 '나홀로족'이라고 생각하는 사람들을 대상으로 조사한 결과, '나홀로족'이 된 이유로는 '내가 원하는 방식대로할 수 있어서(75.9%, 복수 응답)'라는 응답이 가장 많았고 뒤이어 '혼자만의 시간이 보장돼서(66.4%)' 등의 의견이 있었습니다. 최근 나홀로 문화가 확산되는 것에 대해서는 응답자의 86%가 긍정적이라고 생각하고 있었습니다. 긍정적으로 생각하는 이유로는 '방해받지 않을 수 있어서(67.4%, 복수 응답)'를 첫 번째로 꼽는 응답자들이 많았으며 '자기 주도적으로 행동할 수 있어서(55.4%)', '불필요한 감정 소모를 안 해도 돼서(53.1%)' 등의 답변이 뒤를 이었습니다. 나홀로 문화가 확산되는 가장 큰 원인에 대해서는 '개인주의 가치관 확산(44.1%)'을 꼽는 응답이 최다였습니다.

서울시에서는 환경부의 '도시 소 생태계 조성 사업'과 연계하여 생태 학교를 조성하고 있습니다. 생태 학교는 학교 옥상 공간, 운동장 주변과 같은 자투리 공간을 자연 학습장과 학교 숲 등으로 만들어 학생 스스로 식물을 가꿀 수 있도록 식재 기반 시설을 조성하는 사업입니다. 이 사업은 생태계의 다양성이 부족하고 빈약한 도시에 소 생태계를 조성함으로써 도심의 생태를 복원하고 도시 외곽의 주요 생태계와 연결축을 형성하기 위해 시행되고 있습니다. 또한 향후 조성된 녹지의 지속적인 유지·관리를 위해 학생들의 환경 동아리 활동 등 자발적인 녹화 활동 참여 확대를 위해서도 힘쓰고 있습니다.

✅ 단계별 도시화 과정 탐구

　도시화의 정도를 알아보기 위한 지표로 전체 인구 중 도시에 거주하는 인구의 비율을 나타내는 도시화율 개념을 이용할 수 있다. 도시화가 진행되는 과정은 S자 형태의 도시화 곡선으로 표현된다. 초기 단계는 대부분의 인구가 농촌에서 1차 산업에 종사하는 단

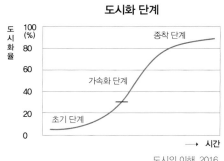

도시화 단계

도시의 이해, 2016.

계로, 도시화율이 낮으며 도시화 속도가 느리다. 가속화단계는 도시화가 급속하게 진행되어 도시화율이 급증하는 단계로, 산업화에 따른 이촌 향도 현상이 뚜렷하다. 종착 단계는 전체 인구의 70% 이상이 도시에 거주하고 도시 인구 증가율이 둔화되며, 역도시화 현상이 나타난다. 도시화 과정은 모든 국가에서 시기와 속도가 다르게 나타난다. 선진국의 경우는 산업 혁명 이후 200여 년에 걸쳐 서서히 진행되었기 때문에 도시화 단계를 나타내는 그래프가 완만한 S자형의 곡선으로 나타난다. 반면 개발 도상국들은 2차 세계 대전 이후 급속한 산업화가 진행되면서 짧은 기간에 빠른 속도로 도시화가 진행되었다.

✅ 생태 환경의 변화에 대한 해결 방안 탐구

　도시화와 산업화의 결과, 예전과 똑같은 강수량이더라도 현재는 과거보다 하천 유량이 더 급격하게 증가하는 경향이 나타난다. 이러한 경향은 자연 녹지나 나대지에 도로나 건물 등이 건설됨에 따라 물이 지하로 스며들지 못하고, 비가 내리자마자 하천으로 급격하게 유입되기 때문이다. 즉, 지

도시화 전후의 하천 유출 곡선

휴먼 임팩트, 2007

표면이 콘크리트나 아스팔트로 포장되고, 자연 녹지 및 삼림이 파괴되었기 때문이다. 또한 도시 지역에 배수로를 정비하는 것도 유량이 급격히 증가하는 현상을 부추기는 원인이 된다. 부수적으로는 하천을 직강화하면서 하천의 폭을 줄인다든지 하천 주변 습지나 저수지를 메우는 개발을 하는 것도 원인이 되었다.

✅ 생활 양식의 변화에 대한 해결 방안 탐구

《타인의 방》은 최인호의 단편 소설로 1971년 '문학과 지성' 봄호에 발표되었다. 이 소설은 당시 산업화 시대에 본격적으로 접어들던 우리나라의 수도 서울에서 일상을 영위하는 고독한 도시인의 초상을 인상적으로 보여 주었다. 《타인의 방》의 공간적 배경이 아파트라는 사실은 이 작품의 이해에 소중한 정보와 맥락을 제공한다. 이 작품이 발표되었던 1971년은 제2차 경제 개발 계획과 맞물리면서 서울에 아파트 건설이 본격적으로 시작되던 시기이다. 소설의 제목이 《타인의 방》이라는 점은 의미심장하다. 왜 '우리의 방'이나 '나의 방'이 아니라 '타인의 방'인가? 이 제목은 이제 전통적인 공동체적 주거 공간이 아파트라는 사적인 주거 공간으로 대체되면서 형성되기 시작한 새로운 인간관계의 윤리학을 상징한다. 전통적인 주택에 비할 때, 아파트는 바로 옆에 누가 사는지 알 필요도 없고 알 수도 없는 철저한 익명의 사적 공간이다. 주위의 이웃 누구도 그가 주인이라는 사실을 전혀 모르는 것이다. 주변의 모든 사람, 심지어는 같은 집안에 살아가는 사람까지도 '타인'이라는 호칭으로 부를 수밖에 없는 인간관계의 변화는 바로 아파트라는 주거 공간이 가져온 현대 도시 사회의 새로운 풍속이라고 할 수 있다.

✅ 도시 문제의 해결 방안 탐구

도시 문제가 발생하는 근본 원인은 수용 가능한 규모 이상으로 도시에 인구가 집중하기 때문이다. 이로 인해 도시에서는 각종 문제가 발생하였다. 우리나라는 1970년대 이후 도시 인구의 비율이 절반 이상을 넘어서는 급격한 도시화가 진행되었고, 국가 차원의 경제 구조가 재편성되면서 대도시로 공업 시설의 집적과 교통로의 집중 등이 나타나 이촌 향도 현상이 일어나게 되었다. 이에 따라 서울과 부산을 비롯한 몇몇 대도시에 인구가 집중되면서 도시 문제가 발생하였다. 그것은 우리나라의 모든 도시가 일시에 많은 인구를 수용할 만한 준비가 갖춰져 있지 못했기 때문에 벌어진 현상이다. 오늘날

거론되고 있는 주요 도시 문제로는 교통 체증, 주택 부족, 도시 빈민, 환경 오염, 범죄 등이 있다.

✅ 선진국과 개발 도상국의 도시 문제의 공통점과 차이점 비교

선진국은 오랜 시간에 걸쳐 도시화가 이루어져 비교적 도시 기반 시설이 잘 갖추어진 편이다. 그러나 도심의 노후 주택 문제와 교통 체증 문제가 심각하며, 높은 지가와 임대료 상승에 따른 도시의 주거 및 경제 활동 비용 상승과 같은 도시 문제도 발생하고 있다. 개발 도상국의 도시 문제는 급속한 산업화와 도시화로 특정 도시에 인구가 집중하면서 발생한다. 이 때문에 국토가 고르게 개발되기보다는 특정 지역에 개발이 집중되는 현상이 나타난다. 도시가 기반 시설을 제대로 갖추지 못한 상태이기 때문에 주택 부족, 위생 및 공공 서비스 부족 등의 문제와 환경 오염 문제가 발생한다.

TIPS

지필고사
- 산업화로 인한 문제점과 해결 방안
- 도시화로 인한 문제점과 해결 방안

수행 평가
- 현재 도시인의 삶과 50년 전 도시인의 삶을 조사·비교
- 우리나라 도시 중 대표적인 공업 도시를 하나 선택하여 산업화·도시화로 인한 문제점을 해결할 수 있는 방안 제시

02 교통·통신의 발달과 정보화에 따른 변화

✏️ 개념정리

1. 교통·통신 발달에 따른 변화

(1) 생활 공간의 변화: 개인의 생활 공간 범위 확대, 접근성이 향상된 지역은 중심지로 성장, 일상생활에서의 공간적 제약 완화

(2) 생활 양식의 변화: 장거리 이동이 쉬워짐에 따라 원거리 쇼핑 증가, 세계 여행의 증가, 여러 지역 사람들과의 교류 증가

2. 교통·통신 발달에 따른 문제점과 해결 방안

(1) 생활 공간의 격차: 교통·통신이 발달한 지역은 지역 경제가 성장하지만 상대적으로 그 조건이 불리해진 지역은 지역 경제가 쇠퇴하며, 접근성이 좋아진 대도시가 주변 중소 도시의 인구나 경제력을 흡수하여 지역 격차가 심해지기도 함

(2) 생활 공간 격차의 해결 방안: 지역 격차 해소를 위한 정부의 정책적 지원, 지역 특성에 맞게 자원을 개발하여 지역 경쟁력 강화

(3) 생태 환경의 변화: 항공기 및 선박 등을 통해 외래 생물 종 전파로 생태 환경 교란, 교통로 건설 및 교통수단 증가에 따른 환경 오염과 생태계의 파괴를 가져옴

(4) 생태 환경 변화의 해결 방안: 생태 통로의 건설, 교통수단의 환경 오염 물질 배출 최소화, 첨단 통신 기술을 이용한 생태 문제 해결

3. 정보화에 따른 변화

(1) 정보화의 의미: 지식과 정보가 가장 중요한 자원이 되어 산업을 비롯하여 사회 전

반에 큰 변화가 나타나는 것

(2) 첨단 정보 통신 기술 발달에 따른 변화

    ① 공간 정보 기술 활용: 위성 위치 확인 시스템(GPS), 내비게이션 등을 활용하여 공간 정보를 편리하게 이용하고, 지리 정보 시스템(GIS)을 이용하여 최적 입지를 분석할 수 있음

    ② 거대 자료(빅 데이터) 활용: 다양한 기록이 저장된 거대 자료는 국가 공공 정책 결정이나 기업 마케팅에 활용됨

(3) 가상 공간 활용에 따른 변화

    ① 정치 생활: 누리 소통망(SNS)과 인터넷 게시판을 활용한 시민의 정치 참여 확대

    ② 경제 생활: 지식 정보 산업과 관련한 직업 증가, 재택근무 증가, 고객 맞춤형 생산 활성화, 전자 상거래 활성화, 무점포 업체 증가

    ③ 사회 생활: 가상 공간에서의 인간관계 활동 증가, 온라인 교육 및 진료 서비스 확대, 수평적 인간관계로의 변화, 개성과 다양한 가치를 존중하는 사회로의 변화

4. 정보화에 따른 문제점과 해결 방안

(1) 문제점: 인터넷 중독, 개인 정보 유출, 사생활 침해, 악성 댓글, 지적 재산권 침해, 정보 격차 심화, 감시 사회 도래, 가상 공간에 대한 지나친 의존 등

(2) 해결 방안

    ① 개인적 측면: 인터넷 사용 시간 정해 두기, 정보 윤리 지키기

    ② 사회적 측면: 인터넷 중독을 예방하기 위한 프로그램 마련, 각종 사이버 범죄에 대한 법적·제도적 규제 강화, 정보 소외 계층에 대한 복지 증대

5. 온라인 쇼핑 확대에 따른 변화

(1) 온라인 쇼핑의 확대: 교통·통신 발달과 정보화를 배경으로 온라인 및 모바일 쇼핑 거래액 증가, 해외 직접 구매 물량 증가

(2) 변화 사례: 국내 택배 물동량 증가, 지역 특산물을 활용한 6차 산업의 성장, 무인 택배 서비스 등장

새로운 교통수단의 등장과 효율적인 교통 체계로 운송비가 저렴해지면서 멀리 떨어진 지역과도 상호 작용이 활발하게 일어나게 되었습니다. 교통수단의 발달은 단지 비용 절감만을 가져온 것이 아닙니다. 19세기 중반부터 새로운 교통수단이 등장할 때마다 주행 속도는 급속도로 증가하였으며, 그 결과 거리 극복 효과가 매우 커지면서 지역 간 상대적 거리(시간 거리)는 아주 짧아졌습니다. 이에 따라 세계는 점점 좁아지게 되었는데 이러한 현상을 저넬(Jannelle)은 시·공간의 수렴화라고 정의하였습니다.

도로나 철로를 건설할 때, 야생 동물이 서식지로 이동할 수 있도록 통로를 개설하는데, 이를 '생태 통로(eco-bridge)'라고 합니다. 생태 통로는 야생 동물이 차에 치여 죽거나 서식지가 분리되는 것을 방지합니다. 또한 개체군의 자가 교배를 줄이고 넓은 지역까지 분포할 수 있게 하며 생물 다양성을 보전할 수 있게 돕습니다. 생태 통로는 인간과 자연이 공존할 수 있도록 동물의 생태 특성을 고려하여 개설되어야 합니다.

빅 데이터란 디지털 환경에서 생성되는 데이터로, 그 규모가 방대하며 생성 주기가 짧고, 형태도 수치 데이터뿐 아니라 문자와 영상 데이터를 포함하는 대규모 데이터를 말합니다. 빅 데이터 환경은 과거보다 데이터의 양이 폭증하였고, 데이터의 종류도 다양해졌습니다. 최근에는 사람들의 행동은 물론, 위치 정보와 누리 소통망(SNS)을 통해 사람들의 생각과 의견까지 분석하고 예측할 수 있습니다. 이처럼 다양하고 방대한 규모의 빅 데이터는 미래 경쟁력의 우위를 좌우하는 중요한 자원으로 활용될 수 있다는 점에서 주목받고 있습니다. 대규모 데이터를 분석해서 의미 있는 정보를 찾아내는 시도는 예전에도 존재했습니다. 그러나 현재의 빅 데이터 환경은 과거와 비교해 데이터의 양은 물론 질과 다양성 측면에서 패러다임의 전환을 의미합니다. 이런 관점에서 빅 데이터는 산업 혁명 시기의 석탄처럼 IT와 스마트 혁명 시기에 혁신과 경쟁력 강화, 생산성 향상을 위한 중요한 원천으로 간주되고 있습니다.

정보 격차는 정보·지식에 대한 접근과 이용의 기술적·사회적 차이를 가리키는 개념입니다. 즉, 정보·통신에의 접근 가능성 및 인터넷 사용과 관련하여 서로 다른 사회·경제적 수준에서 나타나는 개인·가정·기업·지역 간의 격차를 말합니다.

기술적인 접근이 정보 격차를 가져오는 가장 큰 원인이며, 사회적 접근에서는 소득 수준이 주요 원인입니다. 정보 격차가 커질수록 정보 부자(정보 보유·이용 계층)가 사회적으로 힘이 있는 집단으로 자리 잡는 반면에 정보 빈자(정보 소외 계층)는 불이익을 받게 되어 사회적 균열이 심해집니다.

6차 산업이란, 1차 산업인 농수산업과 2차 산업인 제조업, 그리고 3차 산업인 서비스업이 복합된 산업을 말합니다. 농촌 관광을 예로 들면, 농촌은 농업이라는 1차 산업과 특산물을 이용한 다양한 재화의 생산(2차 산업), 그리고 관광 프로그램 등 각종 서비스를 창출(3차 산업)하여 이른바 6차 산업이라는 복합 산업 공간으로 변화하는 것입니다.

☌ 탐구 활동

⊘ 시·공간의 변화 탐구

우리나라 올림픽 선수단이 1948년 제14회 런던 올림픽에 갔던 여정과 2012년 제 30회 런던 올림픽에 갔던 여정을 비교하면 시·공간적 측면에서 엄청난 차이가 난다. 제 14회 런던 올림픽 때는 다음과 같은 여정을 겪었다. 우리나라 올림픽 선수단은 1948년 6월 21일 오전 8시 기차로 서울역을 떠나 20일간 기차, 배, 비행기 등 각종 교통수단을 다 이용하였으며, 세계 주요 도시를 두루 거쳐 현지에 도착하였다. 선수단이 이동한 경로는 서울역 - 부산 - 후쿠오카 - 요코하마 - 상하이 - 홍콩 - 방콕 - 콜카타 - 뭄바이 - 바그다드 - 카이로 - 로마 - 암스테르담 - 런던의 기나긴 여정이었다. 반면 2012 런던 올림픽 우리나라 선수단은 개막을 일주일 앞둔 2012년 7월 20일 인천 공항에 모여 오후 2시에 런던으로 향하는 직항 비행기를 이용하였고, 21일 자정 런던에 도착하였다.

⊘ 생태 환경 변화 탐구

선박 평형수란, 선박의 무게 중심을 유지하기 위해 선박 내에 채워 넣거나 빼내는 바닷물을 말한다. 이 선박 평형수를 통해 외래종이 유입되면 기존의 생태계가 교란될 수 있다. 지중해 담치는 선박 평형수를 통해 들어와 우리나라 남해안에 서식하며 생태 계를 교란하고 있다.

⊘ 정치 생활의 변화 탐구

- SNS와 스마트폰의 결합: SNS는 스마트폰 서비스를 통해 더욱 활성화되었다. 사람들은 스마트폰에서 다양한 SNS 프로그램을 통해 실시간으로 서로 사진을 공유하고, 대화를 주고 받고 있다. 이러한 SNS와 스마트폰의 결합으로 사람이 사람들을 통해 전달하는 정보의 속도가 텔레비전, 신문과 같은 구 미디어는 물론 인터넷 뉴스보다도 더 빨리 전파되고 있다.

- SNS와 콘텐츠의 확산: SNS를 통해 전파되는 콘텐츠의 수는 개인의 개성이나 취향만큼이나 많고 다양하다. 최근에는 스마트폰의 SNS를 통해 텔레비전 콘텐츠

를 연계하는 등 개방형 서비스를 또 다른 개방형 서비스와 연계하는 서비스들이 속속 등장하고 있다. 이처럼 개방형 SNS는 스마트폰이라는 모바일 기술을 통하여 다양한 콘텐츠들을 사람과 사람의 관계를 통해 전파하고 또 이를 통해 새로운 콘텐츠를 재생산할 수도 있어 시간이 갈수록 보다 새롭고 다양한 서비스가 늘어날 것으로 전망된다.

☑ 정보 윤리를 해치는 문제 탐구

정보화 사회는 인간 중심의 사회가 되어야 함에도 불구하고 정보 사회로의 이행 과정에서 나타나는 여러 문제점들이 인간의 존엄성과 본래적 가치를 위협함으로써 상당한 도덕적 혼란을 초래하고 있다. 정보화 사회에서의 윤리적 쟁점들을 구체적으로 구분하고 그 중요성을 강조하는 것도 학자들마다 조금씩 다르다. 메이슨(R. Maison)은 인간의 존엄성을 해칠 염려가 있으면서 정보 그 자체와 연관된 윤리적 문제들로서 사생활권, 정보의 정확성, 재산권, 접근 가능성의 네 가지를 강조하는 반면에, 존슨은 컴퓨터 전문가들이 지녀야 할 윤리 의식을 보다 더 중요시한다. 이를 종합하여 정보화와 관련된 윤리 문제를 제시하면 사생활권 문제, 지적 재산권 문제(불법 복제), 컴퓨터 범죄 문제, 전문가 시스템에 따른 문제, 컴퓨터에 대한 지나친 의존 문제, 인터넷상의 음란물 유통 문제, 컴퓨터 전문가들의 윤리 문제(해킹), 컴퓨터와 관련된 업체들의 공정 경쟁 문제 등을 들 수 있다.

TIPS

지필고사
- 교통·통신 발달에 따른 문제점과 해결 방안
- 정보화로 인한 문제점과 해결 방안

수행 평가
- 온라인 쇼핑의 확대로 변화된 우리의 일상 파악
- 가상 공간에서의 인간관계와 현실 공간에서의 인간관계 비교(장단점 파악)

| 드론을 통한 무인 택배의 확산

조종사가 비행체에 직접 탑승하지 않고 지상에서 원격조종(remote piloted), 사전 프로그램된 경로에 따라 자동(auto-piloted) 또는 반자동(semi-auto-piloted)형식으로 자율비행하거나 인공지능을 탑재하여 자체 환경판단에 따라 임무를 수행하는 비행체와 지상통제장비(GCS: Ground Control Station/System) 및 통신장비(Data link) 지원장비(Support Equipments) 등의 전체 시스템을 통칭한다. 아마존 최고 경영자인 제프 베조스가 드론을 이용한 무인 택배 서비스를 이야기한 지 상당 시간이 흘렀지만, 아직 큰 진척은 없다. 그러나 기존 운반 비용의 80%를 절감할 수 있다는 점에서 매력적인 방향이라고 할 수 있다.

03 내가 사는 지역의 공간 변화

✏️ 개념정리

1. 우리 지역 조사

(1) '살기 좋은 지역 만들기' 프로젝트의 절차

    ① 산업화·도시화·정보화에 따른 우리 지역의 변화 양상 및 문제점 파악하기: 토지 이용, 산업 구조, 직업, 인구, 생태 환경, 인간관계 및 주민의 가치관 변화 등의 측면에서 살펴봄

    ② 더 살기 좋은 지역을 만드는 방안 탐구하기: 공간 이용, 환경, 지역 경제 발전의 측면에서 해결 방안을 제시함

(2) 지역 조사 활동의 순서

    ① 조사 계획 수립: 조사 주제와 지역 선정, 조사 항목과 조사 방법 선정

    ② 지역 정보 수집: 실내 조사(문헌, 지도, 사진, 항공 사진, 통계 자료), 현지 조사(면담, 설문 조사, 관찰·촬영)

    ③ 지역 정보의 분석과 결론 도출: 자료를 항목별로 정리 → 도표, 그래프, 지도 등으로 표현 → 분석 및 결론 도출

2. 더 살기 좋은 지역 만들기

(1) 더 살기 좋은 지역을 만드는 방안 탐구

    ① 탐구 방법: 지역의 문제점을 파악하고, 이를 바탕으로 더 살기 좋은 지역을 만들기 위한 방안을 탐구함

    ② 방안 선정: 브레인스토밍으로 여러 방안을 선정하고, 우리 힘으로 해결할 가능성과 기대 효과가 가장 높을 것으로 예상하는 방안을 선택함

지역 조사를 수행하기 위해서는 조사 목적을 뚜렷하게 인식해야 하며, 그러한 목적에 적합한 지역을 잘 선정해야 합니다. 사전에 조사 계획을 수립하는 일은 조사의 성패를 가를 매우 중요한 단계입니다. 조사 항목과 조사 방법, 조사 경로와 조사 일정 등 자세하고도 구체적인 계획이 수립될 필요가 있습니다. 수집된 정보를 분석하기 위해서는 분석 기법과 지도 읽는 방법, 지도를 제작하는 기술 등이 필요합니다. 이와 같은 필요 조건이 충족된 지역 조사가 효과적으로 수행되면 지역 조사를 통해 지역을 이해하거나 발전 계획을 수립하는 데 실질적인 도움이 될 수 있습니다.

통계 지도는 통계 자료를 한눈에 비교해 볼 수 있도록 지도에 옮겨 표현한 것입니다. 통계 자료의 종류에 따라 점, 선, 그림, 도형 등으로 나타낼 수 있습니다. 지역 정보를 수집한 후 분석할 때 통계 지도를 활용하면 더 효과적으로 지역의 특색을 설명할 수 있습니다. 특히 통계 지리 정보 서비스(sgis.kostat.go.kr)의 대화형 통계 지도를 활용하면, 인구, 가구, 주택, 사업체 등 다양한 데이터를 지도 위에서 사용자의 조건에 맞게 조회하고, 데이터를 다운로드하거나 공유할 수도 있습니다. 이를 잘 활용하면 더 편리하게 통계 지도를 작성할 수 있습니다.

통계청의 통계 지리 정보 서비스에서 제공하는 통계 커뮤니티 맵, 즉 지역 현안 소통 지도는 지역 사회 구성원이 직접 참여하여 지역 사회의 이슈를 찾아내고 해결하는 데, 객관적인 지표인 관련 통계를 제공하고 이를 기반으로 한 소통 지도 매핑 기능을 제공하는 서비스입니다. 소통 지도 개설자는 대화형 통계 지도 또는 '나의 데이터'를 이용해서 관련 통계를 찾아 자유롭게 소통 지도를 개설할 수 있습니다.

서울시 금천구에는 1960년대 후반부터 1980년대까지 구로 공업 단지에서 일을 했던 여공들이 기거했던 쪽방(벌집)을 복원(재현)한 뒤, 관람객으로 하여금 당시 여공들의 퇴근 후 생활상을 직접 체험할 수 있도록 생활 체험관을 조성했습니다. 구로 공단 노동자 생활 체험관은 대한민국 산업화와 민주화에 크게 기여한 구로 공업 단지 여공들의 공로를 기념하고, 후대에 전할 목적으로 설립되었습니다. 이곳에서는 숙박 체험을 할 수 있는 프로그램이 운영되고, 물걸레질, 빨래, 연탄 갈기, 당시의 신문과 잡지 읽기 등의 체험 활동을 하고 체험 후기를 쓰는 다양한 체험 프로그램도 운영합니다.

🔍 탐구 활동

☑ 내가 사는 지역을 살기 좋은 지역으로 만들기 위한 커뮤니티 매핑 탐구

어떤 도시의 도심에 위치한 광장에 100만 명의 사람이 모였다고 가정해 보자. 이 많은 사람이 화장실을 이용하려면 어떻게 해야 할까? 공용 화장실뿐만 아니라 광장 주변을 둘러싸고 있는 건물의 화장실까지 여러 사람이 함께 이용할 수 있는 화장실이 표시된 지도가 있고, 사람들이 그 지도를 이용할 수 있다면 문제는 쉽게 해결될 것이다. 실제로 서울시에서는 사람들이 많이 모이는 광화문 광장을 중심으로 한 화장실 지도를 만들어 온라인으로 제공하고 있다. 이 지도는 하나의 지도에 여러 사람이 사용 가능한 화장실을 표시할 수 있었기 때문에 만들어질 수 있었다. 커뮤니티 매핑은 위치 정보 시스템과 집단 지성을 이용하는 것으로, 수많은 사람들이 스마트폰에서 같은 지도를 열어 동일한 주제나 대상의 사진을 찍고 위치를 표시하며 특징이나 문제점을 기록하면 완성된다. 수많은 사람이 함께 특정한 주제에 대해 지도를 만드는 일인 셈이다. 이와 같은 커뮤니티 매핑은 살기 좋은 마을 만들기의 한 방법으로 사용될 수 있다. 인터넷과 스마트폰의 기술을 바탕으로 지역 주민들이 참여하여 지역의 발전 과제를 찾아내고 필요한 자원, 부족한 자원들을 찾아 지역 발전에 기여할 수 있다.

☑ 도시 재생 사업 탐구

구로구는 대표적인 희망 행정 사업으로 '가리봉동 도시 재생'을 계획하고 있다. 가리봉동은 1970~1980년대 구로 공업 단지의 배후지로서 산업 발전의 중심지 역할을 했다. 1980년대 후반에는 산업 구조가 바뀌면서 성장이 꺾이는 시련을 겪었다. 2003년 뉴타운 바람을 타고 가리봉 재정비 촉진 지구로 지정됐지만, 부동산 경기 침체와 한국 토지주택공사의 재정 악화로 10여 년간 사업이 제대로 진행되지 못하다가 2014년 2월에 사업을 최종 포기했다. 재중 교포가 많이 사는 가리봉동은 생활 환경이 갈수록 낙후됐다. 구로구는 가리봉 도시 재생 구역의 목표를 'G밸리(서울 디지털 산업 단지)를 품고 더하는 마을'로 잡았다. 지역 재생 목표로 '사람을 더하는 공동체 활성화', '공간을 더하는 생활 환경 개선', '시간을 더하는 문화 경제 재생'을 내걸고 불량 도로 등 마을 공간 개선, 범죄 없는 공동체 육성, 가리봉 시장 시설 현대화, 골목 시장 활성화 등 총 19개 세부 사업을 선정하였다. 구청장은 "구로 공업 단지 여공들이 고단한 몸을 누이던 가리봉동 벌집촌이 공단의 쇠퇴와 함께 값싼 방을 찾아온 재중 교포와 외국인 노동자들의 주거지로 변했다. 오랜 세월이 흐르는 동안 도시 생활 인프라와 주민 편의 시설이 열악해졌고 급증한 외국인과 지역 주민 간의 문화적 차이로 인한 갈등도 발생하곤 한다."라며, 자신감 있는 목소리로 "올해를 가리봉동 변화의 원년으로 삼고 가리봉동 주민들의 아픔을 치유하고 살기 좋은 동네로 바꾸기 위해 '가리봉동 도시 재생 사업'에 모든 힘을 쏟겠다."라고 밝혔다.

TIPS

지필고사
- 지역 조사 활동에서 지역 정보를 수집하기 위한 방법
- 지역의 공간 변화가 초래한 문제점과 해결 방안

수행 평가
- '살기 좋은 지역 만들기' 프로젝트 절차와 핵심 과정 파악
- 속도 지향적인 현대 사회에서 발생하는 문제점과 해결 방안 탐구

| 도시 재생 범위

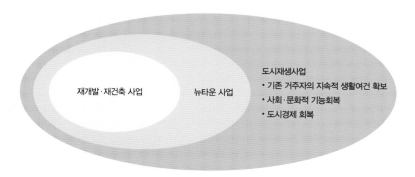

재개발·재건축 사업

뉴타운 사업

도시재생사업
• 기존 거주자의 지속적 생활여건 확보
• 사회·문화적 기능회복
• 도시경제 회복

| 청계천 복원 사업의 현재

인권 보장과 헌법

01 인권의 의미와 변화 양상

🖊 개념정리

1. 인권의 의미

(1) 인권: 인간 존엄성을 유지하며 살아갈 수 있도록 모든 사람이 누려야 하는 기본적인 권리

(2) 인권 확장의 역사

　① 마그나 카르타(1215년): 영국에서 의회의 승인 없이 세금을 부과할 수 없고, 법에 따르지 않고는 체포 또는 감금할 수 없음을 규정한 문서

　② 명예혁명(1688년): 영국에서 의회가 전제 군주를 폐위하면서 피를 흘리지 않고 정권 교체를 이룬 혁명으로, 이후 '권리 장전'을 승인함(1689년)으로써 의회 중심의 입헌 군주제의 토대가 마련됨

　③ 버지니아 권리장전(1776년): 미국 독립 선언 직전에 시민의 천부 인권을 선언하며 생명, 자유, 재산권과 최초로 행복 추구권을 규정한 문서

　④ 인간과 시민의 권리 선언(1789년): 프랑스 혁명 과정에서 채택한 선언으로, 천부 인권, 자유권, 저항권, 국민 주권, 권력 분립, 소유권 불가침의 원칙 등을 규정한 문서

　⑤ 바이마르 헌법(1919년): 독일에서 빈부 격차와 사회 불평등을 완화하고 사회적 약자의 인간다운 삶을 보장하고자 최초로 사회권적 기본권을 규정한 헌법

　⑥ 세계 인권 선언(1948년): 두 차례의 세계 대전 이후 국제 연합(UN)에서 세계 평화와 인권 보호를 위하여 채택한 포괄적인 인권 문서

2. 현대 사회에서의 인권 확장

(1) 주거권: 물리적 · 사회적 위험에서 벗어나 쾌적하고 안정적인 주거 환경에서 인간다

운 주거 생활을 할 권리

(2) 안전권: 폭력을 비롯하여 생명과 안녕을 위협하는 여러 위험으로부터 안전할 권리

(3) 환경권: 건강하고 쾌적한 환경에서 살 권리

(4) 문화권: 계층, 민족, 문화적 배경에 상관없이 누구나 문화생활에 참여하고, 자신의 문화적 정체성을 유지할 권리

(5) 잊힐 권리: 인터넷상에서 유통되는 정보, 특히 개인 정보를 당사자가 삭제하거나 수정해 달라고 요청할 권리

오늘날과 같이 모든 사람이 인권을 누려야 한다는 생각이 처음부터 당연하였던 것은 아닙니다. 특히 1688년 영국의 명예혁명, 1775년 미국의 독립 혁명, 1789년 프랑스 혁명 등 근대 시민 혁명을 거치면서 인권 보장의 중요한 계기가 마련되었습니다. 당시 천부 인권 사상, 계몽사상, 사회 계약설 등의 영향을 받은 시민 계층이 자유권과 평등권을 요구한 이래, 1948년 대한민국의 제헌 헌법이 제정되고 오늘에 이르기까지 인권의 범위는 더욱 확장되었습니다. 이렇듯 시민 혁명과 여러 역사적 사건 속에서 여러 사람의 노력을 통해 인권이 확장될 수 있었습니다.

인권의 역사는 인간의 존엄성을 회복하고자 '인간'으로서 대접 받지 못했던 인류의 구성원들이 동등한 권리의 주체로서의 승인을 요구하는 과정이자, 이러한 권리를 보장받기 위한 사회적 조건을 마련하려는 투쟁의 역사였습니다. 근대 이전 왕과 소수의 귀족은 많은 특권을 가지고 있었지만, 대다수 평민은 신분 제도 아래 억압과 차별 속에서 자신의 인권을 제대로 누릴 수 없었습니다. 이에 18세기 후반 절대 군주에 대항하여 시민 혁명이 일어나 자유권 중심의 인권을 얻을 수 있었습니다. 그러나 시민 혁명 이후에도 노동자, 농민, 여성은 여전히 정치에 참여할 수 없었습니다. 이들은 차별 없는 정치 참여의 권리를 요구하였고, 20세기에 이르러 보통 선거 제도가 마련될 수 있었습니다. 19세기에 들어 자본주의 발달에 따라 빈부 격차와 사회 불평등이 심화되면서, 사회적 약자들의 인간다운 삶을 보장해야 한다는 요구가 나타났습니다. 그 결과 국가가 적극 개입하며 사회 보장권과 교육권 등 사회권 중심의 인권이 보장되기 시작하였습니다. 두 차례 세계 대전 이후

UN에서는 세계 평화와 인권 보호를 위해 세계 인권 선언을 채택하여 모든 인간의 기본권에 대한 기준과 포괄적 전망을 제시하게 되었습니다. 이후 여성, 아동, 이주 노동자, 장애인 등 약자를 위한 권리가 강조되면서 이들의 인권 보장을 위한 국제적 협력이 늘어나고 있습니다. 한편, 인권은 개인의 권리를 넘어 사회 전반에 대해 집단적으로 논의할 수 있는 권리로, 자결권, 평화·환경에 관한 권리 등과 같은 다양한 분야에서 집단적·연대적 권리로 발달하고 있습니다.

유엔의 〈인권, 새로운 약속〉에서는 "인권에 관해 배우는 것 자체가 권리입니다. 인권에 관해 무지를 강요하는 것이나 내버려 두는 것 그 자체가 인권 침해입니다. 교육은 인권과 자유의 주춧돌이다."라고 밝히고 있습니다. 인권을 배우는 것이 그 자체로 하나의 권리라는 말은, 권리를 아는 자만이 권리를 행사하고 자신의 권리를 방어할 수 있다는 의미입니다. 그런 점에서 인권 교육은 모든 권리의 실현을 위한 기본적 권리일 수밖에 없습니다. 인권 교육은 인권에 대한 지식 교육에 머무르지 않습니다. 리스터(Lister, I.)의 분류에 따르면, 인권 교육은 인권에 대한 교육(Education about human rights)으로서 그쳐서는 안 되며 동시에 인권을 위한 교육(Education for human rights), 인권을 통한 교육(Education through human rights)이 되어야 합니다.

한국에서 빈곤 문제를 오랫동안 다루어온 어느 전문가가 한말이 있습니다. 가난한 사람이 오페라를 관람할 수 있는 사회를 꿈꾼다는 것이었습니다. 예술과 문화가 사치가 아니라 모든 인간이 누릴 기본권임을 가르쳐주는 웅변이 아닐 수 없습니다. '세계 인권 선언' 제27조에서 말하는 "공동체의 문화생활에 자유롭게 참여할 권리"가 바로 이런 차원의 인권입니다. 예를 들어, 일본 제국주의자들이 조선인에게 조선말을 못 쓰게 하고 일본말만 쓰게 강요한 것은 조선이라는 공동체가 지닌 언어적 정체성을 부정함으로써 인권을 유린한 처사였습니다. 즉, 문화권은 다음 두 가지 권리를 모두 포괄합니다. 첫째는 공동체에서 벌어지는 문화 활동에 개인이 참여할 개인적 권리이고, 둘째는 공동체 전체가 일정한 정체성을 가지고 있음을 외부로부터 인정받을 수 있는 집단적 권리입니다. 여기서 둘째는 단순한 문화적 권리가 아니라 소수 민족, 소수 언어 집단, 소수 종교 집단 등의 집단적 정체성 자체를 인권으로 인정한다는 뜻이 됩니다.

⚲ 탐구 활동

✅ '인권 3세대론'으로 보는 인권의 변화

1세대 인권	시민·정치적 권리: 생명과 자유, 안전에 관한 권리, 노예나 노예적 예속 상태로 부터의 자유 등
2세대 인권	경제·사회·문화적 권리: 사회 보장을 받을 권리, 노동할 수 있는 권리, 문화에 관한 권리 등
3세대 인권	집단의 권리: 자결권, 평화에 관한 권리, 지속 가능한 환경에 관한 권리 등

✅ 인권 확장의 역사적 전개 과정

마그나 카르타 (1215년)	영국의 존 왕이 서약한 문서, '의회의 승인 없이 세금을 부과할 수 없다.' 등을 규정
명예혁명 (1688년)	메리와 윌리엄이 의회의 권리를 강조한 '권리 장전'을 승인함(1689년)으로써 의회 중심의 입헌군주제 토대 마련
버지니아 권리 장전 (1776년)	'미국 독립 선언문' 발표 직전 채택한 문서, 시민의 천부 인권 선언과 행복 추구권 등을 규정
인간과 시민의 권리 선언 (1789년)	프랑스 혁명에서 채택한 선언, 자유권, 국민 주권, 권력 분립 등 규정, 권리의 주체는 '시민'에 한정
참정권 운동 (19세기 중엽~20세기 초)	시민 혁명 이후에도 참정권을 행사할 수 없자 영국의 차티스트 운동과 여성 참정권 운동 전개
바이마르 헌법 (1919년)	자본주의의 발달에 따른 빈부 격차와 사회 불평등의 심화 속에서 사회권 규정
세계 인권 선언 (1948년)	두 차례의 세계 대전 이후 세계 평화와 인권 보호를 위해 UN에서 채택한 포괄적인 인권 문서
인종 차별 철폐 협약 (1965년)	UN 총회에서 채택, 어떤 형태의 인종 차별도 허용하거나 후원해서는 안 된다는 원칙 천명

TIPS

지필고사
- 근대 시민 혁명을 통한 인권의 변화 양상
- 현대 사회에서 다양하게 확장된 인권의 내용

수행 평가
- '잊힐 권리'와 '알 권리' 중 어떤 권리가 더 우선하는지 근거를 들어 주장
- '도시에 대한 권리'의 의미 및 '도시민에게 보장해야 할 권리 선언' 제안

02 인권 보장을 위한 다양한 노력

📝 개념정리

1. 인권 보장을 위한 헌법의 역할과 제도적 장치

(1) 헌법상 인권 보장 원리

　① 국민 주권의 원리: 주권이 국민에게 있다는 원리

　② 권력 분립의 원리: 국가 권력을 나눠 서로 견제·균형을 이루게 하는 원리

　③ 법치주의: 국가 운영이 법률에 근거해 수행되어야 한다는 원리

　④ 입헌주의: 통치가 헌법에 따라서 이루어져야 한다는 원리

(2) 헌법재판소: 위헌 법률 심판이나 헌법 소원 심판을 통해 인권을 보장하는 국가 기관

(3) 국가인권위원회: 일상생활의 인권 침해를 조사·구제하는 국가 기관

2. 대한민국 헌법이 보장하는 기본권

(1) 인간으로서의 존엄과 가치 및 행복추구권(제10조): 기본권 보장의 대전제

(2) 평등권(제11조): 법 앞의 평등, 차별받지 않을 권리 등

(3) 자유권(제12조~제23조): 신체의 자유, 사생활과 비밀의 자유, 양심의 자유, 언론·출판·집회·결사의 자유 등

(4) 참정권(제24조~제25조): 선거권, 공무 담임권, 국민 투표권 등

(5) 청구권(제26조~제30조): 청원권, 재판 청구권, 국가에 대한 손해 배상 청구권 등

(6) 사회권(제31조~제36조): 교육받을 권리, 근로의 권리, 사회 보장받을 권리 등

(7) 기본권의 제한과 한계(제37조 제2항): 국민의 자유, 권리를 더 철저히 보장하기 위함

목적상 한계	국가 안전 보장, 질서 유지, 공공복리라는 세 가지 목적 중 하나를 충족해야 함
방법상 한계	필요한 경우에 한하여 제한함
형식상 한계	법률로써 제한함
내용상 한계	자유와 권리의 본질적인 내용은 침해할 수 없음

3. 정의 실현을 위한 준법 의식

(1) 준법 의식: 사회 구성원들이 법이나 규칙을 지키고자 하는 의식

(2) 준법 의식의 필요성: 인권을 보장하고 정의로운 사회를 만들기 위해 준법 의식이 필요함

(3) 준법의 효과: 정의 실현, 개인의 권리와 이익 보호, 공동선 실현, 국가 공동체 유지 → 정의로운 사회 실현

(4) 국가의 노력: 법의 제정, 다양한 지원을 통해 국민의 준법 의식을 높여야 함

4. 정의와 인간존엄성 실현을 위한 시민 참여

(1) 의미: 정부의 정책 결정과 집행에 일반 시민이 직접 참여해 영향을 미치는 행위

(2) 유형: 선거, 이익 집단 활동, 시민 단체 활동, 국가 기관이나 언론 및 인터넷 게시판 등에 의견을 표현하는 활동, 자원봉사 활동, 1인 시위 등

(3) 중요성: 시민의 의사를 정책에 제대로 반영하고 시민들이 자신의 권리를 지키는 방법, 국가 권력이 남용되지 않도록 감시함

(4) 시민 불복종의 정당화 조건

공익성한계	사회 정의 실현을 목표로 해야 함
비폭력성	폭력적인 행위를 해서는 안 됨
처벌 감수	처벌을 받더라도 참여할 의사가 있음
최후의 수단	다른 모든 합법적인 수단으로도 해결되지 않을 때 마지막으로 행사함

최초로 권력 분립을 통해 인권을 보장해야 한다고 주장한 학자가 있습니다. 바로 프랑스의 사상가 몽테스키외입니다. 그는 1748년 『법의 정신』이라는 저서에서 당시 영국의 제도를 본받아 권력은 입법권·집행권·재판권으로 분리되어 있어야 한다는 것(3권 분립)과 이것들이 서로 균형을 유지하고 있어야 한다는 것을 주장하였습니다.

국가는 헌법이 보장하는 기본권은 물론이고 헌법에 열거되지 않은 권리도 충실히 보장해야 합니다. 그 대표적인 권리가 일조권입니다. 일조권은 태양 광선을 확보할 수 있는 권리로서, 인접 건물 따위에 의하여 자기 집에 태양 광선이 충분히 닿지 못하여 생기는 신체, 정신, 재산의 피해에 대하여 보상을 청구할 수 있는 권리를 말합니다. '볕 쬘 권리'로 순화하여 사용되기도 합니다. 공업화·산업화에 따라 도시가 급격하게 확대되고, 지가 상승으로 인해 건물이 고층화되면서 채광을 둘러싼 사회 문제가 발생하게 되었습니다. 우리나라에서는 1960년대 후반부터 도시의 팽창과 과밀화로 인해 주거 지역에서의 채광 문제를 두고 분쟁이 증가하였습니다. 이를 해결하기 위하여 일조권 확보를 위해 건축물의 높이를 제한하는 규정(건축법 제61조)이 도입되었습니다.

인권 보장과 정의 실현을 위해서는 철저한 준법 의식이 필요합니다. 그러나, 최근 10~30대 등 젊은 세대를 중심으로 법을 어겨서라도 돈이나 권력 등을 차지하는 것이 훨씬 이익이란 생각을 가지고 사는 사람들이 많아지고 있습니다. 흥사단이 2018년 말 전국 초·중·고교생 1만 1,000명을 대상으로 '청소년 정직 지수'를 조사한 결과, 고교생의 66%가 '10억원이 생긴다면 죄를 짓고 1년 정도 감옥에 가도 괜찮다.'라는 대답을 했습니다. 중학생과 초등학생도 각각 49%, 27%가 동일한 대답을 한 것으로 나타났습니다. 전문가들은 이런 문제를 해결하기 위한 방법은 오히려 간단하다고 말합니다. "사회의 엘리트부터 준법적인 삶에 대한 책임을 지고, 법을 어길 경우 엄격하게 처벌받는 모습을 보이는 것이 중요하다."라며 "이를 통해 10~30대 젊은 층의 준법 의식도 높아질 수 있을 것"이라고 강조했습니다.

정의와 인간존엄성 실현을 위한 시민 참여의 대표적인 유형은 시민 불복종입니다. 시민 불복종은 '소극적 저항'이라고도 합니다. 정부 또는 점령국의 요구·명령에 대하여, 폭력 등의 적극적인 저항 수단을 취하지 않고 복종하기를 거부하는 것입니다. 주된 목적은 정부 또는 점령국으로부터 양보(또는 승인·용인)를 획득하려는 것입니다. 시민 불복종은 아프리카와 인도의 민족주의 운동, 미국 흑인의 시민권 운동, 여러 국가의 노동 운동과 반전 운동에서 주요한 전술과 이념이었습니다. 시민 불복종은 전반적인 법 체제 자체에 대한 거부라기보다는 상징적이고 의식적인 법률 위반입니다.

권력 분립을 통한 인권 보장

입법권	구성 과정	• 제40조 입법권은 국회에 속한다
	다른 권력을 견제하는 방법	• 행정권 견제 – 국정 감사 및 조사권(제61조 ①), 탄핵 소추권(제65조 ①), 국무총리 임명 동의권(제86조 ①) • 사법권 견제 – 대법원장 및 대법관 임명 동의권(제104조 ①, ②), 헌법재판소장 임명 동의권(제111조 ④)
행정권	구성 과정	• 제66조 ④ 행정권은 대통령을 수반으로 하는 정부에 속한다
	다른 권력을 견제하는 방법	• 입법권 견제 – 법률안 거부권(제53조 ②) • 사법권 견제 – 대법원장 및 대법관 임명권(제104조 ①, ②), 헌법재판소장 임명권(제111조 ④)
사법권	구성 과정	• 제101조 ① 사법권은 법관으로 구성된 법원에 속한다
	다른 권력을 견제하는 방법	• 입법권 견제 – 위헌 법률 심판 제청권(제107조 ①) • 행정권 견제 – 명령·규칙 심사권(제107조 ②)

역사적 사건으로 보는 시민 불복종 운동

시민 불복종	원인	시민 불복종의 구체적인 활동
간디의 소금법 거부 운동	영국의 소금법 시행	저항의 표시로 24일 동안 걸어서 행진, 소금 직접 채취
마틴 루서 킹의 흑인 인권 운동	흑인 차별	몽고메리 버스 승차 거부 운동, 워싱턴 평화 대행진

두 사건 모두 정당한 시민 불복종에 해당한다. 왜냐하면 사회 정의의 실현을 목표로 하는 행동이었고(공익성), 비폭력적인 방법 및 최후의 수단으로 항거하였으며, 위법 행위에 따르는 처벌을 감수하면서 참여하였기 때문이다.

시민 불복종 운동에 대한 찬반 입장

정의롭지 못한 법들이 존재한다. 우리는 그 법을 준수하는 것으로 만족할 것인가, 아니면 그 법을 개정하려고 노력하면서 개정에 성공할 때까지는 그 법을 준수할 것인가, 아니면 당장이라도 그 법을 어길 것인가?

리 데이비드 소로, 《시민의 불복종》

예시 답안

찬성의 근거	반대의 근거
• 법의 존재 이유는 정의 실현과 인권 보장에 있다 • 정의롭지 못한 법은 준수의 의무가 따르지 않는다	• 즉각 법을 어기면 질서의 붕괴로 혼란스러워진다 • 옳지 않은 법이라 해도 절차와 과정에 맞게 개정해야 한다

03 국내외 인권 문제와 해결 방안

✏️ 개념정리

1. 사회적 소수자의 인권 문제와 해결 방안

(1) 사회적 소수자: 신체적 또는 문화적 특징 때문에 사회의 다른 구성원에게 차별을 받기 쉬우며, 차별받는 집단에 속해 있다는 의식을 가진 사람들의 집단

(2) 사회적 소수자의 인권 문제

　① 장애인이 경험하는 인권 문제

　② 결혼 이민자가 경험하는 인권 문제

　③ 외국인 노동자가 경험하는 인권 문제

(3) 사회적 소수자가 경험하는 인권 문제의 해결 방안

　① 개인적·의식적 차원: 자신은 물론 타인의 인권 문제에 관심을 두고 이를 해결하고자 적극적으로 동참해야 함

　② 법적·제도적 차원: 차별 금지법, 불평등 해소 제도 도입

2. 청소년 노동과 관련된 인권 문제와 해결 방안

(1) 청소년의 노동 조건에 대한 권리

　① 위험한 일이나 유해 업종에서 일할 수 없고, 노동 시간을 제한받는 등 성인보다 더 강한 보호를 받음

　② 권리를 제대로 보장받으려면 아르바이트를 시작하기 전에 근로 계약서를 쓰는 것이 중요함

(2) 청소년 노동 인권 문제의 해결 방안

　① 개인적·의식적 차원: 사용자가 청소년의 인권 문제에 관심을 갖고, 청소년의 노동 권리를

보호해야 하며 관련 법규를 준수해야 함

　② 법적·제도적 차원: 청소년이 노동과 관련해서 인권 침해를 당하지 않도록 법적인 보호가 이루어져야 함

3. 세계 인권 문제의 양상과 해결 방안

(1) 국가·지역별로 인권 보장에 차이가 나타나는 사례

　① 정치·경제 체제의 문제로 자유권을 제한받는 경우

　② 국가의 경제 수준이 낮아서 사회권을 제대로 보장받지 못하는 경우

　③ 국가의 종교나 문화적인 이유로 여성이나 아동 등과 같은 특정 집단이 권리를 보장받지 못하는 경우

(2) 대표적인 세계 인권 문제: 빈곤과 식량 부족 문제, 난민의 생존권 문제, 여성 차별 및 학대 문제, 아동 학대와 아동 노동 문제 등

(3) 세계 인권 문제를 해결하기 위한 국제 사회의 노력

　① 인권 문제는 개별 사회나 국가에서 발생하지만, 국제 연합 등 다양한 국제기구가 세계 인권 문제를 해결하고자 노력하고 있음

　② 인권 관련 선언과 협약 채택, 인권 문제를 개선하도록 개별 국가에 권고, 지역별·국가별 인권 지수를 발표하여 인권 실상을 세계적으로 밝힘

　사회적 약자나 소수자의 조건으로는 첫째, 한 사회에서 뚜렷이 구별될 수 있는 식별 가능성입니다. 신체적으로나 문화적으로 다른 집단과 구별되는 뚜렷한 차이가 있어야 한다는 것입니다. 사회적 약자의 두 번째 조건은 사회적 영향력이 없다는 것입니다. 여기서 말하는 사회적 영향력은 단순히 정치적 권력만을 말하는 것이 아니라 경제적 능력, 사회적 위세 등 여러 가지를 포함합니다. 셋째, 차별적인 대우를 받아야 합니다. 사회적 차별이 존재하므로 소수자들은 삶이 힘들다고 느낍니다. 마지막으로, 소수자 집단 간에 연대 의식이나 집단의식이 필요합니다. 단순히 개인적 특징으로 인해 차별이 나타나는 것이 아니라 그 집단이라는 이유로 경험하는 것이기 때문입니다. 한편 사회적 약자는 상대적인 의미를 지닙니다. 우리나라에 온 이주 노동자는 자신의 나라로 돌아가면 사회적 약자에서 벗어나고, 외

국에 가면 내가 사회적 약자가 될 것입니다. 따라서 사회적 약자는 '사회적'으로 만들어지는 것입니다.

국제 노동 기구(ILO)에 따르면 2018년 현재 인류는 5~17세 아동 1억 9,800만 명을 노동자로 부려 먹고 있습니다. 그들 중 절반 이상인 1억 명은 길거리 구걸에서부터 매매춘과 전쟁 등 최악의 위험하고 비인도적인 일에 투입됩니다. 약 1억 1,200만 명이 농업 부문에서 일하고, 서비스업(6,400만 명)과 영세 제조업(2,200만 명)이 뒤를 잇고 있습니다. 그들 중 약 30%가 여성(소녀)입니다. 아동 노동은 교육과 건강, 여가 등 기본적인 자유권을 침해당하기 때문에 그 자체로 비인도적입니다. 하지만 상당수는 강제 노동과 마약 운반 등 불법 활동에 내몰리고 있습니다. 국제 노동 기구는 이 문제를 해결하기 위해 2002년부터 매년 6월 12일을 '세계 아동 노동 반대의 날'로 제정했습니다. ILO 협약 제138조는 '최저 연령 협약(1973년)'에서 고용 최저 연령을 15세 미만으로 정했으나, 제182조(1999년) '가혹한 형태의 아동 노동 금지' 항목을 추가해 18세 미만 아동에 대해 가혹한 형태의 아동 노동(노예제, 매춘, 마약 밀매, 무력 분쟁 등)을 금지하도록 규정하였습니다.

세계 주요 인권 지수에는 다음과 같은 것이 있습니다. 첫째, 언론 자유 지수는 프리덤 하우스에서 매년 약 190개국의 언론 실태를 평가하는데 각국의 정치적 압력·통제, 경제적 압력, 실질적인 언론 피해 사례, 법·제도가 보도 내용에 미치는 영향 등을 기준으로 측정합니다. 둘째, 불평등 조정 인간 개발 지수(IHDI)는 국제 연합 개발 계획(UNDP)이 발표하는 인간 개발 지수(HDI)에 불평등 요소를 반영하여 조정한 것입니다. 셋째, 성 격차 지수(GGI)는 세계 경제 포럼(WEF)이 매년 각국의 경제, 정치, 교육, 건강 분야에서 성별 격차를 측정하는 것입니다. 넷째, 국제 노동 권리 지수(GRI)는 국제 노동조합 총연맹(ITUC)이 국제 노동 기구(ILO)에서 발표하는 97개 노동 지표를 바탕으로 141개국의 제도와 현실을 분석하여 조사한 것입니다. 한편, 이러한 주요 인권 지수로 파악해 본 우리나라의 인권 보장 상황은 아직은 열악한 편입니다. 언론 자유 지수에서 부분적 자유국에 속해 있으며, 인간 개발 지수(HDI)는 17위였으나, 불평등 조정 인간 개발 지수(IHDI)에서 36위로 하락하였고, 성 격차 지수(GGI)는 0.65~0.7로 성별 격차가 큰 편이고, 국제 노동 권리 지수(GRI)는 5등급(권리가 보장되지 않는 국가)으로 최하위권에 속해 있습니다.

✅ 청소년이 알아야 할 근로 기준법

제17조
(근로 조건의 명시)
	1. 사용자는 근로 계약을 체결할 때에 근로자에게 다음 각 호의 사항을 명시하여야 한다. 근로 계약 체결 후 다음 각 호의 사항을 변경하는 경우에도 또한 같다
	  1) 임금
	  2) 소정 근로 시간
	  3) 제55조에 따른 휴일
	  4) 제60조에 따른 연차 유급 휴가
	  5) 그 밖에 대통령령으로 정하는 근로 조건

제43조 (임금 지급)	1. 임금은 통화(通貨)로 직접 근로자에게 그 전액을 지급하여야 한다. 다만, 법령 또는 단체 협약에 특별한 규정이 있는 경우에는 임금의 일부를 공제하거나 통화 이외의 것으로 지급할 수 있다 2. 임금은 매월 1회 이상 일정한 날짜를 정하여 지급하여야 한다. 다만, 임시로 지급하는 임금, 수당, 그 밖에 이에 준하는 것 또는 대통령령으로 정하는 임금에 대하여는 그러하지 아니하다
제54조 (휴게)	1. 사용자는 근로 시간이 4시간인 경우에는 30분 이상, 8시간인 경우에는 1시간 이상의 휴게 시간을 근로 시간 도중에 주어야 한다
제55조 (휴일)	사용자는 근로자에게 1주일에 평균 1회 이상의 유급 휴일을 주어야 한다
제68조 (임금의 청구)	미성년자는 독자적으로 임금을 청구할 수 있다

✅ 세계 인권 보장 상황

언론 자유 지수	대체로 아시아·아프리카·중앙아메리카 지역에서 언론 자유 지수가 낮고, 유럽·오세아니아·북아메리카 지역에서 언론 자유 지수가 높다
불평등 조정 인간 개발 지수	아르헨티나, 대한민국, 미국 등에서 불평등 조정 인간 개발 지수가 낮고, 노르웨이, 네덜란드 등에서 불평등 조정 인간 개발 지수가 높다
성 격차 지수	대체로 북유럽 지역은 성 격차 지수가 0.8 이상으로 완전 평등에 가깝고, 아프리카 지역은 성 격차 지수가 0.65 미만인 곳이 많아서 성 불평등이 큰 편이다
국제 노동 권리 지수	독일, 우루과이 등은 1등급으로 노동 권리 침해가 불규칙하게 나타나는 국가이고, 대한민국, 중국, 인도 등은 5등급으로 노동 권리가 보장되지 않는 국가이다

지역별로 차이가 나는 이유는 지역에 따라 정치·경제 체제의 문제로 자유권, 사회권이 충분히 보장되지 않기 때문이다. 또한 종교나 문화적인 이유로 여성과 노동자의 인권이 보장되지 않아 인권 현황에서 차이가 발생하기도 한다.

TIPS

　지필고사
- 사회적 소수자의 의미와 유형별 인권 문제의 해결 방안
- 인권 지수를 통한 세계 인권 문제와 해결 방안

　수행 평가
- 청소년의 노동권 침해 사례 제시 및 청소년 스스로 노동 인권을 보장받기 위한 방안 제안
- 우리나라의 인권 확대 과정 연표 제작 및 설명

| 세계 최초의 인권 원형통인 'Cyrus the great cylinder(키루스 원통)'

성경에 고레스라는 이름으로 등장하는 키루스 2세의 업적을 기록한 실린더이다. 키루스를 그들의 삶을 향상시킨 바빌로니아 시민들의 보호자로 추앙하고, 포로가 된 사람들을 본국으로 송환하고, 메소포타미아 전역과 그 밖의 지역에 걸쳐 각 지역의 종교 시설 등을 복원했다고 기록한 내용으로, 이란의 마지막 샤(Shah)인 모하마드 레자 팔라비에 의해 세계 최초의 인권 선언이라고 언급되었다. 일부 학자들에 의해 거부되는 경우도 있다.

시장 경제와 금융

01 자본주의의 발달과 시장 경제

📝 개념정리

1. 자본주의의 의미

(1) 자본주의: 사유 재산제, 자유 경쟁을 바탕으로 하는 시장 경제 체제

(2) 자본주의의 역사

　① 상업 자본주의(15세기 말): 신항로 개척 이후 절대 왕정의 중상주의 정책을 바탕으로 발전함

　② 산업 자본주의(18세기 중반): 산업 혁명으로 공장제 기계공업을 통한 대량 생산이 가능해졌고, 애덤 스미스의 자유방임주의 사상을 이론적 기초로 함

　③ 독점 자본주의(19세기 말): 거대한 소수 기업이 시장을 지배하는 형태이며, 19세기 초부터 확산된 사회주의 사상을 이론적 기초로 함

　④ 수정 자본주의(20세기 초중반): 1929년 대공황으로 은행과 기업이 도산하고 실업이 증가하자 케인스가 뉴딜 정책과 같은 적극적인 시장 개입을 주장함

　⑤ 신자유주의(20세기 후반): 1970년대 석유 파동으로 스태그플레이션이 발생하자 하이에크가 정부의 시장 개입은 부패를 초래한다고 주장함

2. 합리적 선택의 의미

(1) 합리적 선택: 가능한 대안들 중에서 가장 바람직한 것을 선택하는 것으로 문제 인식 후 각 대안의 편익과 비용(기회비용)을 파악해야 함

(2) 기회비용: 어떤 것을 선택함으로써 포기한 것들 가운데 가장 가치 있는 것

(3) 매몰비용: 이미 지급하고 난 뒤 회수할 수 없는 비용으로 합리적 선택 과정에서는 고려하면 안됨

3. 시장 실패의 의미

(1) 시장 실패: 시장에서 자원 배분이 효율적이지 못한 상태

(2) 시장 실패의 원인

　① 불완전 경쟁: 시장 경제 체제는 자유 경쟁을 바탕으로 유지되는 것이지만, 현실에서는 독

　　과점 시장이 나타나 자유 경쟁을 해치기 때문에 자원 배분이 효율적으로 이루어지지 못함

　② 공공재의 부족: 공공재는 무임승차 문제가 발생하며 민간 기업에서 담당하기 어려워 필요

　　한 만큼 공급되지 않기 때문에 자원 배분이 효율적으로 이루어지지 못함

　③ 외부 효과: 다른 사람에게 혜택이나 손해를 주지만 그에 대한 대가를 받지 않거나 보상을

　　하지 않기 때문에 자원 배분이 효율적으로 이루어지지 못함

　시장 경제와 자본주의의 발전은 인류의 경제적 성장에 크게 이바지하였습니다. 그리고 정부는 이러한 시장 경제의 원활한 작동과 발전을 위해 공정한 경쟁을 촉진하는 역할을 하고 있습니다. 시장 경제의 원리에 따라 국제 분업과 무역도 크게 확대되면서 국가 경제와 개인의 삶은 큰 영향을 받고 있습니다.

　애덤 스미스가 지은 《국부론》의 원제는 《국부의 본질과 원천에 대한 탐구》(1776)로, 자본주의의 출현을 이론적으로 분석한 것입니다. 그에 따르면, '보이지 않는 손'이라는 메커니즘을 통해 상반될 수밖에 없는 개인의 이익이 전체의 부를 증가하게 할 수 있다고 주장하였습니다. 또한 경제 주체 각자가 가장 잘 만들 줄 알고 가장 낮은 비용이 드는 것을 생산하게 하는 분업은 자본주의 체제의 바탕을 이루는 생산성의 원천이라고 보았습니다. 이렇듯 애덤 스미스는 만족을 추구하는 주체들 사이에서 이루어지는 교환은 이상적이라 할 수 있고, 시장은 어떠한 지시 없이도 질서를 유지할 수 있다고 분석하였습니다.

　우리의 일상생활은 늘 선택의 연속입니다. 무언가를 선택하면 다른 것은 포기해야 합니다. 포기한 것 중에서 가장 아쉽고 아까운 것의 가치를 '기회비용'이라고 합니다. 개인에게 기회비용은 시간이나 돈의 희소성 때문에 생깁니다. 기회비용은 모든 사람에게 똑같이 적용되는 것이 아니라 사람들의 기호에 따라 달라집니다. 《심청전》에서 심청이는 공양미 300석을 바치고 아버지의 눈을 뜨게 하기 위해

자신의 목숨을 인당수에 바칩니다. 잔인하지만 공양미 300석에 대한 기회비용은 심청이의 목숨이 될 것입니다. 《인어 공주》속의 인어 공주는 사람의 다리를 얻기 위해 고운 목소리를 바닷속 마녀에게 줍니다. 인어 공주의 두 다리에 대한 기회비용은 고운 목소리가 될 것입니다. 이처럼 사람마다 치러야 할 기회비용은 다릅니다. 그렇기 때문에 합리적인 선택을 위한 기준이 필요합니다.

시장 실패의 원인 중 하나인 외부 효과는 외부 경제와 외부 불경제로 구분됩니다. 외부 경제와 외부 불경제는 소비의 측면에서 볼 수도 있고 생산의 측면에서 바라볼 수도 있습니다. 한 집에서 정원을 가꾸어서 이웃 사람들에게 행복을 느끼게 해 주었다면 소비에서 외부 경제가 발생한 것입니다. 반면, 한 사람이 길에서 담배를 피워 다른 사람에게 불쾌감을 주었다면 소비에서 외부 불경제가 발생한 것입니다.

사람들은 때때로 현실에서 다양한 형태의 비합리적인 소비를 하는데 대표적인 유형은 다음과 같습니다.

첫째, 유행에 민감하고 적극적으로 동참하려는 심리가 소비 행위로 나타나는 현상을 편승 효과 또는 밴드왜건(bandwagon) 효과라고 합니다. 이는 유행에 따라 상품을 구입하는 소비 현상입니다. 이것은 1950년대 미국의 하비 레이번스타인에 의해 처음 제시되었습니다. 서부 개척 시대 금광 발견 소식에 수많은 사람이 몰려드는 현상처럼 특정 상품에 대한 어떤 사람의 수요가 다른 사람들의 수요에 의해 영향을 받는 경우를 의미합니다. '친구 따라 강남 간다.'라는 속담처럼 자신의 주관이나 기호보다는 또래 친구들이나 모임 등에서 구매하는 것을 단순히 따라 하는 경우라 하겠습니다.

둘째, 특정 제품에 대한 소비가 증가하게 되면 그 제품의 수요가 줄어드는 현상을 속물 효과 또는 스노브(snob) 효과라고 합니다. 속물 효과에서 소비자들은 다수의 소비자들이 구매하지 않는(못하는) 제품에 호감을 느끼게 되는데, 보통 가격이 비싸서 쉽게 구매하기 어려운 고가의 제품, 명품 등이 여기에 해당됩니다.

셋째, 베블런 효과는 가격이 상승한 소비재의 수요량이 증가하는 현상으로, 허영심에 의해 수요가 발생하는 효과입니다. 미국의 경제학자인 베블런이 자신의 저서 《유한 계급론》에서 황금만능주의 사회에서 재산의 많고 적음이 성공을 가늠하는 척도가 되는 현실을 비판하였는데, 이때 부유한 사람들이 자신의 성공을 과시하기 위해 사치를 일삼고 가난한 사람들은 그들대로 이를 모방하려고 열심인 세태를 설명하기 위해 사용한 용어입니다.

✓ 자본주의의 전개 과정과 관련한 두 경제사상가의 주장

구분	케인스	하이에크
등장 배경	1929년 대공황 발생으로 은행과 기업의 도산 및 실업자 증가	1970년대 두 차례의 석유 파동으로 물가 상승과 경기 침체가 동시에 발생
주요 주장	실업 구제 사업이나 대규모 공공사업 등을 통해 실질적인 구매력을 높이기 위해 정부의 적극적인 개입 주장	정부의 개입은 자원 분배의 비효율성을 초래하므로 시장이 자율적으로 작동하도록 해야 한다고 주장

✓ 기회 비용과 편익 추론을 통한 합리적 선택

같은 선택에 직면하더라도 기회비용은 사람마다 다르다.

예를 들어 루이스 피구, 빌 게이츠, 한은이라는 세 명의 고등학생이 하버드대학교로부터 입학 허가를 받은 상황을 비교해 보자.

이들 중 루이스 피구는 대학에 진학하지 않고, 프로 축구팀에 입단하였다. 빌 게이츠와 한은이는 대학 진학을 선택하였다가 빌 게이츠는 학교를 중퇴한 후 창업을 하였고, 한은이는 대학을 졸업하여 한국은행에 취직하였다.

이 사례에서 루이스 피구와 빌 게이츠는 대학 졸업 대신 다른 진로를 모색하였다. 대학 졸업장이 별로 필요하지 않은 분야에서 특출한 재능을 지닌 사람에게는, 대학 진학이라는 선택에 커다란 기회비용이 따르기 때문이다.

한국은행, 《고등학생을 위한 한국은행의 알기 쉬운 경제 이야기》

구분	기회비용	편익
루이스 피구	대학 진학의 가치	프로 축구팀 입단의 이득
빌 게이츠	대학 졸업의 가치	창업의 이득
한은	대학 졸업 비용	한국은행 취직의 이득

　　루이스 피구와 빌 게이츠는 대학 졸업장이 별로 필요하지 않은 분야에서 특출한 재능을 지니고 있었기 때문에 대학 졸업을 포기하고 얻은 편익이 더 크다. 한편 한은이는

대학 졸업에 따른 기회비용보다 대학 졸업 후 한국은행에 취직해서 얻을 수 있는 편익이 더 클 것으로 예상되므로 세 사람의 선택 모두 합리적이었다고 생각한다.

TIPS

지필고사
- 자본주의의 역사적 전개 과정과 특징
- 시장 경제에서 합리적 선택의 의미와 한계

수행 평가
- 시장에서 자원이 효율적으로 배분되지 못하는 경우 제시 및 이를 시장 실패로 설명
- 타인을 의식하는 비합리적 소비 유형을 제시하고 합리적 선택을 위한 고려 사항 파악

02 시장 경제의 발전과 경제 주체의 역할

✎ 개념정리

1. 시장 경제의 발전을 위한 정부의 역할

(1) 공정한 경쟁 촉진

　① 독과점 규제: 가격·담합 규제 등으로 독과점의 횡포를 규제함으로써 자유·공정 경쟁 질서

　　촉진

　② 기업 간 공정 경쟁 촉진: 기업의 경제적 집중 방지, 불공정 거래 행위 규제

(2) 공공재 생산: 무임승차 때문에 적절한 양만큼 생산되지 않아 정부가 직접 공급(ex.

　국방, 치안, 공원, 기상 정보 제공 서비스)

(3) 외부 효과 개선

　① 직접 규제: 오염 물질 배출량 제한, 정화 장치 설치 의무화 등

　② 유인 정책: 외부 경제는 세금 감면이나 보조금 지급, 외부 불경제는 세금·벌금 부과

(4) 빈부 격차 문제 개선: 사회 보장 제도, 누진세 등 소득 재분배 정책 시행

2. 시장 경제의 발전을 위한 기업가와 노동자의 역할

(1) 기업가의 역할

　① 기업의 역할: 이윤 극대화 추구, 생산 요소의 수요자 역할

　② 기업(가)의 책임: 건전한 이윤 추구, 노동자 권리 존중, 정당하고 합법적인 생산, 사회적 책

　　임 경영

(2) 노동자의 역할

　① 노동자의 권리: 인간다운 삶을 누릴 권리, 적정 임금을 받을 권리, 노동 3권(단결권, 단체 교

섭권, 단체 행동권)

②노동자의 책임: 성실한 업무 수행, 생산성 향상에 이바지, 역량 발휘 노력

3. 시장 경제의 발전을 위한 소비자의 역할

(1) 소비자 주권: 소비자의 행동은 시장에서 자원 배분의 방향을 결정하고, 소비자의 권리는 소비자 기본법으로 보장되고 있음

(2) 합리적 소비: 비용, 편익을 고려하여 합리적으로 소비함

(3) 윤리적 소비: 윤리적 가치 판단에 따라 친환경 상품, 지역 사회 이바지 상품, 공정무역 상품 등을 소비하며 궁극적으로 정의로운 경제 체제가 구축되도록 노력함

부정적 외부 효과를 시정하기 위해 고안된 세금을 '피구세'라고 부르는데, 이것은 이 세금의 사용을 처음으로 제창한 경제학자 아서 피구(Pigou, A.)의 이름을 딴 것입니다. 직접 규제는 오염 물질의 양을 정부가 직접 결정해 주는 반면, 피구세는 공장 주인으로 하여금 오염을 줄이도록 하는 경제적 유인을 제공합니다. 정부가 세금을 어느 수준으로 결정하는가에 따라 오염 수준이 결정됩니다. 즉, 세금이 높을수록 오염 물질의 배출량은 줄어들 것입니다. 만약 세금이 아주 높다면 공장들은 아예 문을 닫아버릴 것이고, 따라서 오염 물질의 배출량은 0이 됩니다. 피구세는 오염 물질을 배출하는 권리에 가격을 부과하는 것과 같은 의미를 지닙니다. 마치 자유로운 시장에서 재화에 대해 가장 높은 가치를 부여하는 사람에게 우선적으로 재화가 배분되듯이, 피구세도 오염 방지에 가장 큰 비용을 치를 용의가 있는 생산자에게 오염 배출권이 우선적으로 배분되도록 합니다. 따라서 정부가 달성하고자 하는 오염의 수준이 얼마든지 간에 피구세를 통해 그 수준을 가장 적은 사회적 비용으로 달성할 수 있습니다.

기업가 정신이란 기업의 본질인 이윤 추구와 사회적 책임의 수행을 위해 기업가가 마땅히 갖추어야 할 자세나 정신을 말합니다. 특히 4차 산업 혁명 시대를 맞아 기업가 정신은 융합 인재가 갖추어야 할 필수적인 역량으로 강조되고 있습니다. 기업가 정신과 관련된 대표적인 학자로는 슘페터를 들 수 있습니다. 그는 새로

운 생산 방법과 새로운 상품 개발을 기술 혁신으로 규정하고, 기술 혁신을 통해 창조적 파괴에 앞장서는 기업가를 혁신자로 보았습니다. 그는 혁신자가 갖추어야 할 요소로 ① 신제품 개발, ② 새로운 생산 방법의 도입, ③ 신시장 개척, ④ 새로운 원료나 부품의 공급, ⑤ 새로운 조직의 형성, ⑥ 노동 생산성 향상 등을 꼽았습니다. 전통적인 의미의 기업가 정신 역시 슘페터의 정의와 크게 다르지 않습니다. 미래를 예측할 수 있는 통찰력과 새로운 것에 과감히 도전하는 혁신적이고 창의적인 정신이 전통적 개념의 기업가 정신입니다. 현대에는 이러한 전통적 의미의 기업가 정신에 ① 고객 제일주의, ② 산업 보국, ③ 인재 양성, ④ 공정한 경쟁, ⑤ 근로자 후생 복지, ⑥ 사회적 책임 의식까지 겸비한 기업가를 진정한 기업가로 보는 견해가 지배적입니다.

　노동 삼권이란 단결권, 단체 교섭권, 단체 행동권을 말합니다. 노동자가 노동조합을 결성할 수 있는 권리를 '단결권'이라고 합니다. 노동조합은 사용자와 교섭을 통해 노동 조건(임금, 퇴직금, 휴가, 노동 시간, 휴식 시간, 작업장 환경 등)을 유지하고 개선할 수 있는 권리가 있습니다. 노동조합이 합리적인 시간, 장소, 인원, 태도로 교섭을 요청할 때, 사용자는 정당한 이유 없이 거부하거나 회피할 수 없습니다. 노동자들이 개별적으로 사용자와 교섭을 하면 상대적으로 약자이기 때문에 자신에게 필요한 것을 제대로 요구할 수 없습니다. 그래서 노동조합을 통해 사용자와 교섭하는 것입니다. 이를 '단체 교섭권'이라고 합니다. 교섭이 결렬되면 노동조합에서는 노동 조건을 유지, 개선하기 위해 파업과 같은 단체 행동을 할 수 있습니다. 이 권리를 '단체 행동권'이라고 합니다.

　예약 부도(노쇼, No-Show)가 자영업자에게는 큰 손해가 되면서 O2O(온·오프라인 연계) 서비스 업체들이 예약 부도율을 낮추기 위한 장치를 마련하고 있습니다. 예약 부도란 예약을 하고 아무 연락 없이 예약 장소에 나타나지 않는 행위를 말합니다. 현대경제연구원의 조사에 따르면 5대 서비스업종(음식점, 병원, 미용실, 공연장, 고속버스)의 예약 부도율은 음식점 20%, 병원 18%, 미용실 15%, 고속버스 11.7%, 소규모 공연장 10%로 나타났습니다. 아울러 예약 부도로 인한 5대 업종의 매출 손실은 4조 5천억 원, 고용 손실은 10만 8천여 명으로 조사됐습니다. 예약 부도가 사회 문제가 되면서 한국 소비자원도 이를 개선하기 위한 '소비자 의식 선진화' 프로젝트를 추진하고 있습니다. 한국 소비자원은 지난해 예약 부도 근절을 위해 동영상·포스터 등 교육용 콘텐츠를 제작하고 외식업·병원을 방문해 종사자들의 이야기를 듣기도 했습니다. 소비자의 책임 의식 부재로 인한 사회적 문제를 개선하고 선진 소비문화를 정착시키기 위해서는 국민의 소비자 의식 개선이 우선되어야 합니다.

🔍 탐구 활동

✔ 기업의 이익과 사회적 책임의 조화

Y 제약회사의 기업 이념

• 우수 의약품 생산을 통한 국민 건강 향상에 기여

1926년 당시 식민지 민족의 어려운 현실을 보고 창업자 Y박사는 "건강한 국민만이 잃었던 주권을 되찾을 수 있다."라는 신념으로 국민 건강과 직결되는 제약업을 선택했습니다. …(중략)…

• 성실한 납세를 통한 국가 경제 발전에 기여

기업의 사회적 책임에 있어 가장 기본이 납세에 있으며, 기업활동을 통하여 이루어지는 부의 축적은 반드시 성실한 납세를 통하여 국가에 되돌려져야 한다는 것이 창업자 Y박사의 지론이었습니다. …(중략)…

• 기업이윤의 사회 환원을 통한 사회복지 증진에 기여

기업에서 얻어진 이익은 그 기업을 키워준 사회에 되돌려줘야 한다는 것은 Y 제약회사의 중요한 기업 정신입니다. 이는 기업의 소유주는 사회이고 단지 그 관리를 개인이 할 뿐이라는 창업자의 신념에서 출발하여, 기업활동을 통해 얻어진 이윤의 사회 환원 및 기업의 사회적 책임과 역할을 나타낸 것입니다.

《Y 제약회사 홈페이지》

기업의 목적은 이윤 추구이지만, 법과 원칙을 지키고 나아가 사회적 책임을 다하는 기업 활동이 요구된다. 이를 위해 기업은 경제 사회의 한 구성원으로서 도덕적 책임을 다하겠다는 기업 윤리 문화를 조성해야 한다. 이를 위해 먼저 기업이 혼자 힘으로 존재하는 것이 아니라 기업에서 일하는 노동자, 제품을 구매하는 소비자, 지역 공동체, 나아가 지구 공동체를 기반으로 하여 존재하는 것임을 인식해야 한다. 또한 법과 훌륭한 원직들을 잘 지키며 사회적 책임을 다하면서 적정한 이윤을 추구하려는 정의로운 문화가 필요하다. 절차적 정의를 준수하고 공정한 경쟁을 추구하며 도덕성을 중시하는 기업 문화가 필요하다.

✅ 세상을 바꾸는 윤리적 소비, 착한 소비자

과테말라의 한 공정 무역 조합에서 커피 열매의 과육을 채취하고 분류하는 노동자

공정 무역은 무역 거래의 공동 협력으로써, 투명성과 존중 그리고 대화에 기초를 두며, 국제 무역에서 공정성을 더 확대하는 것을 추구한다. 경쟁에서 뒤처진 (특히 남반구 지역의, 저개발국) 생산자들과 노동자들의 권익을 보장하기 위해, 더 나은 무역 조건들을 제공함으로써 지속가능한 발전을 하는 데 기여한다. 공정 무역 기구들은 (소비자들의 지원을 받아서) 전통적인 국제 무역의 법규와 관습으로부터 변화를 만들어 내기 위한 운동과, 의식적 자각을 일으키고, 생산자들을 돕는 데 적극적으로 참여하고 있다.

《위키백과》

내가 어떤 물건을 소비하느냐에 따라 다른 사람들에게 희망과 꿈을 줄 수도 있고, 세상을 바꿔 나가는데 보탬이 될 수 있기 때문에 좀 더 높은 비용을 충분히 지불하는 공정 무역 상품이나 친환경 상품의 소비에 대한 비용을 감수하는 것이 윤리적 소비이며, 착한 소비자가 되는 소비 행위이다.

TIPS

지필고사
- 시장 경제의 발전을 위한 작동 원리
- 시장 경제의 발전을 위한 민간과 정부의 역할

수행 평가
- 노동자의 권리를 보장하는 것이 기업가에 가져다주는 이익의 사례 파악
- 공정 무역 상품이 일반 상품보다 비쌀 때 윤리적 소비를 할것인지 선택하고 이유 설명

03 국제 분업 및 무역의 필요성과 그 영향

✎ 개념정리

1. 생산 요소의 분포에 따른 국제 분업과 무역

(1) 국제 분업과 무역에 관한 개념

   ① 절대 우위: 어떤 상품을 상대 국가보다 낮은 생산비로 생산할 수 있음

   ② 비교 우위: 한 국가가 상대적으로 더 적은 기회비용으로 상품을 생산할 수 있음

   ③ 특화: 각국이 생산하기에 유리한 상품을 전문적으로 생산하여 경쟁력을 갖추는 것

   ④ 국제 분업: 국가별로 각자의 환경에 가장 적합한 상품을 특화하여 생산하는 현상

(2) 국제 분업과 무역의 필요성: 각국은 생산 조건에 따라 상품을 특화·생산하여 교환하는 것이 이익이 됨

(3) 생산 요소의 분포가 국제 분업과 무역을 발생시키는 것은 물론이고, 비교 우위 상품을 결정하고 주요 교역 상품을 변화시킴

2. 국제 무역 확대에 따른 긍정적 영향

(1) 국제 무역 확대의 배경: 세계 무역 기구(WTO)의 출범 이후 국가 간 무역 장벽이 낮아짐

(2) 국제 무역 확대에 따른 개인 차원의 긍정적 영향

   ① 국내에 없는 상품을 더 싸고 쉽게 구할 수 있음

   ② 상품 선택의 폭이 넓어져 편익이 증가함

(3) 국제 무역 확대에 따른 기업 차원의 긍정적 영향

   ① 원자재를 싸게 수입하여 생산비를 절감하고, 비교 우위 상품을 생산·수출하여 규모의 경

제를 실현할 수 있음

② 외국 기업과 경쟁하기 위해 국내 기업이 기술 개발과 생산성 향상에 힘씀

(4) 국제 무역 확대에 따른 국가 차원의 긍정적 영향

① 부족한 자원과 기술력 문제 해결

② 국내 경제가 활성화되고 일자리가 창출되어 국가 경제가 성장함

3. 국제 무역 확대에 따른 부정적 영향과 경제 협력

(1) 국제 무역 확대에 따른 부정적 영향

① 경쟁력이 약한 국내 산업의 위축

② 외국 정부 및 기업과의 이해관계 충돌

③ 국외의 경제적 충격이 국내 경제에 악영향을 줌

④ 선진국과 개도국이 자유 무역을 하면 국가 간 빈부 격차가 심화됨

(2) 국제 무역 확대 과정에서 나타나는 경제 협력

① 지역 경제 협력체가 결성되어 관세를 인하하고 무역 장벽을 낮춰 공동 이익을 추구함

② 개별 국가끼리 상품 이동을 자유화하는 자유 무역 협정(FTA)이 체결됨

나폴레옹 전쟁 동안 영국에서는 곡물 가격이 높아 지주들이 큰 이익을 얻었지만, 전쟁이 끝나자 곡물 가격은 급격히 하락하였습니다. 이에 따라 1815년 영국 의회는 밀 가격이 80실링 이하일 경우 수입을 금지하는 신곡물법을 제정하였습니다. 당시 데이비드 리카도는 비교 우위를 주장하면서 곡물법 제정을 반대하였습니다. 데이비드 리카도의 비교 우위(론)는 애덤 스미스의 절대 우위(론)에서 출발하고 있는데, 이 둘의 주장을 살펴보면 다음과 같습니다.

애덤 스미스 (Adam Smith, 1723~1790)	"곡물을 영국에서보다 프랑스에서 저렴한 비용으로 생산하여 공급할 수 있다면, 프랑스의 곡물을 수입해 국민의 복지 수준을 향상시킬 수 있다. 또 영국도 프랑스와 비교하여 좀 더 저렴한 비용으로 공급할 수 있는 산업에 특화한다면 그 생산품의 대가로 값싼 상품을 외국에서 구매하는 것이 이득일 것이다."

데이비드 리카도 (David Ricard, 1772~1823)	"설령 프랑스가 영국보다 아무것도 저렴하게 생산하지 못한다고 하더라도 프랑스와 거래할 것이다. 프랑스 농민들이 영국보다 더 적은 비용으로 영국민을 먹여 살릴 수 있다고 하는데, 프랑스 식량을 먹지 않을 이유가 어디 있는가?"

일반적인 경우 기업이 재화 및 서비스 생산량을 늘려감에 따라 추가적으로 소요되는 생산 비용은 점차 늘어납니다. 즉, 생산된 재화 및 서비스에 소요되는 평균 비용이 상승하게 됩니다. 그런데 일부 재화 및 서비스 생산의 경우에 이와는 달리 생산량을 늘릴수록 평균 비용이 하락하는 현상이 나타납니다. 이와 같은 현상을 '규모의 경제'라고 합니다. 기업의 생산량은 매출액과 관련되고 이는 곧 기업의 이윤과 직결됩니다. 이때 어떤 기업은 일정량 이상을 생산해야만 이윤이 발생하고, 일정량 이후에는 생산량을 늘릴수록 1단위당 생산비가 감소하여 이윤이 점점 증가하는 경우가 있습니다. 이러한 상태를 '규모의 경제'가 실현되었다고 합니다. 초기에 대규모 투자 비용이 들어가고 이후에는 큰 비용이 들어가지 않는 경우에 이러한 규모의 경제가 많이 나타납니다. 자유 무역을 하면 상품을 대량으로 생산하여 단위당 생산 비용이 하락하는 규모의 경제를 실현할 수 있습니다. 전 세계로의 시장 확대에 따른 대량 생산이 가능하기 때문입니다.

자유 무역 협정(FTA)은 특정 국가 간에 배타적인 무역 특혜를 서로 부여하는 협정으로, 가장 느슨한 형태의 지역 경제 통합입니다. 자유 무역 협정은 다자 무역 질서의 근간인 최혜국 대우 원칙에 정면으로 배치되지만, 세계 무역 기구(WTO) 규범은 '실질적으로 모든 무역을 대상으로 할 것', '관세 및 기타 상업적 제한의 10년 이내 철폐', '역외국에 대한 관세 및 기타 상업적 제한을 협정 체결 전보다 후퇴하지 않을 것' 등을 조건으로 하여 적법한 예외로 인정하고 있습니다. 자유 무역 협정으로 대표되는 지역주의는 세계화와 함께 오늘날 국제 경제를 특징짓는 뚜렷한 조류가 되고 있으며, 세계 무역 기구 출범 이후 오히려 확산 추세에 있습니다.

세계 무역 기구 체제의 정착과 함께 세계 교역은 재화를 중심으로 한 하드웨어 경쟁에서 지식, 정보, 두뇌 등을 기반으로 한 소프트웨어 중심의 경쟁으로 접어들고 있습니다. 우루과이 라운드 협정에서 타결을 본 세계 공동 규범 제정의 움직임은 환경 문제, 경쟁 정책, 노동 기준, 반부패 등의 내용을 포함하는 방향으로 확산되고 있습니다. 이러한 세계 공동 규범 제정과 그 범위의 확산은 모든 국가가 똑같은 조건에서 경쟁하도록 하기 때문에 모든 국가에 기회와 도전의 계기를 마련해 줍니다. 그러나 세계 경제 환경의 변화는 모든 국가에 기회이자 위기가 될 수 있다는 점에서 국제 경제를 통한 상호 협력과 동시에 갈등도 지속되고 있습니다.

✅ 비교 우위의 원리

A, B 축구 선수가 있다. A 선수는 미드필더와 공격수 위치 모두에서 B 선수보다 뛰어나다.
즉, A 선수는 B 선수와 비교하면 절대 우위를 지니고 있다. 그렇다고 절대 우위를 지닌 A 선수만 시합에 나가고 다른 선수는 시합에 나가지 말아야 할까? 절대적으로 능력이 떨어지더라도 일을 전혀 하지 않는 것보다는 일을 하는 게 이득이다.
A 선수가 B 선수보다 미드필더와 공격수 역할을 모두 잘하지만, 미드필더를 '상대적으로 더' 잘한다면 A 선수에게 미드필더를 맡기고 B 선수에게 공격수를 맡기는 것이 현명한 감독의 선택이다.

한진수,《경제학 에센스》

✅ 주요 지역 경제 협력체

유럽 연합 (EU)	프랑스, 이탈리아, 독일 등 유럽 국가들의 정치 및 경제 통합을 실현하기 위해 1993년 출범한 연합기구. 회원국 간 상품·자본·노동력의 이동 보장. 역내 관세 철폐 및 단일 화폐 사용
아시아·태평양 경제 협력체 (APEC)	대한민국, 미국, 뉴질랜드 등 아시아·태평양 지역의 경제 협력과 무역 자유화 촉진을 위해 1989년에 설립된 협력 기구
북미 자유 무역 협정 (NAFTA)	미국의 자본과 기술, 캐나다의 자원, 멕시코의 노동력을 상호 보완적으로 활용하기 위해 1994년에 발효된 협정으로 2018년에 USMCA로 새롭게 명명함
동남 아시아 국가연합 (ASEAN)	싱가포르, 말레이시아, 필리핀 등 동남아시아 국가들의 경제적·사회적 기반 확립을 위해 1967년에 설립된 기구
남미 공동 시장 (MERCOSUR)	남아메리카 지역의 자유 무역과 경제 협력을 위해 1995년에 설립된 경제 공동체. 역내 관세 및 비관세 장벽의 철폐와 대외 공동 관세 부과 등의 공동 경제 정책 시행

✅ 자유 무역 협정(FTA)의 장단점

장점	• 관세 체결 당사자 간 경제적 효율성의 증대됨 • 교역량이 증가하고 무역 수지가 개선됨 • 외국인 직접 투자의 확대로 경제적 효율성이 증대됨 • 소비 주체는 재화와 서비스를 보다 저렴하게 이용할 수 있음

단점	• 무역 대상국보다 경쟁력이 취약한 산업은 고용이 줄고 생산량이 감소할 수 있음 • 개발 도상국은 선진국에 경제적으로 종속될 위험이 증가함 • 고용 및 소득 감소 계층 증가에 따른 빈부 격차가 심화됨

04 안정적인 경제생활과 금융 설계

1. 안정적인 경제생활을 위한 자산 관리의 필요성

(1) 자산 관리의 중요성: 안정적인 경제생활을 위해서는 소득뿐만 아니라 자산 관리가 중요하므로 소득을 소비와 저축으로 적절하게 배분해야 함

(2) 자산 관리의 필요성 증가: 평균 수명 증가로 은퇴 이후의 생활에 대비가 필요하며, 금융 환경 변화에 맞는 자산 투자·관리 방안을 고려해야 함

(3) 신용 관리의 중요성: 신용은 미래 소득을 담보로 현재 빌려 쓰는 것이므로 철저한 신용 관리가 중요함

2. 금융 자산의 특징과 자산 관리의 원칙

(1) 금융 자산

① 예금: 일정한 계약에 따라 이자를 받기로 하고 은행 등의 금융 회사에 돈을 맡김

② 주식: 기업이 자금 조달을 위해 발행하는 것으로, 주식을 매수한 사람에게 그 대가로 회사 소유권의 일부를 준다는 증표

③ 채권: 국가, 공공 기관, 금융 회사, 기업 등이 일정한 이자를 지급할 것을 약속하고 돈을 빌린 후 제공하는 증서

(2) 자산 관리의 원칙

① 안전성: 원금과 이자가 보전될 수 있는 정도

② 수익성: 금융 상품의 가격 상승이나 이자 수익을 기대할 수 있는 정도

③ 유동성: 필요할 때 쉽게 현금으로 전환할 수 있는 정도

(3) 합리적인 자산 관리: 투자 목적과 기간에 따라 안전성, 수익성, 유동성을 고려하여
   다양한 금융 상품에 적절히 배분하여 포트폴리오를 구성해야 함

3. 생애 주기별 금융 설계

(1) 생애 주기: 시간의 흐름에 따라 개인의 삶이 어떻게 진전되는지, 가족의 모습은 어
   떻게 변화하는지를 단계별로 나타낸 것(라이프 사이클)

   ① 아동기, 청소년기: 소비보다 소득이 적고, 부모의 도움을 받아 성장하는 시기

   ② 청·장년기: 직업을 통해 안정적 소득이 생겨 소비보다 소득이 많은 시기

   ③ 노년기: 은퇴 후 소비는 크게 줄어들지 않는데 소득은 많이 줄어드는 시기

(2) 생애 주기를 고려한 금융 설계

   ① 안정적인 미래를 위해 소득과 소비를 비교적 정확하게 예측하고 조정해야 함

   ② 결혼, 자녀 양육, 노후 자금 등 목돈이 필요한 시기에 어느 정도의 규모가 필요한지 예측하
      여 금융 생활을 설계해야 함

   ③ 전 생애 동안의 예상 소득에 맞추어 장기적 관점에서 소비와 저축을 결정해야 함

신용 카드는 재화나 서비스의 대금을 일정 기간 후에 지불할 수 있도록 유예하
는 구매 수단으로, 지금 당장 돈이 없어도 물건 구입이 가능하다는 편리성이 있으
나 현금이 직접 오가지 않아 충동구매와 과소비를 발생시키기 쉽다는 단점이 있
습니다.

신용 카드의 장점	신용 카드의 단점
• 지금 가진 것보다 더 많은 돈을 사용할 수 있으며, 지불은 나중에 할 수 있다 • 현금 분실의 우려가 없다 • 외국에서 물건을 구매하고 귀국한 후 우리 돈으로 결제할 수 있다 • 전자 상거래나 홈 쇼핑에서 편리한 지불 수단이 된다	• 자기 관리를 철저하게 하지 못하면 충동구매를 할 가능성이 있다 • 제때에 결제 대금을 상환하지 못하면 많은 이자와 수수료가 부과된다 • 소득과 상환 능력을 벗어나는 무분별한 구매를 한다면 신용이 불량한 사람으로 분류될 수 있다

포트폴리오(portfolio)는 원래 간단한 서류 가방이나 자료 수집철을 뜻하는 말로, 금융에서는 금융 기관이나 개인이 보유한 금융 자산의 목록을 뜻합니다.

주식 투자에서도 여러 종목에 분산 투자함으로써 한 곳에 투자할 때 생길 수 있는 위험을 피하고자 포트폴리오를 구성해야 합니다. 다시 말해 가진 돈을 한 종목에 모두 투자한 경우 그 종목의 가격이 크게 떨어지면 큰 손해를 보게 되지만, 포트폴리오 투자를 하게 되면 한 종목의 가격이 크게 떨어지더라도 다른 종목이 크게 떨어지지 않거나 오히려 올라 전체적으로는 큰 손해를 면할 수 있습니다.

포트폴리오를 구성하는 것은 한 바구니에 모든 달걀을 담으면 사고가 생겼을 때 달걀이 모두 깨질 수 있으니 여러 곳에 나누어 담으라는 의미의 "달걀을 한 바구니에 담지 마라."라는 격언과 같습니다. 즉, 특정 자산에 모든 재산을 투자하지 말고 여러 자산에 적절히 투자함으로써 수익성과 안전성을 모두 추구해야 한다는 것입니다.

우리의 소득은 일생 동안 똑같지 않습니다. 소비 지출도 마찬가지입니다. 소득의 경우에는 대체로 20대 중반부터 50대 초반에 이르기까지 점차 증가하다가 정점을 찍은 후 감소하기 시작합니다. 소비 지출은 목돈 드는 일이 생길 때마다 급격히 커져서 지출이 소득을 훨씬 초과하기도 합니다.

즉, 생애 주기(라이프 사이클)를 보면 소득이 지출보다 많은 잉여 시기가 있는가 하면, 지출이 소득보다 많아서 부족이 생기는 시기가 있습니다. 대개 결혼 후 10~12년까지는 소득이 지출보다 많지만, 그 후에는 지출이 더 많아집니다.

따라서 이런 흐름을 미리 파악하여 잉여 시기에 부족 시기를 대비하는 지혜가 필요합니다.

한국금융연구원은 통계청의 2016년 가계 금융·복지 조사 결과를 인용해 "우리 국민이 노후 생활을 제대로 준비하지 못하고 있어 개인 저축과 사적 연금 확대가 필요하다."라고 밝혔습니다.

한국금융연구원의 보고서는 "우리나라 국민은 자신의 노후 상황에 대해 상당히 비관적이고, 가구주가 아직 은퇴하지 않은 가구는 은퇴 시점을 늦추고 더 오래 일을 하는 것을 노후 준비 해결 방법으로 보고 있다."라며 "그러나 고령의 근로자는 이전과 같은 노동 생산성을 유지하기 어렵고 은퇴 시점을 늦출 수 없는 경우가 많아 근로 연장이 좋은 노후 준비는 아니다."라고 지적했습니다.

✓ 금융 상품의 선택(예금, 주식, 채권의 장·단점 비교)

> 나 이번에 퇴직금으로 1억 원을 받았는데, 어떤 금융 상품을 이용하면 좋을까? 은행에 예금해서 이자를 받을까?

준석

> 은행에 예금을 맡기면 다른 금융 회사보다 안전해서 좋을 거 같아.

> 찾아보니 채권 금리는 연 3%대네. 그러면 주식보다 수익률이 높지 않네.

진영

준석

> 나는 6만 원일 때 산 주식이 3만 원으로 떨어져서 원금마저 손해 봤어. 그런데 채권은 주식보다 원금 손실의 우려가 작아서 경기가 나빠져도 덜 불안하더라.

> 요즘 은행 예금 연이율이 1%대라서 1억 원을 맡겨도 이자가 200만 원도 안 돼. 난 A기업의 주식 1,000주를 매수했는데, 1주당 5천 원씩 올라서 수익이 쏠쏠해.

진영

구분	예금	주식	채권
장점	안전성, 유동성이 높다	수익성이 크다	주식보다 안전성이 비교적 높다
단점	수익성이 낮다	안전성이 낮다	주식보다 수익성이 비교적 낮다

✓ 청소년을 위한 재무 설계

지속 가능한 경제생활을 영위하기 위해 합리적이고 체계적인 재무 설계의 중요성이 커지고 있다. 재무 설계란, 개인이 벌어들이는 모든 수입을 적절하게 관리하여 재무 목표를 달성할 수 있도록 계획하고 실행하는 일련의 과정을 말한다. 예를 들어 10년 안에 5억 원짜리 아파트를 갖겠다는 목표를 세운다면, 지금 내가 보유한 2억 원의 재산과 300만 원의 월급을 가지고 어떻게 10년 안에 목표를 달성할 수 있는가 하는 문제에 대한 합리적인 해답을 내려 주는 것이다. 즉 자산, 부채, 수입, 지출 등의 개인적 자료를 수집하고 분석한 후, 자신이 원하는 목표에 가장 적합하고 빠른 방법으로 도달할 수 있도록 계획·실행·평가하는 과정이다.

금융 감독원, 《청소년을 위한 금융 이야기》

세 살 버릇이 여든까지 간다고 하는 속담처럼 청소년기에서부터 자신의 소득을 관리할 수 있는 재무 설계가 필요하다. 자신의 자산을 관리하기 위해서는 재무 설계가 필요한데, 이를 위해서는 안정성, 수익성, 유동성에 유의하여 자산을 관리하여야 한다. 안전성이란 자신이 투자한 자산의 가치가 안전하게 보호될 수 있는 정도를 가리키고, 수익성은 투자 자산의 가격 상승이나 이자 수익을 기대할 수 있는 정도를 뜻한다. 유동성은 보유하고 있는 자산을 쉽게 현금으로 바꿀 수 있는 정도를 의미한다.

☑ 금융 자산 관리의 원칙과 포트폴리오 작성(1억 원 관리를 위한 포트폴리오 구성)

달걀을 한 바구니에 담지 마라

일반적으로 수익성이 높은 금융 상품일수록 안전성이 낮아지고, 안전성이 높은 금융 상품일수록 수익성이 낮아진다. 따라서 합리적인 사람이라면 안전성만을 추구하거나 수익성만을 추구하지 않고, 보유한 자산을 일정 비율로 적절히 분배할 것이다. 이렇게 포트폴리오를 구성하는 것은 한 바구니에 모든 달걀을 담으면 사고가 생겼을 때 달걀이 모두 깨질 수 있으니 여러 곳에 나누어 담으라는 의미의 "달걀을 한 바구니에 담지 마라."라는 격언과 같다.

'100-나이'의 원칙

금융 상품에 투자할 때, 100에서 자신의 나이를 뺀 숫자만큼의 비율을 수익성 위주의 자산에 투자하고, 나머지는 안전성 위주의 자산에 투자하라는 것이다. 예를 들어 나이가 40세라면 100에서 40을 뺀 60%를 수익성 위주의 자산에 투자하고, 나머지 40%는 안전성 위주의 자산에 투자해야 한다는 원칙이다. 나이가 들수록 원금 손실의 위험이 큰 투자 자산의 비중을 줄이고 원금이 보장되는 안전 자산의 비중을 높여 가야 한다는 뜻이다.

자산 관리 수단	예금	주식	채권	기타(부동산, 금 등)
투자 금액	1,000만 원	5,000만 원	700만 원	3,300만 원
비율(%)	10%	50%	7%	33%
투자 이유	'100-나이'의 원칙에 의해 83%를 수익성 위주의 자산, 17%를 안전성 위주의 자산에 투자하려고 한다. 다양한 자산에 투자하여 포트폴리오를 구성하였다			

사회 정의와 불평등

01 정의의 의미와 실질적 기준

1. 정의의 의미에 관한 여러 관점

(1) 유교: 의로움, 즉 옳음을 정의로 이해함

(2) 서양: 고전적 의미에서 각자에게 그의 몫을 주는 것

(3) 오늘날: 복잡한 사회 구조와 다양한 가치 갈등으로 인해 정의는 주로 사회 정의, 즉 사회 제도가 추구해야 할 최고의 덕목으로 여김

(4) 정의에 관한 관점은 시대와 장소에 따라 다양하지만, 대체로 개인이 지켜야 할 올바른 도리이자 사회를 구성하고 유지하는 공정한 도리로, 개인이나 사회가 추구해야 할 기본적인 덕목임

2. 정의가 요청되는 이유

(1) 사회 구성원 모두가 인간답게 살아가기 위해 필요함

(2) 구성원들이 공동체의 발전을 위해 서로 신뢰하며 적극적으로 참여하고 협력하기 위해 요청됨

3. 정의의 실질적 기준

(1) 분배적 정의

① 대상: 인간이 살아가는 데 필요로 하는 사회적 지위와 권리, 재화와 서비스 등 사회적·경제적 가치 → 모든 사람의 욕구를 충족할 만큼 충분하지 못해 사회적 갈등의 원인이 되기도 함

② 필요성: 분배적 정의를 실현하여 사회적·경제적 가치를 공정하게 분배함으로써 각자가 자

신의 몫을 정당하게 누리며 살아가도록 해야 함

③ 실질적 기준: 업적, 능력, 필요, 절대적 평등 등

(2) 다양한 분배적 정의의 기준

① 업적: 능력과 노력으로 성취한 정도에 따라 분배하는 것으로, 성취한 결과의 평가와 측정
이 비교적 쉬우며 생산성을 높이는 동기를 제공할 수 있으나, 서로 다른 종류의 업적을 비
교하기 어려우며 사회적 약자에 대한 배려가 부족할 수 있고 경쟁을 과열시킬 수 있음

② 능력: 육체적·정신적 능력에 따라 분배하는 것으로, 잠재력이나 재능이 뛰어난 사람을 우
대할 수 있으나, 평가 기준을 마련하기 쉽지 않으며 노력 이외에 우연적 요소의 영향을 받
을 수 있음

③ 필요: 인간의 기본적 욕구를 충족할 수 있도록 분배하는 것으로, 사회적 약자를 위해 더 많
은 재화를 사용할 수 있게 되지만, 모두의 필요를 충족하기가 쉽지 않으며 일하려는 동기
를 약화시켜 경제적 효율성을 높이기 어려움

4. 아리스토텔레스의 분배적 정의

(1) 각자의 가치에 비례하여 몫을 분배하는 것

(2) 권력, 명예, 재화, 지위, 기회 등 사회적·경제적으로 가치 있는 것을 분배의 대상으로 함

5. 자본주의에서의 분배 정의의 기준

(1) 평등한 기회를 주는 것을 중시함

(2) 능력, 노력, 업적 등에 따라 분배할 때 발생하는 결과의 차이는 자연스러운 것으로
인정함

(3) 경제적 불평등에 따른 부작용을 최소화하고자 함

6. 사회주의에서의 분배 정의의 기준

(1) 모두 차별받지 않고 살아가는 평등한 사회를 추구함

(2) 필요에 따른 분배를 강조함

7. 현대 사회에서의 분배 정의: 분배의 기준보다는 분배의 절차를 강조하여, 절차나 과

정이 공정하다면 그에 따른 결과도 공정하다고 여김

8. 복지를 둘러싼 두 가지 입장

(1) 보편적 복지: 모든 사람에게 복지 혜택을 제공하는 것

(2) 선별적 복지: 필요한 사람에게 복지 혜택을 제공하는 것

디케(Dike)는 그리스 신화에 나오는 법과 정의의 여신으로, 정의(正義), 정도(正道)를 뜻하는 말이기도 합니다. 디케는 이후 로마 시대에 유스티치아(Justitia)로 불리는데, 정의를 뜻하는 영어 '저스티스(justice)'가 여기서 나왔습니다. 정의의 여신의 가린 눈은 편향 없음을, 칼은 엄정함을, 저울은 균형을 상징합니다.

아리스토텔레스는 공익을 지향하는 법을 따르는 것을 일반적(보편적) 정의라고 하고, 특수적(부분적) 정의로 분배적 정의와 교정적 정의, 교환적 정의를 들었습니다. 분배적 정의가 성립하기 위해서는 최소 네 개의 항이 필요합니다. 분배를 받는 사람이 적어도 둘 이상 있어야 하며 동시에 각자에게 분배되는 부나 명예와 같은 대상이 분배받는 사람에 따라 둘 이상이기 때문입니다. 문제는 동등한 사람들이 동등하지 않은 몫을 받거나 동등하지 않은 사람이 동등한 몫을 받을 때 발생합니다. 결국, 분배적 정의의 관건은 이러한 가능성의 영역에서 네 항 사이의 어떤 관계가 분배적 정의를 구성하는지, 다시 말해서 네 항 사이의 어떤 관계에서 정의의 특성인 '동등성'이 구성되는지의 문제입니다. 한편 교정적 정의는 상호 교섭의 영역에서 성립하며, 이 교섭 영역에서의 정의도 일단 어떤 종류의 '동등함'이지만, 앞서 논의된 분배적 정의에서와 같은 '기하학적 비례' 관계에서 성립하는 동등함이 아니라, '산술적 비례'의 동등함입니다. 기하학적 비례에서는 배분에 관련된 사람들의 가치를 따지고, 이 가치의 비례에 따라 그 사람들에 대한 배분이 행해졌으나, 산술적 비례에서는 누가 행했건 행한 자는 동등하게 취급되며, 교섭에 있어 잘못된 것의 바로잡음, 즉 시정에 관심을 가집니다. 한편 교환적 정의는 물건의 교환과 관련된 정의입니다. 동일한 가치를 지닌 두 물건이 교환되면, 그 교환은 올바른 것입니다.

사람들은 정의로운 분배 방식을 찾고자 많은 노력을 해 왔습니다. 그런데 정의로운 분배 기준은 매우 다양하며 각각의 방식이 충돌하기도 합니다. 따라서 이러한 다양한 분배 기준은 그 장점과 함께 한계를 아는 것이 중요합니다. 우선 절대적 평등에 따른 분배는 물질적 가치를 똑같이 분배해야 한다는 것으로, 모든 사람의 평등한 욕구와 가치를 인정하는 반면, 개인의 자유와 효율성을 감소시키게 됩니다. 한편, 업적에 따른 분배는 각자의 업적에 비례하여 분배하는 것으로, 사회에 대한 자신의 공헌도에 따라 자신의 몫을 가지게 되지만 그 결과로 경제적 불평등이 따라옵니다. 능력에 따른 분배는 자신의 능력만큼 대가를 받게 되지만, 선천적으로 타고나는 측면이 커서 분배 기준으로 적절한가에 대한 논란이 있습니다. 또한 노력에 따른 분배는 각자가 투여한 노력에 비례하여 분배하는 것으로, 자신이 노력한 만큼의 대가를 받게 되지만, 노력이 곧 능력이나 업적을 의미하지는 않습니다. 한편, 필요에 따른 분배는 인간다운 삶을 보장하기 위해 각자의 실질적 필요를 충족할 수 있도록 하는 것으로, 누구나 필요로 하는 만큼 자신의 몫을 가지게 되지만, 그만큼의 성장이나 발전이 전제되어야 하며, 사회 전체의 필요를 예측하는 것은 매우 어려운 일입니다. 분배 기준의 이러한 장단점 때문에 정의로운 분배 방식의 실질적이고 구체적인 내용에 대해 모두가 합의하는 기준을 정하기란 매우 어려운 일입니다.

자본주의는 자신의 능력과 노력, 업적에 따라 재화가 분배되는 것을 자연스럽다고 여깁니다. 애덤 스미스(Smith, A.)에 따르면, 자본주의 사회에서 모든 사람은 자기의 방식대로 자신의 이익을 추구할 수 있으며, 자신의 근면과 자본을 바탕으로 다른 누구와도 완전히 자유롭게 경쟁할 수 있습니다. 자본주의에서는 기회의 평등을 실현한 상태에서 개인들이 자유롭게 경쟁하여 그 성과를 분배받는 것이 정의롭다고 봅니다.

사회주의는 자본주의 사회를 비판하면서 필요에 따른 분배가 이루어져야 한다고 봅니다. 칼 마르크스(Marx, K.)에 따르면, 노동자가 자본가의 착취로부터 벗어나고 모든 사람이 경제적으로 해방되는 사회가 실현되면, 개인들의 전면적 발전과 더불어 사회적 부도 성장하게 됩니다. 사회주의에서는 기회의 평등만이 실현된 상태에서는 부의 불평등한 분배가 발생하므로 결과의 평등을 이루는 것이 정의롭다고 봅니다.

👤 탐구 활동

✅ 정의의 의미 탐구

정의(正義)의 의미는 다양하지만, '자기 자신에게 합당한 몫이 자신에게 돌아가는 것'이라는 아리스토텔레스의 정의(定義)가 가장 유명하다. 로마의 법학자 울피아누스 (Domitius Ulpianus, 170?~228)도 정의를 '각자에게 그의 몫을 돌려주고자 하는 항구적인 의지'라고 정의하였다.

✅ 분배적 정의에 대한 탐구

어떤 것을 분배하거나 나눌 때 어떻게 하는 것이 공정한가와 관련된 '정의'이다. 아리스토텔레스나 롤스 같은 철학자도 이런 분배적 정의에 관심이 많았다. 분배하려는 것은 '이익이 되는 것'과 '부담이 되는 것'으로 나누어볼 수 있다. 이익이 되는 것은 임금이나 용돈, 성적, 선거권 같은 것이고, 부담이 되는 것은 숙제, 세금, 청소나 집안일 같은 노동, 벌 같은 것이다. 이것들을 분배할 때에는 '같은 것은 같게, 다른 것은 다르게'의 원칙을 적용하면 정의로운 분배가 이루어진다. 어떤 것을 받기 위해 노력한 정도나, 그것을 받을 만한 일을 했다거나, 꼭 그것을 받아야 할 필요가 같은 사람이 있다면 같게 분배하고 다르다면 다르게 나눠주는 것이다.

✅ 롤스와 노직의 가상 대화를 통한 정의의 관점

 롤스 개인이 타고난 재능은 자신의 노력으로 이루어진 것이 아니라, 우연히 갖게 된 것이라고 생각합니다. 따라서 그것들은 사회적 자산으로 간주할 필요가 있습니다. 그렇다면 자연적 행운을 바탕으로 얻은 소득이나 부의 일정 정도가 사회적 약자의 입장을 개선하는 데 사용될 때, 비로소 개인이 얻는 이득이 정당화된다고 볼 수 있지 않을까요?

노직 저는 생각이 다릅니다. 저는 타고난 재능이 설령 당신이 말한 대로 우연적인 것이라고 할지라도 다른 사람의 것이라거나 사회적 자산이라고 보는 것은 문제가 된다고 봅니다. 그것이 우연적이건 아니건, 현재 그것을 가지고 있는 사람의 소유물임이 분명합니다. 따라서 타고난 재능이 나의 것이라면, 그 재능에 의해 벌어들인 소득도 모두 나의 것이라고 봐야 합니다.

롤스 아닙니다. 현재의 소득과 부의 분배는 일정 기간 천부적 재능이 유리하게 혹은 불리하게 적용되면서 누적된 결과이기 때문에 불평등합니다. 재산이나 권력, 지위 등 사회적·경제적 불평등은 특히 사회의 최소 수혜자에게 그 불평등을 보상할만한 이득을 가져오는 경우에만 정당하다고 볼 수 있습니다. 즉, 천부적으로 더 유리한 처지에 있는 사람들은 아주 불리한 처지에 있는 사람들의 여건을 향상하게 해 준다는 조건에서만, 그들의 행운으로 이익을 얻을 수 있는 것입니다.

✅ 절차적 정의에 대한 탐구

절차적 정의를 강조한 대표적인 사상가는 롤스이다. 롤스는 절차적 정의를 완전한 절차적 정의, 불완전한 절차적 정의, 그리고 순수한 절차적 정의의 세 가지로 구분한다. 완전한 절차적 정의는 공정한 분배가 어떤 것인지에 대한 독립된 기준이 있으며, 동시에 공정한 분배를 결과할 절차도 있는 경우이다. 불완전한 절차적 정의는 올바른 결과에 대한 독립된 기준은 있으나 이런 결과를 보장할 수 있는 절차가 없는 경우이다. 즉, 올바른 결과가 무엇인지를 알고 있지만 적용되는 절차가 그 결과를 보장해 주지 못해서 그릇된 결과가 이루어질 수 있는 가능성이 있는 경우이다. 순수 절차적 정의는 올바른 결과에 대한 독립된 기준은 없지만, 공정한 절차가 있어서 그 절차만 제대로 따르면 절차가 결과한 내용에 관계없이 그 결과를 공정하게 간주하는 경우이다. 롤스는 분배의 몫에 대한 문제는 순수 절차적 정의의 문제라고 말한다.

TIPS

지필고사
- 우리사회에서의 정의 실현의 중요성
- 정의의 의미와 실질적 기준

수행 평가
- 정의의 실질적 기준에 관한 장단점 사례 파악
- 분배의 기준에 관한 다양한 관점에서 강조한 내용 사례 파악

02 자유주의와 공동체주의의 정의관

✏️ 개념정리

1. 자유주의적 정의관

(1) 자유주의의 의미: 개인의 자유가 무엇보다 소중한 가치라고 여기며, 모든 인간은 존 엄하고 타인이나 사회의 억압과 구속에서 벗어나 자신이 원하는 삶을 살 수 있는 자유와 권리가 있다고 보는 사상

(2) 자유주의의 특징: 개인이 사회에 우선하고 사회는 개인들의 합에 지나지 않는다고 보며, 타인의 자유도 존중해야 한다고 본다는 점에서 극단적 이기주의와는 구별됨

(3) 자유주의적 정의관과 국가관

   ① 정의관: 개인의 자유와 권리를 최대한 보장하여 개인선을 실현하는 것이 정의로움

   ② 국가관: 국가는 중립적 입장을 지키고 개인에게 특정한 가치나 삶의 방식을 강제해서는 안됨

(4) 롤스와 노직의 자유주의적 정의관

   ① 롤스의 공정으로서의 정의: 공정한 절차를 통해 합의된 것이라면 정의로움

   ② 노직의 소유 권리로서의 정의: 개인의 자유와 소유 권리를 최우선으로 보장하는 것이 정의로움

   ③ 차이점: 롤스가 불평등을 최소화하려는 국가의 역할을 인정하는 반면, 노직은 최소 국가를 정의롭다고 여김

2. 공동체주의적 정의관

(1) 공동체주의의 의미: 인간의 삶이 공동체에 뿌리를 두고 있음을 강조하며, 인간은 그 가 속한 공동체의 영향 아래 바람직한 역할을 요구받으며 살아가는 연고적 자아라

고 보는 사상

(2) 공동체주의의 특징: 개인을 공동체의 문화와 역사 등의 영향을 받으며 자신의 삶을 구성하는 존재로 보며, 개인과 공동체의 유기적인 관계 속에서 개인과 사회의 행복 증진을 추구한다는 점에서 집단주의와는 구별됨

(3) 공동체주의적 정의관과 국가관

 ① 정의관: 공동체의 구성원들이 서로에 관한 유대감을 바탕으로 각자의 역할과 의무를 다하며 공동선을 실현하는 것이 정의로움

 ② 국가관: 공동체는 개인이 공동체의 가치와 목적을 내면화하고, 공동체에 대한 소속감을 바탕으로 자신에게 주어진 책무를 충실하게 이행하며 살아갈 수 있도록 장려하고 이끌어 주어야 한다고 봄

(4) 매킨타이어와 왈처의 공동체주의적 정의관

 ① 매킨타이어: '나'는 공동체와 분리된 독립된 존재가 아님

 ② 왈처: 다원적 평등이 실현될 때, 정의로운 사회가 됨

3. 권리와 의무, 사익과 공익

(1) 권리와 의무: 권리만을 내세우며 의무를 회피한다면 누구도 권리를 누릴 수 없게 될 것이고, 의무만을 강요한다면 개인이 사회를 위한 수단으로 취급될 것임

(2) 사익과 공익: 사익만을 고집하면 공동체가 파괴되어 개인의 권리와 이익을 보장받지 못하게 되고, 공익만을 강조하면 개인의 권리와 이익을 침해하고 공동체를 위한 개인의 희생을 강요할 수 있음

(3) 상호 보완적 관계: 개인과 공동체 중 어느 한쪽만을 지나치게 중시해서는 안 되며, 이 둘을 상호 보완적인 관계로 바라보아야 함

(4) 권리와 의무, 사익과 공익의 조화: 양자를 조화롭게 추구할 때 더욱 잘 실현될 수 있으며, 개인의 자유와 권리를 최대한 보장하고 사회 전체의 공익을 함께 추구하는 공동체를 지향해야 함

4. 과거사 책임 문제

(1) 과거사 책임 문제에 관한 정의관

자유주의	• 개인이 선택한 일의 결과만 의무로 책임지울 수 있음 • 개인은 기존의 도덕이나 관습 등으로부터 자유롭고 독립적인 존재임 • 공동체는 개인의 선택권과 자율성을 최대한 허용하도록 중립적이어야 함
공동체주의	• 인간은 공동체를 이루어 살아가는 사회적 존재임 • 인간의 삶 속에 존재하는 다양한 도덕적, 정치적 의무의 가치를 인정해야 함 • 공동체는 우리의 정체성을 형성하고 도덕적으로 살아갈 수 있도록 이끌어 줌

(2) 과거 세대의 잘못을 책임져야 하는지에 관한 입장

찬성	• 나의 자아는 나의 조상들과 분리시킬 수 없음 • 인간의 정체성은 그가 속한 공동체의 전통과 가치를 통해 형성됨 • 인간은 공동선을 추구할 의무가 있음 • 공동체는 개인의 자아 정체성 형성과 삶의 방향 설정에 중요한 기반이 됨
반대	• 나는 잘못을 저지른 과거의 당사자가 아님 • 개인의 정체성은 스스로 선택한 것들에 의해 형성됨 • 개인은 자신이 원하는 삶을 살아갈 권리가 있음 • 자신이 동의하거나 선택한 결과에 대해서만 책임을 지도록 해야 함 • 공동체는 개인의 자유와 권리를 실현하는 역할을 해야 함

롤스는 정의의 원칙을 도출하기 위한 출발점으로 가상 상황을 먼저 설정합니다. 이 '원초적 입장'에서 정의의 원칙에 합의할 당사자들은 사회에 대한 일반적인 사실 이외에 자신의 신분, 지위, 능력, 재산 등에 대해 알지 못하는 '무지의 베일'의 상태에 있습니다. 또한 자유롭고 평등하며 합리적 존재로서 자신의 이익을 극대화하고자 하나, 타인의 이해관계에는 무관심하여 동정심이나 시기심을 갖지 않습니다. 롤스에 따르면, 원초적 입장에서 무지의 베일에 쌓인 사람들은 자신이 최소 수혜자의 위치에 놓일 가능성을 염두에 두기 때문에 사회적 약자를 배려하기 위해 다음과 같은 정의의 원칙에 합의하게 됩니다.

제1원칙	(평등한 자유의 원칙) 각 개인은 기본적 자유에 있어서 평등한 권리를 가져야 한다

제2원칙	사회적·경제적 불평등은 다음 두 조건이 충족될 때 허용된다. 그 불평등이 최소 수혜자에게 최대 이익을 보장해야 하고(차등의 원칙), 불평등의 계기가 되는 직책이나 지위는 공정한 기회균등의 원칙에 따라 모든 사람에게 개방되어야 한다(공정한 기회균등의 원칙)

노직은 개인의 권리를 보호하고 존중하는 것을 정의라고 보았습니다. 또한 그는 기존의 정의론이 재분배 문제에 집중했던 것과 달리 소유 권리의 문제에 주목하여 다음과 같은 정의의 원칙을 제시하였습니다.

제1원칙	(정당한 최초 취득의 원칙) 다른 사람에게 피해를 주지 않고 어떤 대상물에 자신의 노동을 가하여 사유 재산으로 삼았다면 그러한 소유 상태는 정당하다
제2원칙	(정당한 양도의 원칙) 교환이나 증여, 상속 등의 과정에서 속임수가 없었다면 그 결과로 발생하는 소유 상태는 정당하다
제3원칙	(시정의 원칙) 취득과 양도의 과정에서 부정의가 있었다면 바로잡아야 한다

샌델의 자유주의적 인간관은 선행하는 도덕적 연대에 속박되지 않고 자기 목표를 스스로 선택할 수 있는 자유롭고 독립적인 무연고적 자아로서 인간을 바라봅니다. 자유주의는 인종, 종교, 민족, 성별과 같은 사람들 간의 차이에 대해 주목하지 않습니다. 이런 특징들이 자아의 정체성을 우선하여 규정하지 않는다고 보기 때문입니다. 이제 사람들은 그러한 요소들로 인해 생겨난 편견과 차별에서 벗어나게 되었습니다. 자유주의적 자아관이 지니는 강력한 호소력에도 불구하고, 자유주의의 '무연고적 자아상'은 결함이 있습니다. 우리가 공통으로 인정하고 심지어 높이 평가하는 어떤 도덕적, 정치적 책무들을 설명해낼 수 없기 때문입니다. 이런 책무들은 연대의 책무, 종교적 의무, 그리고 우리의 선택과는 무관한 이유에 의해 우리에게 요구되는 다른 도덕적 연대를 포함하고 있습니다. 즉, 우리 자신을 연고 있는 자아, 어떤 기획과 입장들에 이미 몸담은 자아로 파악하지 않는다면, 우리는 우리의 도덕적·정치적 경험에 필수불가결한 이런 측면들을 이해할 수 없게 됩니다.

왈처는 분배적 정의와 관련된 모든 가치는 사회적 가치이며, 그 공동체의 특정한 문화적·역사적 맥락에서 의미가 부여된 것이라고 보았습니다. 공동체 안에는 다양한 사회적 가치가 존재할 뿐만 아니라 그 사회에 고유한 사회적 가치들이 존재하며 해당 가치의 고유한 의미가 사회적으로 공유되고 있다는 것입니다. 따라서 왈처는 가치의 분배와 관련하여 각 공동체의 문화적 특수성과 차이를 고려해야 한다고 주장하였습니다. 이와 관련하여, 왈처에게 평등이란, 단순히 기회를 균등하게 보장하거나 결과의 평등이 아니라, 다양한 가치의 영역에서 해당 가치에 적합한 분배가 이루어지는 다원적 평등(복합 평등)을 의미합니다. 즉, 개개의 사회적 재화가 불평등하게 분배되더라도 이들 재화가 다른 것에 비해 지배적 가치를 갖지 않고, 서로 독립적 가치를 지닌다면, 평등하고 정의로운 사회가 될 수 있다는 다원적 평등으로서의 정의를 주장하였습니다. 다원적 평등이란 어떤 시민이 한 영역이나 특정한 사회적 가치에 대해 지니는 지위를 가지고 다른 가치 영역을 침해할 수 없음을 의미합니다. 예를 들어, 시민 X가 정치적 공직에 있어서 시민 Y보다 우선하여 선택될 경우에 두 사람은 정치적 영역에서 불평등하게 됩니다. 하지만 X가 자신의 공직으로 인해 다른 영역들(우월한 의료 혜택, 자녀의 취학 혜택, 기업가의 기회 등)에 있어서 Y보다 유리하게 되지 않는 한, 그들은 전체적으로는 불평등하지 않습니다.

'공유지의 비극'은 생물학자인 하딘(Hardin, G.)이 만들어 낸 개념으로, 개개인의 자제할 수 없는 욕심이 공유지의 비극으로 이어질 수밖에 없다는 주장입니다. 소를 키워 생계를 꾸려 나가던 마을이 있었습니다. 마을 사람들은 소에게 풀을 먹일 때 뒷동산에 있는 목초지를 이용했습니다. 목초지는 모든 마을 사람들이 아무런 비용을 지불하지 않고도 사용할 수 있는 공유지였습니다. 마을 사람들은 목초지를 마음대로 사용할 수 있기 때문에 좀 더 많은 이익을 얻기 위해서 키우는 소의 수를 늘려 나갔습니다. 그 결과 소들이 먹는 풀은 더 많이 필요하게 되었고, 풀이 무성하던 목초지는 어느 날부터인가 조금씩 사라져 가더니 결국 완전히 메말라 버렸습니다. 너무 많은 소를 목초지에 방목한 나머지 더 이상 누구도 소를 키울 수 없게 되어 버린 것입니다.

⚲ 탐구 활동

☑ 자유주의와 공동체주의의 차이점 비교

(1) 자유주의의 특징

인간관	• 합리적 이성에 의해 스스로 삶의 목적을 선택하는 자율적 존재임 • 개인의 선택으로 자아 정체성을 이룸
국가관	• 국가의 중립성: 개인의 잠재 가능성을 최대한 실현하도록 보장함으로써 사회 발전을 이룸 • 국가와 사회는 개인의 자유를 보호하고 증진하는 수단으로서만 가치를 지님 • 노직의 최소 국가론: 국가의 기능은 개인이 가진 권리와 재산을 보호하는 역할에 있음

(2) 공동체주의의 특징

인간관	• 공동선을 추구하는 사회적 존재임 • 공동체의 전통과 가치를 통해 자아 정체성을 형성함
국가관	• 국가와 사회는 개인의 정체성을 형성하고 삶의 방향을 설정하는 기반으로서의 가치를 지님 • 국가의 중립성을 강조하면 국가가 시민들의 품성 교육에 관심을 쏟지 못하고, 사회에 적극적 관심을 두는 참여적 시민들의 활동을 가로막을 수 있음

☑ 사익과 공익의 조화 방안 탐구

(1) 자유주의와 공동체주의의 한계

자유주의	• 개인의 자유와 권리를 지나치게 강조하면 자유는 방종으로 변질되고, 이기주의가 조장됨 • 공동체 속에서 자신의 역할이나 여러 사회 문제에 대해서 무관심할 수 있음 • 사회적 불평등이 심화하여 사회 통합을 가로막고, 공동체의 선을 침해할 수 있음
공동체주의	• 공동체의 목적을 지나치게 중시하면 권위주의나 전체주의로 흐를 위험성이 있음 • 개인의 자유와 권리를 억압하고 개인을 부속품으로 취급할 수 있음

(2) 자유주의와 공동체주의의 조화 가능성

　자유주의에 따르면, 개인의 자유와 권리는 동등한 인간의 존엄성을 실현하기 위한 것이다. 결국 다원성의 존중과 관용의 실천은 좋은 질서를 가진 사회를 만든다. 따라서 개인의 권익 추구가 공동선의 증진을 가져올 수 있다고 본다. 한편, 공동체주의에 따르면 사회의 구성원으로서 정체성과 소속감, 공동체적 유대가 개인의 행복의 바탕이다. 또한 사회적 행복의 총량이 클수록 개인의 행복도 커진다. 따라서 공동선을 추구함으로써 개인의 권익이 확보될 수 있다고 보는 것이다.

✅ 과거사를 반성하는 입장

(1) 과거사를 대하는 독일과 미국의 태도

> 독일은 유대인 학살에 대한 책임을 인정하고 생존자와 이스라엘에 수백억 달러 상당의 배상금을 지급하였다. 여러 해에 걸쳐 독일 정치 지도자들은 공개 사과하면서 나치에 대한 책임을 다양한 모습으로 인정하였다. 한편 남북 전쟁 후 미국 정부가 해방된 노예에게 차별에 대해 배상하기로 했던 약속은 지켜지지 않았다. 1990년대 흑인에 대한 배상 움직임이 다시 주목을 끌었고, 1989년 미국의 한 의원은 미국 흑인에 대한 배상을 검토하는 위원회를 만들자는 법안을 제출하였다. 이 법안은 여러 흑인 조직 및 시민 단체의 지지를 얻었지만, 일반 대중의 호응을 이끌어 내지는 못하였다. 배상 움직임은 정체된 반면, 공식 사과만은 최근 몇 년간 계속 이어졌다. 2008년에는 미국 하원이 노예제와 20세기 중반까지 이어진 인종 차별 정책인 '짐 크로법'에 대해 흑인들에게 사과하는 결의안을 통과시켰다.
>
> 샌델, 《정의란 무엇인가》

(2) 과거사에 관한 매킨타이어의 입장

> 개인을 최우선으로 보는 사상은 "나는 어떤 노예도 소유한 적이 없습니다."라고 말함으로써 흑인 미국인들에게 미친 노예 제도의 효과에 대해 어떤 책임을 지는 것도 거부하는 현대 미국인들에 의해 표현된다. 이 경우 미국인으로서 존재한다는 것은 개인의 도덕적 정체성의 한 부분으로 간주되지 않는다. 이렇듯 개인주의적인 방식으로 과거로부터 나 자신을 분리시키려는 시도는 나의 현재 관계들을 일그러뜨리는 것을 의미한다.
>
> 매킨타이어, 《덕의 상실》

독일은 제2차 세계 대전 중에 저질렀던 유태인 학살에 대해서 정권 교체로 총리가 바뀔 때마다 공개 사과를 하고 있으며, 지속적으로 나치 전범을 찾아 죄값을 치르게 하고 있다. 과거사 반성을 통해 독일은 현재 유럽 내에서 그 진정성을 인정받고 있으며, 선도국으로서의 대접을 받고있는 것이다. 그러나, 모든 국가가 과거사에 대한 반성을 하는 것은 아니다. 미국의 경우에는 원주민 학대, 흑인 노예 제도에 대한 반성이 이루어지지 않고 있다. 미국의 경우에는 국내의 문제라고 하더라도, 일본의 경우에는 주변국에 큰 피해를 입혔던 태평양 전쟁 중에 저지른 자신들의 만행에 대해 전혀 반성하고 있지 않다. 특히 일본 극우 세력뿐만 아니라 정부조차도 태평양 전쟁에 저질렀던 일본군 위안부(성노예)나 강제징용에 대해서 부인하고 있으며, 중국에서 저질렀던 난징 대학살도 부정하고 있을 정도이다. 더구나 1980년대 이후에 부활한 군국주의의 잔재 영향으로 교과서를 왜곡하면서까지 자신들의 침략 전쟁을 미화하고 있다. 국제 사회에서 지도국으로서의 입장을 확보하기 위해서는 과거사에 대한 철저한 반성으로 주변국의 신뢰를 얻는 것이 급선무이다.

03 사회 및 공간불평등 현상과 개선 방안

✏️ 개념정리

1. 사회 불평등 현상

(1) 사회 불평등 현상의 의미: 한 사회의 희소한 자원이 차등적으로 분배되어 사회 구성원들이 차지하는 위치가 서열화되어 있는 상태

(2) 사회 불평등 현상의 특징: 모든 사회에서 경제적(소득) · 정치적(권력) · 사회적(교육 기회, 건강 관리) 측면 등에서 다양하게 나타나며, 국가나 시대마다 세부 양상에는 차이가 있고, 특히 현대 사회에서는 경제적 측면의 불평등이 삶의 다양한 측면에 영향을 미침

(3) 사회 계층의 양극화: 사회 계층 중에서 중층이 줄고 상층과 하층으로 극단적으로 쏠리는 현상으로, 소득 분배 격차와 같은 경제적 측면의 불평등이 주요 원인이며, 갈수록 양극화 현상이 심화되고 계층 간 이동이 어려워지면 계층 간 갈등으로 이어짐

(4) 사회적 약자에 대한 차별: 사회적 약자는 민족, 성별, 장애, 거주 지역 등에서 사회적으로 불리한 위치에 있는 사람들로, 주류 집단과 다르다는 비합리적 이유로 차별을 받으며, 이는 구성원의 행복과 정의 사회의 실현을 가로막음

2. 공간 불평등 현상

(1) 공간 불평등 현상의 의미: 지역 간에 경제적 · 사회적 · 문화적 수준의 차이가 나타나는 현상

(2) 공간 불평등 현상의 특징: 주된 양상은 선진국과 개도국의 격차, 수도권과 비수도권의 격차, 도시와 촌락의 격차 등이며, 주 원인은 자연환경 및 생산 요소 분포의 차

이, 지역 개발 과정에서 심화되고, 생활 환경의 전반적인 불평등과 장기적으로 국토의 효율적인 이용과 안정적인 국가 발전에 악영향을 끼침

(3) 공간 불평등의 사례

　① 우리나라: 성장 거점 개발을 추진함에 따라 수도권은 크게 성장했으나 비수도권은 낙후되었으며, 도시와 촌락 간의 격차도 커졌고, 1990년대 이후 낙후된 지역 중심의 균형 개발을 추진했으나 여전히 불평등이 해소되지 않음

　② 게토: 중세 이후 유대인들을 강제 격리시킨 유대인 거주 지역에서 비롯된 말로, 특정 민족이나 소수자 집단에 대한 차별, 격리, 불평등의 의미를 담고 있으며 오늘날 도시 내 빈민 거주 지역을 일컬음

3. 사회 및 공간 불평등 개선 방안

(1) 사회 불평등 개선 방안: 사회 복지 제도(경제적 불평등을 완화하고 최소한의 인간다운 삶을 누리도록 지원하는 사회 제도)

　① 사회 보험: 고용 보험, 국민 건강 보험, 국민 연금 등 사회적 위험을 보험 방식으로 사전에 대처하게 함

　② 공공 부조: 국민 기초 생활 보장 제도 등 국민의 최저 생활을 보장하고 자립을 지원함

　③ 사회 서비스: 상담, 재활, 돌봄 서비스 등의 도움이 필요한 국민을 지원함

　④ 이러한 사회 복지 제도는 소득 재분배 효과로 경제적 불평등 완화에 기여함

(2) 공간 불평등 개선 방안

　① 균형 개발 정책: 주요 공공 기관 지방 이전, 수도권에 있는 기업의 지방 이전 유도 등을 통해 지방 도시의 성장을 도와주는 정책

　② 지역 환경을 고려한 발전 혹은 지속 가능한 발전 전략을 통해 지역 경쟁력 확보

　　예 경남 통영시의 동피랑 마을 벽화

(3) 사회적 약자 지원 방안

　① 동등한 기회와 조건을 제공하는 법·제도 마련

　　예 장애인 고용 촉진 등에 관한 법률, 남녀 고용 평등과 일·가정 양립 지원에 관한 법률 등

　② 적극적 우대 조치 도입

4. 사회 불평등 현상의 양상과 관점

(1) 다양한 사회 불평등 현상

　① 미국의 연봉 비율 격차 확대: 지난 36년간 최고 경영자들의 연봉은 997% 올랐으나, 노동자들의 연봉은 10.9% 상승에 그침

　② 중국의 대학 서열화 현상: 대학 서열화로 인해 가난한 집안 학생들이 진학을 포기하면서 대학 입학시험인 '가오카오' 응시생이 줄어듦

　③ 브라질 빈민촌 파벨라: 대도시 지역의 빈민가 파벨라는 마약 소굴이자 범죄의 온상이 되고 있음

(2) 사회 불평등 현상을 바라보는 관점

　① 기능론적 관점: 사회 불평등은 개인적 특성이나 노력으로 인한 것 → 개인의 의지와 노력을 통해 불평등을 해결할 수 있음

　② 갈등론적 관점: 사회 불평등은 사회 구조적 요인에 의한 것 → 개인의 노력만으로 불평등한 위치에서 벗어나지 못하는 사람들에게 제도적 지원을 함으로써 불평등을 해결할 수 있음

　③ 불평등 현상이 개인만의 문제가 아님을 이해하고, 공동체 구성원으로서 이에 대한 문제의식을 지니고 불평등 문제의 해결 방안을 찾고자 노력해야 함

　　불평등이란 '평등'의 반대말로, '같지 않다'는 점을 전제로 합니다. 하지만 일반적으로 '다르다', '동일하지 않다'는 의미의 '차이'와는 다릅니다. 차이는 수평적·수직적 측면을 모두 포괄하는 반면, 불평등은 수직적인 차이만 연관됩니다. 아름답고 추함, 머리의 좋고 나쁨, 지위의 높고 낮음 등의 예는 어떤 두 사람이 지니고 있는 속성들을 비교했을 때 나타나는 단순한 차이('다름')가 아니라 불평등입니다. 거기에는 '좋다', '나쁘다' 등의 평가가 들어 있으며, 그런 속성이 있는 것들이, 그렇게 평가되는 차이들이 불평등이 되는 것입니다.

　　성별이나 인종과 같이 자연적·우연적인 차이를 이유로 다르게 대우하고 서열화하는 차별로 인해 유리천장과 같은 불평등이 나타납니다. 실제 통계상으로도 2016년 한국의 남녀 임금 격차는 36%로 경제 협력 개발 기구(OECD) 회원국 중 가장 높은 비율을 보입니다. 이는 15년째 부동의 1위입니다.

가장 대표적인 사회 계층 제도에 해당하는 인도의 카스트는 수천 년간 종사하는 직업과 관계있는 인도의 위계질서입니다. 카스트제는 여전히 인도에서 뿌리 깊은 신분의 벽으로 남아 있습니다.

최하위 소득 10% 집단과 최고 소득 10% 집단의 격차가 10년 새 더욱 벌어진 자료, 상대적 빈곤율이 점차 높아진 객관적 수치, 사회 이동 가능성을 점차 낮게 평가하는 주관적인 평가 자료를 함께 제시하여 점차 심해지는 소득 양극화 현상의 심각성을 확인할 수 있습니다.

이사를 가게 되는 경우 사람들은 새로 거주할 집뿐만 아니라 집 주변의 환경도 고려하게 됩니다. 주위에 좋은 학교나 병원, 공원 등이 있는 곳을 좋아하고, 혐오 시설이나 위험 시설이 있는 곳을 꺼려합니다. 그러나 모든 사람들이 좋은 환경에서 사는 것은 아닙니다. 경제적으로 여유가 있는 사람들은 좋은 환경을 찾아 이동이 가능하지만, 그렇지 않은 사람들은 주변 환경이 열악한 곳에서 그대로 살아가거나 더 열악한 곳으로 이동하기도 합니다. 이렇게 시간이 계속 흐르다 보면 결국 경제력에 따라 거주지가 더욱더 뚜렷하게 구분됩니다. 그러면 각종 시설들은 구매력이 있는 지역으로 더욱 모이게 되어 부유한 계층의 주거지에는 각종 상업·서비스 시설이 증가하지만, 그렇지 않은 지역에서는 기존에 있던 시설마저도 사라지게 됩니다. 즉, 사는 곳에 따라 이용할 수 있는 서비스의 질이 달라지고, 이는 곧 삶의 질의 차이로 연결되는 것입니다. 일반적으로 병원의 공간적 배치는 도시 내부의 상업적 계층 구조를 따르고 있어 도시 중심에는 의료 시설이 지나치게 많은데 반해, 교외, 특히 가난한 이민자들이나 노동자들이 거주하는 곳에는 의료 시설이 부족합니다. 그뿐만 아니라 서울의 경우 갖가지 생활 기반 시설이 강남 지역에 더 잘 구축되어 있습니다. 지하철 등 교통 시설이나 문화·복지 시설 또한 이 지역에 집중되어 있는데, 2015년 통계에 따르면, 서울시에 있는 701개의 공연 시설 중 153개가 강남에 있습니다. 또한 강북에서 이전한 명문 고등학교가 많이 있고, 유명 사설 학원까지 즐비해 교육 환경도 좋습니다.

사회 및 공간 불평등 해결을 위한 법률은 장애인, 여성, 노인과 같은 사회적 약자와 지역 균형 개발을 위해 동등한 기회와 조건을 제공하려는 법률들입니다. 이 외에 사회적 약자를 지원하기 위한 제도나 법으로는 대학 선발의 지역 균형 선발 전형, 여성 할당제 등이 있습니다. 특히 여성 할당제는 일정 비율 이상의 여성에게 채용, 승진, 공직 진출 등의 기회를 부여하는 것입니다.

적극적 우대 조치는 평등을 촉진하기 위해 인종, 피부색, 종교, 성 또는 출신국 등의 요인을 고려한 특별한 제도를 마련하여 차별받는 집단에 특혜를 부여하는 정책입니다. 적극적 차별 시정 조치는 국가적 차원에서 바로잡겠다는 정치적 의지의 표명이기 때문에 이러한 적극적 차별 해소 정책을 개인 사이의 사회·경제적 관계에 강제할 법적 근거는 없습니다. 그러므로 그것은 공공 기관이나 공공성을 띤 사업으로 국가의 지원을 받거나 국가와 거래하는 조직들이 주로 시행하고 있습니다.

역차별은 차별을 시정하려는 과정에서 특정 집단을 우대하는 조치를 강구함으로써 우대되지 않은 집단의 처우·이익·공평감이 훼손됨에 따라 생기는 차별입니다. 적극적 차별 시정 조치가 상대적으로 유리한 위치에 있던 대상을 거꾸로 차별하게 되는 경우를 말합니다.

◈ 소득 불평등 개선 방안 탐구

'소득 5분위 배율'이란 개인 소득 순서에 따라 전체 인구를 5개 그룹으로 나누었을 때 5분위 계층(최상위 20%)의 평균 소득을 1분위 계층(최하위 20%)의 평균 소득으로 나눈 값을 말한다. 즉, 소득이 높은 5분위에 해당하는 개인들의 평균 소득과 소득이 낮은 1분위에 해당하는 개인들의 평균 소득 사이의 비율로, 5분위 소득이 1분위 소득의 몇 배인지를 보여 준다. 소득 5분위 배율은 '지니 계수'와 함께 국민 소득의 분배 상태를 나타내는 대표적인 지표이다. 지니 계수는 모든 정보를 이용하는데 비해 소득 5분위 배율은 5분위와 1분위의 소득만을 이용하여 간편하게 소득 불평등의 정도를 측정할 수 있는 장점이 있다.

$$소득\ 5분위\ 배율 = \frac{소득\ 상위\ 20\%(5분위)\ 계층의\ 소득}{소득\ 하위\ 20\%(1분위)\ 계층의\ 소득}$$

소득 5분위 배율은 이론상 1부터 무한대까지의 수치를 가질 수 있는데 소득 분배가 완전 균등한 경우에는 소득 5분위 배율 값은 1이 되고, 반대로 모든 소득이 상위 20%에만 집중되어 있는 경우에는 하위 20%의 소득이 0이 되기 때문에 5분위 배율은 무한대의 값을 가지게 된다. 따라서 소득 5분위 배율의 값이 클수록 소득 분배의 불균등 정도는 커지게 된다.

《통계청》

경제성장률이 높아지면 소득 불평등 지표인 지니계수가 개선되는 효과가 있으므로 규제개혁 등 경제환경 개선을 통해 침체된 성장률을 끌어올리는 것이 소득 불평등을 개선하기 위한 최선의 방법이라는 주장도 있다. 일례로 성장률이 떨어지고 경기가 불황에 빠질 경우 기업은 1차적으로 상대적으로 임금이 높지만 해고 비용이 큰 정규직보다는 임금이 상대적으로 낮은 임시직 등의 고용을 줄이게 될 것이다. 반대로 성장률이 높아지고 경기가 호전될 경우 1차적인 수혜 대상은 저소득 임금 계층이 될 가능성이 크다고 볼 수도 있다.

프랑스의 방리유 지역은 도시 외곽 지역을 일컫는 말로, 주로 아프리카 출신 이민자들과 그 가족이 살고 있는 곳이다. 주민 대부분은 성냥갑 같은 공영 주택에 살고 있으며, 이곳의 실업률은 프랑스 전체의 2배 이상인 20%에 이른다. 또한 이러한 빈곤한 가정에서 태어나 프랑스 사회의 차별과 배제의 벽에 막혀 범죄의 나락으로 빠져드는 젊은이들이 많은데, 불법 체류자도 많아 경찰의 무차별 불심 검문이 흔하다. 방리유의 소요 사태는 2005년 경찰의 불심 검문을 피해 달아나던 10대 소년 2명이 감전사한 일이 직접적 계기가 되었다. 경찰은 절도 사건을 수사하던 중 검문을 하려 했을 뿐이라고 했지만, 당일 주변 지역에서 절도 사건이 없었던 것으로 밝혀지면서 분노한 방리유 젊은이들이 거리로 뛰쳐나왔다. 이는 특정 지역과 그 주민들에 대한 사회적 편견과 차별이 그 원인이었다는 점에서 우리 사회에도 시사해 주는 것이 많은 사건이 라고 할 수 있다.

전국지리교사모임, 《지리, 세상을 날다》

✔️ 우리나라 복지 제도의 확대 방안 탐구

우리나라의 복지 제도는 크게 세 가지 유형으로 구분할 수 있다. 사회 보험은 현재의 가난만이 아니라 가난, 질병, 실업, 재해 등으로 생길 수 있는 미래의 불안을 미리 대처하고자 하는 것으로, 부담 능력이 있는 개인과 정부, 기업이 일정액을 분담하여 비용을 대는 상호 부조적 성격을 갖는다. 국민 연금, 국민 건강 보험, 고용 보험 등이 이에 해당된다. 한편 경제적 능력이 부족하여 최저 생활을 유지하기조차 힘든 사람들을 대상으로 국가가 경제적으로 복지 지원을 하는 것을 공공 부조라고 한다. 대표적으로 기초 연금, 의료 급여 등이 공공 부조에 해당된다. 이 외에도 직접적인 경제적 지원 형태가 아니라 비금전적인 형태로 이루어지는 사회 보장 제도가 있는데, 이를 사회 복지 서비스라고 한다. 실업자를 대상으로 하여 국고에서 무료로 지원하는 직업 훈련이나 빈곤층 학생들에게 무상으로 급식을 제공하는 것도 사회 복지 서비스의 일종이다.

✔️ 사회 불평등 현상에 대한 관점 정리

• 데이비스와 무어(Davis and Moore)의 기능론
기능주의 계층론은 두 가지 전제에서 출발하고 있다. 첫째, 사람들이 하는 일은 다양한데 각각의 일이 그 사회에 기여하는 기능적 중요성은 다르다. 둘째, 각각의 일을 할 수 있는 사람들의 수가 제한되어 있다. 그 결과 차등화된 보상이 이뤄져 사회 계층 현상이 나타나게 된다.

• 튜민(Tumin)의 갈등론

데이비스와 무어의 기능론을 세 가지 점에서 비판하였다. 첫째, 한 사회의 구성원이 담당하고 있는 각각의 일은 그 사회를 움직여 나가는 데에 모두 중요하며 기능적이다. 둘째, 제도화된 불평등이 사회에 미치는 부정적인 결과를 과소평가하고, 긍정적인 측면만을 부각시키고 있다. 셋째, 특정한 분야에서 일할 수 있는 인재가 제한되어 있다고 하지만, 그 사회가 인재 개발을 소홀히 한 점도 무시할 수 없다.

홍두승 외, 《사회학의 이해》

지필고사
- 사회 및 공간 불평등 현상의 의미와 원인
- 정의로운 사회를 위한 제도와 실천 방안

수행 평가
- 기능론적 관점과 갈등론적 관점을 설명하고 불평등의 원인을 각각의 관점에서 제시
- 교육 예산이 한정되었을 때, 기회의 평등과 결과의 평등 중 어느 것을 우선할 것인지를 근거를 들어 주장

문화와 다양성

01 다양한 문화권의 특징과 삶의 방식

1. 문화권의 의미와 형성 요인

(1) 문화권: 문화적 특성이 비교적 비슷해져서 지표상의 다른 지역과 구별되는 대륙 규모의 지리적 범위

(2) 문화권 형성에 영향을 주는 요인

　① 자연환경: 의식주와 같은 기본적인 생활양식에 영향을 미치는 기후, 지형, 식생, 토양 등의 천연적인 환경

　② 인문 환경: 사람들의 의식과 가치관 등에도 영향을 미치는 종교, 언어, 예술, 산업, 관습, 제도 등과 같이 인간이 만들어 낸 인위적인 환경

2. 다양한 문화권

(1) 세계의 문화권: 기후, 종교, 민족, 언어 등의 복합적인 요소에 따라 구분

(2) 세계 문화권의 지역적 구분: 동아시아 문화권, 동남아시아 문화권, 인도 문화권, 유럽 문화권, 건조 문화권, 아프리카 문화권, 앵글로아메리카 문화권, 라틴 아메리카 문화권, 오세아니아 문화권, 북극 문화권 등

(3) 점이 지대: 지표 공간의 동질성을 기준으로 지역을 구분할 때, 두 지역의 특성이 함께 나타나는 공간적 범위(문화권 경계 지역에 존재)

인류는 지리적 접근성이 좋으면서도 지속적인 교류와 접촉이 가능한 지역의 범위 안에서 서로의 생활양식을 공유하면서 살아왔습니다. 그러나 모든 인류가 공통의 생활양식을 가지고 있는 것은 아닙니다. 자연환경과 인문 환경의 영향에 따라 지역적으로 다른 지역과 구분되는 문화권을 가지게 되었습니다. 문화권은 기후, 의식주, 종교, 언어 등 여러 문화 요소를 기준으로 다양하게 나눌 수 있습니다. 어떤 곡물을 주로 먹느냐에 따라 쌀 문화권, 밀 문화권, 옥수수 문화권 등으로 나눌 수도 있으며, 언어에 따라 영어 문화권, 에스파냐어 문화권, 아랍어 문화권 등으로 구분할 수도 있습니다. 이외에도 다양한 기준으로 문화권이 구성될 수 있습니다. 이처럼 어떤 기준이냐에 따라서 한 지역이 각각 다른 문화권으로 나뉠 수 있고, 여러 지역이 한 문화권으로 묶일 수도 있습니다. 따라서 하나의 문화권 안에는 여러 민족, 국가, 언어 등이 복잡하게 뒤섞여 있는 경우가 많습니다. 예를 들어 우리가 보통 중동 지역이라고 부르는 서남아시아를 포함한 건조 문화권의 경우, 아프리카 북동부의 함 족(族), 서남아시아와 북아프리카에 사는 셈 족(族) 등 다양한 종족이 살고 있으며, 이에 따라 언어도 다양하게 구성되어 있습니다. 그런데도 하나의 문화권으로서 통일성이 유지되는 것은 대체로 자연환경이 비슷하고, 같은 종교를 믿기 때문입니다. 즉 건조한 사막 기후와 이슬람교라고 하는 종교 때문입니다. 이 지역 국가들의 국기에는 초승달이 들어간 경우가 많은데, 초승달 문양은 이슬람교의 종교적 상징이라기보다는 이슬람력과 관련된 문화적 표상입니다. 이슬람력은 태음력을 사용하기 때문에 문화적으로 초승달 문양을 즐겨 사용하여 국기에까지 적용된 것입니다.

한편 같은 문화권에 속하더라도 문화적 특징이 조금씩 다르기 때문에 세부적으로 하위 문화권을 나눌 수 있습니다. 예를 들면, 유럽 문화권은 북서 유럽, 남부 유럽, 동부 유럽 지역으로 나눌 수 있고, 반대로 동아시아 문화권, 동남아시아 문화권, 인도 문화권을 묶어서 동양 문화권으로 구분하기도 합니다. 또한 하나의 문화권은 다른 문화권에 영향을 주기도 하는데, 특히 유럽 문화권의 경우에는 아메리카 문화권과 오세아니아 문화권에 많은 영향을 주었습니다.

문화권은 핵심 지역, 주변 지역, 점이 지대로 구분할 수 있습니다. 핵심 지역은 지역의 특성이 뚜렷하게 나타나는 범위이고, 주변 지역은 지역의 특성이 뚜렷하게 나타나지 않는 외곽에 해당하는 범위를 말합니다. 점이 지대는 두 지역의 특성이 함께 나타나는 지역에 해당합니다. 따라서 점이 지대는 두 문화권이 맞닿은 경계 지역에서 존재하는 경우가 많습니다.

✅ 각 문화권의 특징 비교(예시)

문화권	특징
유럽 문화권	크리스트교가 가장 중요한 종교이며, 민주주의와 자본주의 사상의 발상지이다. 유럽 문화권은 북서 유럽, 남부 유럽, 동부 유럽 지역으로 구분된다. 북서 유럽은 개신교의 비율이 높고, 남부 유럽은 가톨릭교의 비율이 높으며, 동부 유럽은 그리스 정교의 비율이 높다
건조문화권	북부 아프리카, 서남아시아 일대에는 건조 기후가 나타나며, 주로 아랍어를 사용하고 전체 인구 대부분이 이슬람교를 믿는다
아프리카 문화권	사하라 사막 이남의 중남부 아프리카 일대로 대부분 열대 기후이며, 토속 종교의 영향으로 부족 중심의 생활을 하는 경우가 많다. 민족과 언어가 다양하게 구성되어 있다
동아시아 문화권	벼농사가 발달하였고, 유교와 불교의 영향을 많이 받았다. 한자를 사용하는 경우가 많으며 젓가락을 사용한다
동남아시아 문화권	벼농사와 플랜테이션 농업이 발달하였고, 중국과 인도, 이슬람 문화 등이 혼재되어 있으며, 전통문화와 외래문화가 공존한다
인도 문화권	민족, 언어, 종교가 다양하게 분포하며 힌두교가 가장 중심 종교이고, 이슬람교와 불교문화도 나타난다
앵글로아메리카 문화권	북서 유럽의 식민 지배의 영향으로 주로 영어를 사용하고 개신교의 비율이 높으며, 세계 경제의 중심지 역할을 하고 있다
라틴아메리카 문화권	남부 유럽의 식민 지배 영향으로 주로 에스파냐어를 사용하고 가톨릭교의 비율이 높다. 또한 흑인 노예의 이주와 여러 인종이 공존하면서 다양한 문화와 혼혈 인종이 생겨났다
오세아니아 문화권	오스트레일리아와 뉴질랜드 지역으로 영국 중심의 유럽 문화가 전파되어 주로 영어를 사용하며 개신교의 비율이 높다
태평양 문화권	오세아니아 문화권 중 태평양의 섬 지역(폴리네시아, 멜라네시아, 미크로네시아)에 발달한 문화권으로, 해양성 기후가 나타나며 수산업과 관광 산업이 발달하였다

문화권	특징
북극 문화권	툰드라 지대로 한대 기후가 나타나고, 주로 사냥과 물고기 잡이, 순록을 유목하며 생활한다

TIPS

지필고사
- 문화권과 점이 지대에 대한 의미 파악
- 자연환경과 인문환경이 각각 끼치는 영향
- 각 문화권의 특징

수행 평가
- 각 문화권의 특징 비교
- 문화권 무역 전략의 연관성

다양한 문화 변동 양상과 전통문화의 계승

✏️ 개념정리

1. 문화 변동의 의미와 요인

(1) 문화 변동: 새로운 문화 요소의 등장이나 다른 문화와의 접촉을 통해 끊임없이 상호 작용하면서 문화가 변화하는 현상

(2) 문화 변동의 요인

내적 요인	발명	기존에 존재하지 않았던 새로운 문화 요소를 만들어 내는 것
	발견	기존에 존재하고 있었지만 알려지지 않았던 것을 찾아내는 것
외적 요인	직접 전파	다른 사회 구성원과의 직접적인 교류를 통해 다른 사회의 문화가 전파됨
	간접 전파	인쇄물, 인터넷 등과 같은 간접적인 매개체를 통해 다른 사회의 문화가 전파됨
	자극 전파	다른 사회의 문화 요소에서 아이디어를 얻어 새로운 문화 요소를 발명함

(3) 문화 접변: 내재적 변동과는 달리 서로 다른 두 문화가 오랫동안 접촉함으로써 한 사회의 문화 요소가 다른 사회에 전파되어 나타나는 현상

2. 문화 접변의 다양한 양상

(1) 문화 병존(공존): 한 사회의 문화가 다른 사회의 문화 요소를 받아들이면서 그 고유한 성격을 잃지 않고 한 사회의 문화 체계 속에서 나란히 존재하는 현상(A+B → A&B)

(2) 문화 융합: 서로 다른 두 문화 요소가 결합하여 새로운 제3의 문화로 탄생하는 현상(A+B → C)

(3) 문화 동화: 한 문화가 다른 문화에 흡수되어 해체되거나 소멸하는 현상(A+B → A or B)

3. 전통문화의 의의와 문화 정체성

(1) 전통문화의 의미: 한 사회가 과거로부터 지금까지 공유하며 세대 간 전승을 통해 이어져 내려온 고유한 생활양식

(2) 현대 사회에서 전통문화의 의의: 우리 문화 정체성의 바탕을 구성하여 문화의 고유성 유지, 사회 유지와 통합에 기여, 부가 가치가 높은 문화 콘텐츠 생산 가능(국가 경제에 이바지), 세계 문화의 다양성 증진에 기여

(3) 문화 정체성: 한 문화에 속한 사람들이 공유하는 동질감 또는 그 문화에 대한 자긍심

4. 전통문화의 창조적 계승과 발전 방안

(1) 전통문화의 창조적 계승·발전의 필요성

　　① 세계화가 진행되면서 현대 사회의 문화 간 교류가 활발해짐

　　② 문화의 다양성을 인정하는 것과 동시에 전통문화의 계승에 대해 새롭게 인식

(2) 창조적 계승·발전 방안: 전통문화의 원형을 그대로 답습하는 것이 아니라 창조적으로 계승하여 현실적 여건에 맞게 재구성·재창조하여 발전시켜 나가는 것

　　① 전통문화의 본질적인 요소를 유지하면서 외래문화를 비판적으로 수용하여 새롭게 창조

　　② 우리 문화의 우수성을 발굴하여 고유성과 독창성은 유지하면서 적극적으로 세계 문화와 교류

　　우리나라의 문화는 서구 문화 중심의 산업화와 근대화 과정이 도입되면서 100여 년 전에 비해 많은 변화가 나타났습니다. 이 변화는 개항 이전 조선 시대 후기의 100년과 비교해보면 상상할 수 없을 정도의 급격한 변화라고 할 수 있습니다. 특히 제2차 세계 대전과 6·25 전쟁 이후인 현대 사회에 들어서면서 나타난 급격한 사회 변동은 우리의 생활양식과 문화에도 많은 영향을 미쳐 급격한 문화 변동을 겪게 하고 있습니다. 우리가 역사 시간에 배워서 알 수 있듯이 문화는 고정되어 변

하지 않는 것이 아니라, 전쟁, 교역, 종교적 포교 등을 통해 새로운 요소의 등장이나 다른 문화와의 접촉을 통해 끊임없이 상호 작용하면서 변화합니다. 이러한 현상을 문화 변동이라고 하며, 문화 변동의 내적 요인으로는 발명과 발견, 외적 요인으로는 문화 전파가 있습니다.

기존에 존재하지 않았던 새로운 문화 요소를 만들어 내는 발명도 1차적 발명과 2차적 발명으로 나누어집니다. 1차적 발명은 발명의 의미와 동일하지만, 2차적 발명은 이미 존재하거나 알려져 있는 문화 요소나 원리를 조합하고 응용하여 새로운 문화 요소를 만들어 내는 것을 의미합니다. 예를 들어, 활 발명은 1차적 발명에 해당하며, 활을 이용한 현악기의 발명은 2차적 발명에 해당합니다. 문화 전파는 한 사회가 다른 사회와 교류하고 접촉하는 과정에서 새로운 문화 요소가 전달되는 현상입니다. 베트남 사람들과 한국 사람들의 이주로 베트남 쌀국수, 김치, 불고기 등이 전 세계에 알려지게 되는 경우가 해당됩니다.

또한 문화 전파의 유형으로는 두 문화 간의 직접적인 접촉에 의해 문화 요소가 직접적으로 전파되는 현상인 직접 전파, 두 문화 간에 매개체(인쇄물, 인터넷 등)를 통한 간접적인 접촉에 의해 문화 요소가 전파되는 현상인 간접 전파, 다른 문화로부터 아이디어를 얻어 새로운 문화 요소를 발명해 내는 현상(전파와 발명의 복합)인 자극 전파가 있습니다.

문화 변동에는 발명과 발견에 의해 발생하는 내재적 변동과 서로 다른 두 문화가 오랫동안 접촉하게 되어 한 사회의 문화 요소가 다른 사회에 전파되어 나타나는 문화 접변이 있습니다. 문화 접변의 유형에는 문화 병존, 문화 융합, 문화 동화가 있습니다.

문화 병존의 예로는 이슬람 문화권 출신자들이 우리나라의 일정 지역에서 자신들의 문화인 여자가 히잡을 쓰거나, 이슬람 사원이 있거나, 할랄('신이 허용한 것'이라는 뜻의 아랍어로, 이슬람교도가 먹고 쓸 수 있는 모든 제품을 의미) 음식 식당이 늘어선 거리가 형성되는 경우를 들 수 있습니다. 문화 융합의 예로는 우리나라 사찰에 불교와 관계없는 산신각(산악 숭배의 토착 신앙에서 유래한 산신을 모시는 곳)이 있는 경우를 들 수 있습니다. 이는 불교가 산신 신앙을 수용했기 때문입니다. 문화 동화의 예로는 게르만족이 이동하여 로마를 정복하였지만, 결국에는 로마 문화에 완전히 동화된 경우를 들 수 있습니다.

전통문화는 과거의 생활양식만을 의미하는 것이 아니며 고정불변의 원형 상태 그대로 이어져 온 것도 아닙니다. 현재 우리가 향유하고 있는 전통문화는 과거에 존재했던 수많은 생활양식 중의 일부에 불과하며, 다른 사회와 접촉하면서 강제적으로 또는 자발적으로 변형되거나 복원되어 전해진 것입니다. 따라서 오늘날 우리가 전통이라고 생각하는 상당수가 본연의 형태가 아니라, 시간이 흐르면서 변형되고 새롭게 만들어진 것입니다.

우리의 전통문화에는 농경 문화의 두레와 품앗이 등에서 비롯된 협동과 상부상조의 정신, 불교문화의 영향으로 나타난 자비와 배려심, 유교 문화의 영향으로 성립된 충효 사상, 우리의 고유한 문자인 한글, 김치와 불고기 등의 음식, 한복과 한옥, 세시 풍속 등이 있습니다. 이는 우리 사회가 가지고 있는 고유한 문화 정체성을 보여주는 대표적인 요소들이라고 할 수 있습니다.

현대 사회에서는 세계화와 정보화로 문화 변동의 속도가 빨라지고 있으며, 문화 간 교류도 활발해지면서 변동의 폭도 매우 넓어지고 있습니다. 이에 따라 전통문화가 사라질 위험성도 높아졌습니다. 전통문화가 사라진다는 것은 단순하게 새로운 문화로 대체된다는 것을 의미하는 것은 아닙니다. 전통문화의 소멸은 우리 사회에 있어서 세대 간의 단절뿐만 아니라 문화 정체성의 소멸도 가져오게 됩니다. 이에 따라 현대 사회에서 전통문화가 가지고 있는 중요성을 인식하고 계승·발전시켜야 합니다.

그러나 세계화가 진전되면서 세계 각 지역 문화 간 교류는 더욱 활성화되었습니다. 이에 각 사회는 문화의 다양성을 인정하는 것과 동시에 전통문화 계승에 대한 생각을 새롭게 하여야 합니다. 급속하게 변동하고 있는 현대 사회에서 전통문화를 그대로 보존한다는 것은 불가능할 뿐만 아니라 별로 바람직한 것도 아닙니다. 우리가 현재 향유하고 있는 전통문화도 몇천 년, 몇백 년 전의 전통문화가 아니라, 다른 문화와의 접촉을 통해 변해온 곳이기 때문입니다. 우리가 잘 먹는 호떡의 경우도 임오군란 때 청나라 군대가 들어오면서 전해진 음식입니다. 조선 시대부터 전해 내려온 음식이 아니라는 것입니다. 즉 세계화 시대에 전통문화가 생활양식으로 존재하기 위해서는 전통문화를 현대적으로 재평가하여 창조적으로 계승·발전시켜 나가야 하는 것입니다. 이를 위해서는 전통문화의 본질적인 요소를 유지하면서 외래문화를 주체적으로 재해석하여 새롭고 창조적인 문화를 만들어 나가야 합니다. 예를 들어 세계적으로 유명해진 '난타' 공연의 경우는 우리나라의 고유 리듬이자 소리인 사물놀이와 피아노, 재즈 등 현대적 공연 양식을 접목한 뮤지컬 퍼포먼스입니다. 이렇게 새롭고 창조적인 문화 융합이 현대 우리의 새로운 문화 현상을 자리잡은 것입니다. 여기에서 또 하나, 사물놀이도 전통문화는 아닙니다. 원래 사물(四物)이란 불교의식에 사용되던 악기인 법고(法鼓)·운판(雲板)·목어(木魚)·범종(梵鐘)을 가리키던 말이었으나, 뒤에 범패(梵唄)의 바깥채비 소리에 쓰이는 태평소·징·북·목탁을 가리키는 말로 전용되었습니다. 그리고 다시 절 걸립패(동네의 경비 마련을 위하여 각처를 돌아다니며 풍악을 쳐서 돈이나 곡식을 얻으려고 짜여진 무리)의 꽹과리·징·장구·북을 가리키는 말로 전용되어 오늘에 이르렀고, 1978년 최초로 '사물놀이'라는 이름으로 창단된 연주단에 의해서 본격적으로 시작되었습니다.

이렇듯 전통문화가 현대 사회의 새로운 문화 요소와 결합하여 생명력을 가지기 위해서는 다양한 문화 융합의 방법으로 새롭고 창조적 형태로 발전해 나가야 합니다.

🔎 탐구 활동

☑️ 우리나라에서 찾아볼 수 있는 문화 변동 양상(예시)

구분	사례
문화 병존	세계적으로는 각국에 형성된 차이나타운 거리를 들 수 있으며, 우리나라에서도 서울 이태원이나 안산 다문화 거리 등 우리 사회 내부에 불교, 천주교, 개신교 등이 동시에 존재하는 사례가 있다. 또한 개항 직후 우리나라에 서양 의학이 들어 왔지만, 현재 한의학과 공존하고 있는 모습도 있다.
문화 융합	우리나라의 불교 사찰에는 산신을 모시는 산신각이라는 전각이 있다. 산신은 산악 지형이 많은 우리나라에 불교가 유입되기 전부터 숭배하던 토착 신앙이었다. 사찰에 산신각이 들어와 건립된 것은 불교와 우리 민족의 토착 신앙이 결합된 문화 융합 현상으로 다른 나라에서는 보기 힘든 사례이다.
문화 동화	미국의 경우에는 이제는 거의 찾아볼 수 없는 아메리카 원주민(인디언)의 문화를 들 수 있다. 우리나라의 경우에는 서구화된 일상 속에서 차차 사라져 가는 우리의 의복 문화, 표준어 사용이 보편화되면서 소멸 위기에 처한 제주도 사투리의 경우를 들 수 있다.

☑️ 문화 변동 내용 구분 방법

구분	기존의 문화 요소가 존재하는가?	새로운 문화 요소가 등장했는가?
문화 병존	○	×
문화 동화	×	×
문화 융합	○	○

☑️ 전통문화가 계승·발전한 사례(예시)

구분	사례
김치	한때 중국에서 자기들이 원조라고 우기던 우리의 김치도 아주 오래전부터 지금의 모습은 아니었다. 지금처럼 생긴 배추김치의 역사는 100년도 채 안 되다고 학자들이 이야기하고 있다. 초기에 배추를 소금에 절여 먹던 형태에서 조선 후기 고추가 들어오고, 이어 결구배추라는 속이 꽉 찬 배추가 들어오면서 현재 모습의 김치가 완성되었다. 즉 김치가 다른 문화와의 접촉 과정에서 그 모양이 조금씩 변하여 현재에 이르게 된 것이다. 김장 문화는 유네스코 인류 무형 유산으로 등재되었다.

구분	사례
떡볶이	고기가 들어가고 간장을 바탕으로 했던 궁중 떡볶이는 현재 길거리 음식의 매운 떡볶이로 변화하여 왔다. 현재 우리가 즐겨 먹는 떡볶이로 변화하기 위해서는 고추가 들어 와야만 가능했던 것이다. 이러한 떡볶이도 외국인들이 좋아하고 있지만, 매운 맛 때문에 세계화되지 못하고 있다. 따라서 현재에는 전통 떡을 기반으로 카레나 칠리 소스 등 외국의 소스와 결합한 떡볶이가 개발되고 있으며, 외국인에게도 좋은 반응을 받고 있다.

TIPS

지필고사
- 문화 변동의 요인 구분
- 문화 접변의 세 양상(문화 병존, 문화 동화, 문화 융합)의 차이 구분과 사례 연결
- 전통문화의 의미와 전통문화가 가지고 있는 기능
- 전통문화의 창조적 계승 방안

수행 평가
- 문화 변동의 요인과 사례 제시
- 창조적 개발이 가능한 전통문화 사례 탐구
- 전통문화의 세계화 가능성 사례 제시

03 문화적 차이를 바라보는 관점

✏️ 개념정리

1. 문화의 특성과 문화적 차이

(1) 특성: 언어, 풍습, 종교, 학문, 예술, 제도 등 문화는 모든 인간 사회에 존재하지만(문화의 보편성), 사회나 시대마다 다양하게 출현(문화의 다양성)

(2) 문화의 다양성: 문화의 특수성으로 서로 다른 자연환경과 종교, 도덕 등 고유한 인문 환경에 따라 나름의 문화를 형성하여 발생

(3) 문화 절대주의: 문화를 평가하는 절대적인 기준에 비추어서 문화의 선악이나 우열을 가릴 수 있다고 보는 태도 → 각 문화가 가진 특성을 제대로 이해하기 어려움

2. 문화를 이해하는 바람직하지 않은 태도

자문화 중심주의	의미	• 자신의 문화를 우월한 것으로 생각하고 다른 문화를 열등한 것으로 평가하는 태도
	원인	• 문화의 상대성·다양성에 대한 인식 부족 • 사회 집단의 통제나 유대 강화 등을 위한 인위적 조장
	사례	• 무력을 바탕으로 약소국에게 자신의 문화를 강요하는 문화 제국주의 • 자신의 문화를 가장 우수하다고 믿으면서 타문화를 배격하는 국수주의 → 제국주의 침략 정당화
	순기능	• 문화적 주체성 확립에 기여 • 결속력 강화로 사회 통합에 기여
	역기능	• 다른 민족이나 인종, 문화에 대한 차별이나 갈등 유발 • 다른 문화와의 교류를 막아 자기 문화의 발전 저해
문화 사대주의	의미	• 다른 문화를 더 우월한 것으로 보고 그것을 맹목적으로 숭상하면서 자신의 문화를 낮추어 보는 태도

문화 사대주의	원인	• 문화의 상대성에 대한 이해 부족 • 약소국의 생존 전략으로 사용
	사례	• 조선 시대의 소중화 사상 • 광복 이후 서양 문화의 무분별한 수용
	순기능	• 다른 나라 문화를 수용하기에 용이
	역기능	• 자기 문화의 존속이나 주체적인 발전을 어렵게 함 • 구성원 간의 소속감이나 일체감을 약화할 수 있음

3. 문화 상대주의

(1) 의미: 그 사회의 맥락과 환경을 고려하여 해당 문화에 담긴 고유한 가치와 의미를 이해하려는 태도

(2) 필요성: 세계화 시대에 하나의 관점으로만 다른 문화를 바라본다면 각 문화의 고유한 가치와 의미를 제대로 이해하기 어려움

(3) 장점

① 다른 문화를 있는 그대로 존중함으로써 다양한 문화가 공존할 수 있는 기초가 됨

② 다른 문화의 장점과 특징을 수용하여 새로운 문화를 창조하며 발전할 수 있음

(4) 한계: 극단적 문화 상대주의로 치우칠 경우 생명, 인간의 존엄성, 자유와 같은 인류의 보편적 가치 침해

(5) 사례: 힌두교의 암소 숭배, 이슬람의 돼지고기 금식, 티베트의 조장을 그 사회의 자연환경과 사회적 상황을 고려하여 이해하는 것 등

2. 극단적 문화 상대주의와 보편 윤리

(1) 극단적 문화 상대주의의 의미와 문제점

① 의미: 문화 상대주의를 극단적으로 적용하여 인류의 보편적 가치를 훼손하는 문화까지 고유한 의미와 가치를 인정하려는 태도

② 문제점: 자신의 문화나 다른 문화를 방관적이고 무관심한 태도로 바라보게 함

(2) 보편 윤리의 의미와 필요성

① 의미: 모든 인간 사회에서 시대와 장소를 초월하여 누구나 존중하고 따라야 할 행위의 윤리적 원칙 → 황금률('다른 사람이 너에게 해 주었으면 하는 행위를 다른 사람에게 하라.')과 같이 모든 사람이 존중하고 따라야 하는 도덕 원칙

② 필요성: 극단적 문화 상대주의 방지, 문화에 대한 비판적 성찰을 통해 문화의 질적인 발전
   실현

음식, 의복, 언어, 예술 등 문화는 인간이 살아가는 모든 사회에 보편적으로 존재하고 있습니다. 그러나 모든 사회에서 나타나고 있는 문화의 구체적인 모습은 똑같이 나타나고 있지는 않습니다. 모든 사회의 구성원은 살고 있는 지역의 자연환경과 정치, 종교, 관습 등의 인문 환경이 반영되어 형성된 가치관과 행동 양식에 따라 생활하기 때문입니다. 지역이나 사회에 따라 문화적 차이가 나는 이유입니다.

예를 들어 아시아와 아프리카 지역의 일부 이슬람 사회에서는 일부다처제(한 남편이 다수의 아내를 두는 혼인 형태)가 아직도 남아 있으면 당연한 것으로 여기고 있습니다. 물론 다른 지역의 일부일처제 사회에서는 이해하기 힘든 상황이죠. 요즘같이 남녀평등 사회에서는 더군다나 이해하기 힘든 사례입니다. 그러나 여기에는 충분한 이유가 있습니다. 고대 이슬람 사회가 많은 정복 전쟁을 하면서 남편을 잃은 여성과 그 아이들을 부양하기 위한 필요와 역사적 경험에서 비롯된 것입니다. 단지 사회가 발전하여 많은 변화가 나타난 현대에까지 존재한다는 것에는 문제가 있습니다.

우리나라에 대한 사례도 있습니다. 2001년 12월 프랑스 여배우 브리짓 바르도(Bardot, B.)가 MBC 라디오 전화 대담 중에 "개고기를 먹는 한국인은 야만인"이라고 비난한 적이 있습니다. 그러나 우리나라에서 개고기를 식용으로 한 것은 전통시대에 단백질을 보충하는 의미가 컸습니다. 일반인들은 소고기 등을 제대로 먹을 수 없었기 때문에 전근대 시기에는 개고기를 많이 먹었던 것입니다. 이러한 전통이 근대에 들어와서도 유지되었던 것입니다. 물론 반려동물에 대한 관심이 높아진 현재에는 개고기를 먹는 것이 일반적이지는 않습니다. 바르도의 발언에 대해 세계적 석학인 이탈리아의 움베르토 에코(Umberto Eco)는 프랑스인들은 개구리를, 중국인들은 원숭이 고기를 먹는 사례를 들며, "바르도가 개구리를 먹는 프랑스 사람들을 보고 영국 사람들이 깜짝 놀란다는 사실에 대해 단 한 번도 깊이 있게 성찰해 보지 않았을 것"이라고 비판하며, 설사 다른 문명권에서 개고기를 먹는 사실에 혐

오감을 느낀다고 해도 존중해야 한다고 주장하였습니다. 멋있는 움베르트 에코의 촌철살인적인 한 마디였습니다. 바르도의 발언은 합리적 이유 없이 자기 사회의 문화는 우월하고 다른 사회의 문화는 열등하다고 여기는 자문화 중심주의에 가까운 태도라고 할 수 있습니다. 한편 다른 사회의 문화를 배척하는 태도는 국수주의로 이어져 자기 문화의 발전을 저해할 가능서이 잇으며, 극단적인 경우에는 제국주의 침략을 정당화하기도 합니다.

자문화 중심주의와 더불어 조심해야 할 것 중의 하나는 합리적인 이유 없이 다른 사회의 문화가 우월하다고 맹목적으로 믿으면서, 자기의 문화를 업신여기거나 낮게 평가하는 태도인 문화 사대주의입니다. 흔히 강대국이나 선진국의 문화를 맹목적으로 숭배하는 사람들에게서 볼 수 있습니다. 우리나라에서도 조선 시대 한글에 대한 유학자들의 인식을 그 사례로 들 수 있습니다. 세종의 한글을 창제했을 때 유학자들은 중화사상에 빠져 중국 글자인 한자를 더욱 높게 생각하여 한글을 언문이라고 낮추어 부르면서 배우려고 하지 않았습니다. 특히 최만리는 상소에서 "어찌 대국을 섬기고 중화를 사모하는데 부끄러움이 없사오리까?"라고 할 정도로 극단적인 문화 사대주의를 보였습니다. 다른 문화를 수용하는 것은 자기 사회의 문화를 개선하는데 기여할 수 있는 측면이 있습니다. 그러나 다른 사회 문화에 대한 맹목적인 추종은 자기 문화의 정체성을 상실할 우려가 있습니다.

자문화 중심주의와 문화 사대주의 모두 문화를 평가하는 절대적인 기준이 존재한다고 보고, 그 기준으로 각 사회의 문화를 평가하려는 문화 절대주의적 태도에 해당합니다. 하지만 자문화 중심주의는 진화의 정점에 자기 사회가 위치한다고 보고 다른 사회의 문화를 평가 절하하는 반면, 문화 사대주의는 진화의 정점에 선진국이 위치한다고 보고 자기 사회의 문화를 평가 절하하는 경우라고 할 수 있습니다.

따라서 다른 문화를 이해하기 위해서는 다음 세 가지 관점의 입장에서 유의해야 합니다. 첫째, 인간의 생활 양식인 문화는 정치, 경제, 법률, 가족 등 다양한 영역이 연결되어 있기 때문에 문화 현상을 이해할 때 그 사회의 전체적인 맥락 속에서 다른 문화 요소들과의 상호 연관성을 파악하면서 폭넓게 이해하여 문화의 상대성을 인정하여야 합니다.

둘째, 자기 문화에 대한 주체성을 확립한 입장에서 다른 문화를 편견없이 받아들이는 개방적인 태도를 취해야 합니다.

셋째, 비교론적 관점에서 한 사회의 문화가 지닌 보편성과 특수성을 다른 문화와 비교하여 객관적으로 파악하려는 태도를 가져야 합니다. 이것은 각 사회의 문화가 보편성과 특수성을 동시에 지니고 있다는 것을 전제로 자기 문화의 특징을 더 잘 이해할 수 있고 자기 문화에 대한 객관적인 이해를 가능하게 할 수 있습니다.

문화 교류가 활발한 세계화 시대에 하나의 관점으로만 다른 문화를 바라본다면 각 문화의 고유한 가치와 의미를 제대로 이해하기 어렵습니다. 문화 차이를 우열 관계로 인식하는 태도는 다른 사회와의 갈등을 유발할 수 있기 때문에 바람직하지 않습니다. 그러므로 한 사회의 문화를 제대로 이해하려면 문화의 우열을 평가하기보다는 그 사회의 맥락과 환경을 고려하여 해당 문화에 담긴 고유한 가치와 의미를 이해하는 태도인 문화 상대주의의 태도가 필요합니다.

문화와 문화의 산물은 각각 해당 문화를 향유하는 사람들이 이룩해 놓은 사고와 생활방식, 지혜의 모음이며, 보고입니다. 그래서 모든 문화는 각각 자기 자신만의 고유한 가치를 가지고 있습니다. 이런 문화를 만약 다른 사회가 가지고 있는 문화의 잣대로 평가한다면 당연히 야만스러운 문화라고 평가받을 수도 있습니다. 그러나 한 사회가 가지고 있는 문화는 해당 문화에서 이룩해 놓은 일종의 생활방식이며, 그들의 선조부터 현재의 그들에 이르기까지 이룩해 놓은 삶의 지혜로 다른 사회로부터 무시당할 수 있는 것이 아닙니다.

예를 들어, 북방 민족의 풍습 중에 형이 죽으면 동생이 형수와 결혼하여 사는 형사취수제를 살펴 보고자 합니다. 형사취수제는 서구화된 현대에는 일반적으로 금기시되고 있지만, 일부 유목 민족 문화에서는 계속 유지되어 오고 있습니다. 그렇다고 해서 무조건 형사취수제를 유지하고 있는 문화가 미개하거나 야만적이라고는 할 수 없습니다. 형사취수제는 형이 죽으면 형의 가족이 살아가기가 힘들기 때문에 이러한 행위로써 그들의 가족을 부양하도록 하는 것입니다. 또한 형이 죽으면 형수가 형의 재산과 아이들을 데리고 친정으로 돌아가버리게 되는데, 이는 노동력 감소와 가문의 재산이 외부로 유출되는 것을 의미합니다. 특히 유목적 전통 사회에서는 결혼 과정에서 상당액의 금품을 지불하는 일종의 매매혼 형태를 취하는데 이 경우에도 아주 부족을 떠나므로 부족에 막대한 손해가 될 수 있어서, 이를 막는 의미가 상당히 큽니다. 실제로 우리나라의 경우에도 유목적 성향이 가장 강했던 부여와 고구려에서는 형사취수제의 전통이 존재했습니다. 반면 농경사회의 경우는 형이 죽어도 형수는 그대로 본가에 머물기 때문에 굳이 동생이 결혼할 필요가 없으므로 이런 전통이 없거나 금방 사라지게 되었습니다. 비교적 후대 사회인 이슬람에서 종교적 교리로 묶은 것은 전쟁에 나가 죽은 전사자의 가족들 후원 의미도 내포하고 있습니다. 그러므로, 형사취수제는 해당 문화에서 이룩해 놓은 지혜이자 생활방식이라 할 수 있지만, 현대 사회에서는 여성의 선택이 없는 경우 인권 침해의 여지가 있습니다.

문화 상대주의적 관점이 문화를 바라볼 때 취해야 할 올바른 관점이기는 하지만, 이 상대주의를 지나치게 적용하여 문제가 되어서는 곤란합니다. 인간의 존엄성과 같은 인간의 보편적인 윤리를 저해하거나 침해하는 문화적 관습 등의 경우를 들 수 있는데, 예를 들어 식인 풍습, 여성 및 아동 학대, 명예살인, 인신 공양, 인신매매, 노예제와 카스트 등의 신분 제도, 여성할례 등을 들 수 있습니다. 이런 문화가 상대적인 가치를 지닌다는 점으로 보호가 된다면 윤리적 기준도 없이 자신의 문화나 다른 문화를 방관적이고 무관심한 태도로 바라보게 하는 문제를 야기할 것입니다. 따라서 문화 상대주의의 태도로 문화를 이해한다는 것은 그 사회의 맥락에서 고유한 의미와 가치를 이해하고 존중하기 위한 것이지, 보편 윤리에 대한 상대성을 인정하는 것은 아니며, 이런 극단적 문화 상대주의는 지양하여야 합니다.

✅ 자문화 중심주의와 문화 사대주의 사례(예시)

구분	사례
자문화 중심주의	1. 아마존에 간 유럽의 선교사들은 나체로 생활하던 그 지역의 자파테크 족을 미개하다고 생각하였다. 따라서 그들에게 유럽식 의복을 강제로 입혀 생활하게 하였다. 그 결과 아마존의 덥고 습한 날씨 때문에 열사병과 피부병 등이 발생하였으며, 신분을 나타내는 문신이 옷에 가려져 사회가 혼란해졌다 2. 현대 사회에 접어들어서도 몽골의 초원에 사는 유목민들은 일생에 물로 하는 목욕을 세 번만 하는 문화가 있었다. 태어날 때 한 번, 결혼할 때 한 번, 죽을 때 한 번 이렇게 세 번 한다. 이에 대해 목욕을 자주 하는 일본 사람들은 매우 불결하고 미개하다고 생각하였다. 그런데 몽골의 유목민은 사는 지역이 건조 기후였기 때문에 물대신 모래와 바람을 이용하여 사욕(沙浴)과 풍욕(風浴)을 하는 문화가 있었다 3. 이탈리아 출신의 크리스토퍼 콜럼버스가 아메리카 대륙을 발견했을 때 이미 원주민들이 살고 있었음에도 불구하고 새로운 땅을 발견했다고 표현하였다. 콜럼버스의 입장에서 '발견'했다고 표현하는 것은 유럽인들의 입장을 반영한 것이다
문화 사대주의	1. 조선 시대 초기에 작성된 혼일강리역대국도지도에는 중국이 지도의 중심에 가장 크게 그려져 있다. 물론 우리나라도 일본이나 여타 국가에 비하면 크게 그려져 있지만, 중국을 지도 중심에 크게 그린 것은 중국을 세계의 중심이라고 생각하는 중화사상을 그대로 수용하여 표현한 것이라고 생각할 수 있다 2. 우리나라 상점들의 간판에서 빵집보다는 베이커리, 미장원보다는 헤어샵 등의 영어 이름을 사용하는 것이 더 고급스럽고 세련되었다고 생각하는 경우가 많아지고 있다. 심지어는 영어 자체를 사용하여 간판을 만드는 경우도 있어서 영어를 읽지 못하는 사람들은 그 상점이 무엇을 하고 있는 것인지 모르는 경우도 생겨나고 있다. 이는 조선 시대 한글 창제 시에 중국 한자만을 사용해야 한다고 주장한 조선 시대 사대부들의 사대부와 비슷하다고 할 수 있다

✅ 극단적 문화와 보편 윤리 사례(예시)

극단적 문화	보편 윤리
중국 전족의 사례	
전족은 중국 전근대인 명·청 시대에 유행하였는데, 여자라면 발까지도 작고 여리고 부드러워야 한다는 생각이 전제되어 있었다. 이런 이유로 상류층 부녀자들에게서부터 전족이 유행하게 되었고, 전족을 하지 않은 여성은 미인 축에 끼지 못할 뿐만 아니라 천민으로 여겨지고, 결혼조차 하기 힘들었다	전족 관습은 보편 윤리의 관점에서 볼 때 인정되기 어렵다. 여성을 남성을 위한 성적 도구로만 여겨, 여성의 인간으로서의 존엄성을 존중해야 하는 보편 윤리적 가치를 훼손하기 때문이다

극단적 문화	보편 윤리
명예 살인	
이슬람 문화권이나 인도 일부 지역에서는 가문의 명예를 더럽혔다는 이유로 남편이나 형제, 친척들이 여성을 살해하는 명예 살인(honor killing)이 벌어지기도 한다. 여성을 살해한 사람들은 붙잡혀도 가벼운 처벌만 받는 경우가 많다	명예 살인은 생명 존중의 가치에 어긋날 뿐만 아니라 여성의 인권을 존중하지 않고 수단으로 취급했기 때문이다. 명예 살인이 일부 지역의 전통에서 나온 관습이기 때문에 유지되어야 한다는 주장은 보편 윤리에 위배되는 문화가 도덕적으로 정당화될 수 없다는 점을 간과하고 있다

TIPS

지필고사
- 자문화 중심주의와 문화 사대주의의 의미와 그 사례
- 타 문화를 이해하는 올바른 방법
- 문화 상대주의의 의미와 한계
- 보편 윤리에 저촉되는 문화 상황

수행 평가
- 자문화 중심주의와 문화 사대주의 사례 탐구
- 타문화를 이해하는 올바른 방법 내용 제시
- 문화 상대주의의 한계 파악
- 체벌 등과 같은 쟁점 사항 정리

04 다문화 사회와 문화의 다양성

개념정리

1. 다문화 사회로의 진입

(1) 의미: 한 사회 안에 다양한 문화적 배경을 지닌 인종, 종교, 문화를 가진 사람들이 함께 어우러져 살아가는 사회

(2) 원인: 교통 수단의 발달과 정보 통신 기술의 발달 → 세계화 진전 → 서로 다른 문화권에 속한 사람들 간의 교류와 접촉 증가

(3) 양상: 국제결혼의 증가, 외국인 노동자의 유입 증가, 북한 이탈 주민과 유학생 등이 증가하면서 빠르게 다문화 사회로 진입하고 있음

2. 다문화 사회에서의 영향과 갈등

(1) 긍정적 측면: 문화의 다양성 증대에 기여, 풍요로운 문화 형성, 경제 성장에 기여, 국가 경쟁력 향상 등

(2) 부정적 측면: 이주민에 대한 편견이나 혐오, 인종 차별과 배타적 태도, 문화 차이에 대한 몰이해 등에 따른 갈등 → 이주민의 사회적 적응 어려움

3. 문화 다양성에 대한 존중과 관용

(1) 다문화 사회의 갈등 해결 방안: 우리의 문화적 정체성을 유지하면서 이주민의 다양한 문화에 대해 편견을 갖지 않고, 우리 문화와 동등하게 존중하는 관용의 태도를 가져야 함

(2) 관용의 태도: 다문화 사회에서 발생할 수 있는 갈등을 해소하고 다양한 문화가 공

존하는 바람직한 다문화 사회를 이룩하는 데 이바지함

(3) 개인적 차원의 노력

　① 상대주의에 입각한 타문화 이해 및 관용의 정신 함양

　② 이주민 문화에 대한 편견이나 차별적 태도 탈피

(4) 사회적 차원의 노력

　① 다문화 교육 실시

　② 이주민을 위한 법과 제도의 개선

(5) 다문화 정책: 우리나라의 경우 단일 민족 의식이 강하여 동화주의 위주의 다문화 정책 실시 → 동화주의가 이주자 집단의 문화적 다양성을 인정하지 않는다는 비판 제기 → 최근 다원주의에 입각한 다문화 정책으로 전환

　다문화 사회란 다양한 민족, 인종, 종교, 문화를 가진 사람들이 하나의 공동체 안에서 어우러져 생활하는 사회를 말합니다. 우리나라도 국제결혼이 증가하면서 외국인 결혼 이민자가 유입되었고, 중소기업과 농촌의 노동 인력 부족을 해결하기 위해 외국인 노동자가 급속하게 증가하였으며, 북한의 식량난 등으로 북한 이탈 주민들이 급속하게 늘어났습니다. 그 외에도 글로벌 기업의 취업, 학업 등을 이유로 이주해 온 외국 출신 이주민도 증가하면서 다양한 문화권의 사람들과 다양한 문화 요소가 공존하는 다문화 사회로 변화하고 있습니다. 이렇듯 서로 다른 문화적 배경을 지닌 이웃들과 함께 살아가는 가운데 다문화 사회에 대한 관심이 점차 커지고 있습니다. 이와 같은 다문화 사회로의 변화는 우리 사회에 긍정적인 영향을 끼치기도 하지만, 문화적 갈등을 초래하여 사회 문제를 일으키는 부정적 요소도 존재합니다.

　먼저 긍정적 영향에 대하여 살펴봅시다.

　첫 번째는 문화의 다양성을 증진시킬 수 있습니다. 전통문화를 가꾸어 나가는 것도 중요하지만, 문화라는 것은 다양한 경로를 통해 유입된 다른 문화의 영향을 받아 더욱 발전할 수 있기 때문입니다. 우리가 알고 있는 대부분의 전통문화도 주변

국가와의 교류를 통해 더욱 발전해 온 것으로 순수한 의미의 전통문화라는 것은 있을 수 없기 때문입니다. 경기도 안산에 '국경 없는 마을'에는 다양한 민족으로 구성된 외국인 약 7만여 명이 거주하고 있습니다. 이 마을에서는 다양한 민족과 국가의 전통문화를 체험할 수도 있고, 다양하고 맛있는 음식을 먹을 수 있어서 해외에 나가지 않고도 각 국가와 민족의 문화를 체험할 수 있습니다. 이와 같이 다문화 사회로의 변화는 다양한 문화를 경험할 수 있는 선택의 폭을 넓혀 전통문화와 일상생활을 더욱 풍요롭게 합니다. 인류의 문화 발전을 가능하게 했던 서로 다른 문화 간의 교류가 한 사회 내에서 나타날 수 있는 것입니다. 또한 외국인과의 접촉이 빈번해지면서 다른 문화에 대한 편견이나 고정 관념이 적어져 문화적 차이에 대한 이해를 높일 수 있게도 합니다.

두 번째는 우리나라의 사회적 문제인 노동력 부족 문제 해소에도 큰 기여를 하고 있습니다. 현실적으로 우리 사회는 저출산·고령화 현상에 의해 중소기업이나 농어촌 지역의 노동력 부족 문제가 점점 심각해지고 있습니다. 이러한 상황에서 외국에서 들어온 기능 인력과 국제결혼 이주자들은 인력난 해소에 많은 도움을 주고 있는 것이 사실입니다.

이러한 영향은 우리나라의 국가 경쟁력 향상에도 큰 도움을 주고 있습니다.

반면에 문화적 다양성 때문에 갈등이 발생할 수도 있습니다. 다문화 사회에서 우려되는 문제에는 대표적으로 집단 간의 갈등과 차별이 있습니다. 외국 출신 이주민들에 대한 편견이나 혐오, 인종차별과 배타적인 태도, 문화 차이에 대한 몰이해 등으로 갈등과 충돌이 일어나기도 합니다. 편견과 차별은 '이방'이라는 뜻의 '제노'와 '혐오증'이라는 뜻의 '포비아'가 합쳐진 '제노포비아'와 같은 다문화 사회의 심각한 갈등을 초래할 수 있다는 점에서 큰 문제가 되기도 합니다. 즉 상대방이 자기와 다르다는 이유만으로 무조건 경계하는 심리 상태가 나타날 수 있다는 것이죠. 문화의 차이와 사회적 희소가치를 둘러싼 경쟁으로 나타나는 집단 간의 갈등과 다문화 사회에서 주류 집단이 소수 집단을 열등한 집단으로 여기면서 나타나는 차별 때문에 장기적으로 사회 불안이 가중될 수 있습니다.

그렇다면 다문화 사회로의 변화가 당연하게 된 시기에 다문화 사회의 갈등을 해결하기 위한 방법에는 어떤 것들이 있을까요?

첫 번째는 다른 문화에 대한 이해 정도가 깊어져야 합니다. 예를 들어 우리 사회에서는 어른들이 아이가 귀엽다고 머리를 쓰다듬어 주는 행위는 용납되지만, 동남아시아에서는 머리 위에 신이 살고 있다고 생각하기 때문에 모욕적으로 받아들일 수 있습니다. 다른 문화를 이해하지 못했을 때 생길 수 있는 문제로, 이러한 사소한 행위가 집단 간의 큰 갈등으로 번질 수도 있습니다. 따라서 다문화 사회에서는 다양한 문화 간의 공존을 위해서 다른 문화에 대한 이해가 깊어야 합니다.

두 번째로는 우리의 문화적 정체성을 유지하면서도 외국 출신 이주민의 다양한 문화에 편견을 갖지 않고, 우리 문화와 동등하게 생각하는 관용의 태도와 문화 상대주의적 자세를 함양하여야 합니다. 싫어하거나 거부하는 것에 대해 반대하거나 간섭하지 않는 소극적 관용이 아니라, 싫어하고 거부하는 것을 다른 사람이 행한다면 그 권리를 인정해 주는 적극적 관용의 태도가 필요합니다. 이러한 관용의 자세는 다문화 사회에서 발생할 수 있는 갈등과 다문화 이웃의 고통을 해소하고, 우리 모두가 공존할 수 있는 다문화 사회 형성에 기여할 것입니다. 그리고 외국 이주민의 문화를 그 사회의 맥락에서 이해하면서 서로의 문화를 존중해주는 문화 상대주의 태도도 열심히 길러야 합니다.

다문화 사회의 갈등을 이해하기 위해서는 다문화 사회에 대한 인식 변화를 위해 다문화 교육을 강화해야 합니다. 또한 법과 제도적 지원을 확대해야 합니다. 우리나라 정부도 건전한 다문화 사회를 구성하기 위하여 지속적으로 다문화 교육과 법과 제도적 지원을 확대해 오고 있습니다.

지구화의 급속한 진행으로 21세기를 살아가는 개인들의 삶의 영역은 국민국가의 경계를 넘어 지구 차원으로 확장되고 있으며, 사회의 다문화화는 세계적 추세가 되고 있습니다. 따라서 민족이나 인종, 언어, 종교, 계층, 성적 지향성 등 여러 차원에서 날로 증대되는 문화 및 정체성의 다양성을 공적으로 인정하고 통합함으로써 상호 이해와 배려, 협력과 조화를 촉진하는 사회문화적 풍토를 형성하고 이질적 집단이 평화적으로 공존하는 사회를 만들어 가려는 노력 역시 불가피한 선택이라고 할 수 있습니다. 우리의 문화적 정체성을 유지하면서 이주민의 다양한 문화에 대해 편견을 갖지 않고, 우리 문화와 동등하게 존중하는 관용의 태도를 가져야 합니다.

🔍 탐구 활동

☑ 다문화 사회의 통합 이론

구분	동화주의(assimilation)	다원주의(muticulturalism)
이주자에 대한 관점	• 노동력 • 이방인 • 우리 사회의 객체	• 사회 구성원 • 사회 다양성의 원천 • 우리 사회의 주체
목표	• 이주자 집단의 주류 사회 동화	• 다양성 인정을 통한 사회 통합
특징	• 문화적 단일성 유지 • 이주민의 다양한 특성에 대한 이해 부족	• 문화적 다양성 실현 • 이주민 문화와 주류 문화의 공존 추구

동화주의	용광로 이론 (melting pot theory)	뜨거운 용광로에서 모든 것들이 섞여 하나가 되는 것처럼 이주자는 자신의 고유한 문화적 정체성을 포기하고 주류 문화에 융해되는 것이 목표 → 초기 미국의 경우에 해당(현재 미국은 샐러드볼 이론쪽으로 향하고 있음)
	모자이크 이론 (mosaic theory)	각각의 타일이 모여 큰 모자이크화가 되듯이 각각의 문화적 정체성을 살린 채 하나의 문화를 이루는 것이 목표 → 캐나다의 다문화 정책
다원주의	샐러드볼 이론 (salad ball theory)	샐러드의 각 재료가 자신의 풍미를 여전히 유지한 채 하나의 요리가 되는 것처럼 각 문화의 다양성 인정을 통한 사회 통합이 목표

TIPS

지필고사
- 다문화 사회의 의미
- 다문화 사회의 긍정적 측면과 부정적 측면
- 다문화 사회에서의 갈등 해결 방안(통합 방안 포함)

수행 평가
- 다문화 사회로의 변화에 대한 긍정적 측면과 부정적 측면 파악
- 다문화 사회 통합을 위한 정책 마련

세계화와 평화

01 세계화의 양상과 문제의 해결

📝 개념정리

1. 세계화와 지역화의 관계

(1) 세계화

① 의미: 국제 사회의 상호 의존성이 증가하여 국가 간의 경계가 약화되고, 세계가 하나의 단일 체계로 묶이는 현상 → 삶의 공간이 국경을 넘어 전 지구로 확대되어 가는 현상

② 경제·문화적 측면의 세계화

경제적 측면	상품이나 자본, 노동 등의 생산 요소가 국가 간에 자유롭게 이동하면서 세계가 거대한 단일 시장으로 통합되는 과정
문화적 측면	국가 간의 음악, 영화, 음식 등 문화 요소의 교류가 증가하고 인류의 보편적 가치가 확산되는 과정

➡ **세계 문화유산**: 불국사와 석굴암, 해인사 장경판전, 종묘 등 → 인류의 공동 문화유산(문화의 세계화)

③ 영향: 국경의 의미가 약화되고 동질적인 문화 경관이 확산되고, 국가 간의 경계를 넘나드는 문화, 자본, 정보 등이 증가함

(2) 지역화

① 의미: 특정 지역이 자연환경, 문화 등 자신의 고유한 특성을 보존하고 발전시켜 나가는 것 → 세계화가 진행됨에 따라 지역의 지속성 자립이 약화될 수도 있으나, 이전에는 알려져 있지 않았던 지역이나 특산물이 소개될 수도 있음

② 영향: 지역 축제의 개최, 지역 브랜드 개발, 지리적 표시제, 지역 경제 협력체의 결성

➡ **지리적 표시제**: 상품의 특성과 품질 등에 특정 지역의 지리적 특성이 반영된 경우, 해당 지역에서 생산·제조·가공된 상품임을 인정해 주는 제도

2. 세계화와 세계 도시

(1) 의미: 세계화가 전개되면서 세계의 경제, 문화 정치의 중심지 역할을 하는 도시

(2) 특징: 다국적 기업의 본사 및 국제 금융 기관 등이 집중되고, 고도의 정보 통신네트워크 및 교통 체계가 발달되었으며, 국제회의가 자주 개최됨 → 국제적 중추 역할 및 자국 내 영향력 증대 → 중심지 역할

(3) 성장 배경: 교통수단 및 정보 통신의 발달에 따른 경제 활동의 세계화, 각 국가의 경제 발전 및 국가 간 자유 무역 확대, 다국적 기업의 활발한 활동과 자본 및 금융의 국제화

(4) 대표적 세계 도시

뉴욕	세계적 기업의 본사. 금융 기관 집적 → 세계의 경제·정치 등의 중심지
런던	지리상의 발견 시대 이후 세계 경제의 중심지
도쿄	다국적 기업의 본사 집중 포진
파리	세계적인 외교·문화의 중심지

3. 다국적 기업의 등장과 활동

(1) 의미: 활동 범위가 여러 나라에 걸쳐 있고, 본부, 연구 개발, 제품 생산, 부품 생산 등 기능과 시설이 세계 여러 나라에 분산되어 있는 형태의 기업

(2) 성장 배경: 교통 및 통신의 발달, 경제 활동의 세계화 → 세계 무역 기구(WTO)와 자유 무역 협정(FTA)의 등장

(3) 특징: 공간적 분업을 통해 기업 조직의 효율성을 높임

4. 세계화에 따른 문제점과 해결 방안

	문제점	해결 방안
빈부 격차의 심화	• 전 지구적으로 증가한 부가 일부 국가에 집중되면서 선진국과 개발도상국 간의 소득 격차가 확대됨	• 각 국가의 경제 상황을 고려한 세계화 진행이 필요함
문화의 획일화	• 국가 간 활발한 문화 교류에 따라 전 세계의 문화가 유사해짐 • 문화의 다양성과 고유한 문화가 사라짐	• 자국 문화의 정체성을 유지하면서 외래문화를 능동적으로 수용하는 자세가 필요함

보편 윤리와 특수 윤리 간의 갈등	• 보편 윤리가 강조되면서 특수 윤리와 충돌이 발생하기도 함	• 보편 윤리를 존중하면서도 각 사회의 특수 윤리를 성찰하는 태도가 필요함

　우리는 현재 앉은 자리에서 전 세계의 소식을 실시간으로 접할 수도 있고, 비행기 등을 통해 하루 만에 지구를 돌아볼 수도 있습니다. 교통과 통신의 발달로 국제 교류가 활발해짐에 따라, 국경을 넘어 세계 전체의 상호 의존성이 높아지면서 지구촌 전체가 단일한 체계로 통합되어 가는 현상을 세계화라고 합니다. 세계화 과정에 있어서 상품이나 자본, 노동 등의 생산 요소가 국가 간에 자유롭게 이동하면서 세계가 거대한 단일 시장으로 통합되는 과정을 경제적 측면의 세계화라고 할 수 있고, 국가 간의 음악·영화·음식 등 문화 요소의 교류가 증가하고 인류의 보편적 가치가 확산되는 과정을 문화적 측면의 세계화라고 할 수 있습니다.

　반면 세계화의 흐름 속에서 지방 자치나 지역 경제, 그리고 지역의 독특한 문화가 각자 나름대로 발전하고 있는 현상인 지역화도 나타나고 있습니다. 지역화는 지역들이 자기 지역의 전통이나 특성을 살려 다른 지역과 차별화된 경쟁력을 갖추려는 노력을 보이고 있습니다. '가장 지역적인 것이 가장 세계적인 것이다.'라는 말처럼 지역화는 지역의 정체성과 경쟁력을 확보할 수 있는 토대가 될 수 있습니다. 브라질의 지역 축제였던 리우 카니발이 세계화를 통해 세계인의 축제로 발전한 것처럼 한 지역의 고유한 문화가 세계적으로 확산되면서, 세계화와 더불어 정체성과 경쟁력을 갖추게 되는 경우가 대표적인 예라고 할 수 있습니다. 이와 같이 세계화와 지역화는 동시에 이루어지는 경우도 많지만, 세계화 속에서 지역적 특징이 소멸되는 경우도 있기 때문에 지역의 고유한 전통에 세계의 보편적인 가치를 접목하여 경쟁력을 높이려는 노력이 필요합니다.

　20세기 이후 급속하게 전개된 세계화는 정치, 경제, 문화 등 모든 분야에 많은 영향을 끼쳤습니다. 각 국가의 경제 개방과 국가 간의 자유 무역 확대로 국경의 의미는 점차 약화되면서 세계 도시와 다국적 기업의 등장을 촉진하였습니다.

　특히 국제 협력과 분업의 확대, 생산의 국제화, 정보 통신의 발달은 일부 도시가 세계적인 중심지 역할을 하는 세계 도시로의 성장을 가져왔습니다. 뉴욕, 런던, 도쿄, 파리, 베이징 등의 도시에는 다국적 기업의 본사와 국제 금융 기관 등이 집중되면서 세계의 자본과 정보가 집중되고 있으며, 국제기구의 본부 등이 위치하여 국제회의도 자주 열리고 있습니다. 이에 각종 인적·물적 교류가 활발하게 이루어지면서 세계적으로 중추 역할을 하는 동시에 자국 내에서도 영향력 있는 중심지가 되고 있습니다.

한편 세계화에 따라 상품과 서비스 및 자본과 노동력 등의 이동이 자유로워지는 등 경제 활동의 범위가 확대되면서 다국적 기업의 확산이 가속화되고 있습니다. 일명 초국적 기업 또는 세계기업이라고도 불리는 다국적 기업이란 활동 범위가 여러 나라에 걸쳐 있고, 본부, 연구 개발, 제품 생산, 부품 생산 등 기능과 시설이 세계 여러 나라에 분산되어 있는 형태의 기업을 말합니다. 예를 들어 다국적 기업으로 세계적인 스포츠용품 회사인 ○○○사는 미국 오리건주 비버턴에 본사가 있지만, 유럽에는 네덜란드, 아시아에는 중국에 지역 본부를 두고 전 세계 42개국에 600여 개가 넘는 공장을 두고 있습니다. 이 공장에 있는 100여 만 명의 노동자들이 생산한 제품은 전 세계 판매망을 통하여 소비자에게 판매되고 있습니다. 우리나라의 경우에도 한국에 본사를 두고 있는 현대나 삼성 등이 전 세계에 공장을 설치하고 제품을 생산하고 있는 것도 마찬가지입니다. 다국적 기업은 진출 국가에 일자리 창출이나 기술·자본 이전 등의 긍정적 영향을 주기도 하지만, 창출된 이익을 진출 국가에 재투자하지 않고 모국으로 가져가면서 자본 유출이나 환경 오염 방치 등의 문제를 일으키기도 합니다.

세계화는 국가 및 지역 간의 경계를 허물고 세계를 하나의 마을처럼 만들고 있습니다. 예전에는 지구촌이라는 표현도 많이 사용하였죠. 세계화는 긍정적인 영향도 많고 역사적 흐름이라고도 할 수 있지만, 이에 따른 문제점도 많이 발생하고 있습니다. 세계화에 따라 일어난 여러 가지 문제점을 해결하지 않는다면 다시 지구는 갈등과 대립으로 빠질 수도 있습니다.

가장 큰 문제점으로는 세계화로 선진국과 개발 도상국 간의 빈부 격차가 심화되고 있습니다. 세계화에 따라 자유 무역이 확대되면서 선진국은 기술 집약적이고 부가가치가 높은 제품을 연구 개발하여 부를 축적하는 반면 개발 도상국들은 선진국의 위탁을 받아 부가가치가 낮은 제품을 만들어내는 수준으로 이윤이 적어지면서 경제적 불평등과 빈부 격차가 심화되고 있습니다.

두 번째로는 전 세계의 문화가 획일화되고 있습니다. 세계화 진행에 따라 국가 간의 교류가 활발해지고 상호 간에 미치는 영향력이 증가하면서 세계의 문화가 비슷해져 가고 있는 상황입니다. 특히 선진국의 문화가 세계적으로 보편화되는 현상이 심해지면서 각 지역의 고유한 문화가 그 정체성을 잃어가고 있는 상황이 되었습니다. 이에 따라 인류의 문화적 다양성이 훼손되고 세계 각 지역의 고유한 문화가 획일화되어 가고 있는 상황이 전개되고 있습니다.

세 번째로는 보편 윤리와 특수 윤리 간의 갈등이 발생하는 문제가 있습니다. 보편 윤리란 모든 인간 문화 속에서 공통적으로 통용될 수 있는 가치이지만, 특수 윤리란 특정 문화에서만 통용될 수 있는 가치입니다. 세계화에 따라 인권, 자유 등과 같은 보편 윤리가 전 세계적으로 확산되었습니다. 그러나 각 지역·종교 등 예전에는 다른 국가나 지역과 상호 작용이 전혀 없던 특정 집단과의 교류가 활발해지면서, 그들만이 가지고 있는 특수 윤리와 보편 윤리가 충돌하는 경우가 대두하였습니다. 예를 들어 파푸아 뉴기니 포레족의 경우에는 식인(사람을 먹는 것)이 일종의 장례 문화였습니다. 이 부족은 사람이 죽으면 모계 친족 여성들이 시신을 다듬어 모두 함께 나누어 먹었습니다. 이는 식인 행위가 영혼을 악령으로부터 보호하고, 죽은 사람이 산 사람의 일부가 되어 계속 같이 살 수 있게 된다고 생각하였습니다. 우리의 일반적인 시각으로 보면 식인 행위는 그 의도나 배경을 떠나서 야만적인 행위입니다. 이런 사례가 보편 윤리와 특수 윤리 간의 충돌 현상이라고 할 수 있습니다.

그렇다면 이런 문제점을 해결하기 위해서는 어떤 노력이 필요할까요?

첫째, 선진국과 개발 도상국 간의 경제적 불평등과 빈부 격차 문제를 해결하기 위해서는 지구촌 분배 정의를 실현할 수 있도록 국제 사회의 노력이 필요합니다. 선진국의 무상 원조 등도 필요하지만, 투자나 기술 이전 등으로 개발 도상국이 자본과 기술을 축적하여 경제적 자립을 할 수 있도록 선진국이 적극적으로 협력하여야 합니다. 개인적으로도 개발 도상국의 경제에 도움을 줄 수 있는 소비를 실천해야 합니다. 혹시 공정 무역이 찍힌 커피 원두를 본 적이 있나요? 커피 원두 무역

이야말로 개발 도상국의 생산자들을 착취하는 대표적인 무역이었습니다. 공정 무역이란 개발 도상국의 기업과 생산자가 정당한 보상을 받을 수 있게 하는 무역을 말합니다. 공정 무역 상품은 중간 유통 과정을 거치지 않고 생산자와 직접 거래하기 때문에 생산자에게 더욱 많은 이익이 돌아갈 수 있습니다.

둘째, 문화의 획일화와 소멸 현상을 해결하기 위해서는 문화 다양성을 증진하기 위한 노력을 기울여야 합니다. 세계화가 진행되고 있는 지금의 시점에서 외래문화 수용을 거부할 필요도 없지만, 자기 지역과 국가의 문화 정체성을 유지하면서 보존하려는 태도가 필요합니다. 혹시 모 방송에서 '풍류대장'이라는 프로그램을 본 기억이 있나요? 우리의 전통 국악을 전공한 사람들이 나와서 외래문화와 크로스오버 형태의 음악을 하는 프로그램입니다. 서양 음악에 밀려 잊혀져 가는 국악을 상기시키고 우리의 것만 고집하지 않으면서도 외래문화의 음악과 접합하려는 노력이 보이는 프로그램이었습니다. 이 프로그램 때문에 잊고 있었던 국악에 대한 관심이 높아질 수 있었던 것처럼 자기 문화의 정체성을 유지하면서 외래문화를 수용하는 입장을 갖추어 나가야 할 것입니다.

셋째, 보편 윤리와 특수 윤리 간의 갈등을 해결하기 위해서는 한 사회의 문화를 그 사회 구성원의 입장에서 바라보고 이해하려는 태도를 가져야 합니다. 하지만, 인권이나 자유, 평등 등 인류가 가지고 있는 보편적 가치까지 무시하는 행위를 인정해서도 안 됩니다. 보편 윤리와 특수 윤리가 서로 어울릴 수 있는 범위 내에서 함께 인정할 수 있는 분위기를 만들어 나가야 하는 것입니다. 즉 세계 시민으로서 우리 각자가 지구 공동체의 구성원이라는 공동체 의식을 가지 못한다면 세계화 시대에 나타나는 여러 가지 문제점을 해결하기는 어려워질 것입니다.

✓ "Think globally, act locally"

- 번역: "세계적으로 사고하고 지역적으로 행동하라."
- 의미: 현대 사회는 세계화에 따라 다양한 영역에서 교류가 활성화되면서 서로 긴밀하게 영향을 주고받는 거대한 지구촌 사회로 변모하였음. 세계 시민이라는 의식을 가지고 국제 평화와 국제 사회의 발전을 위해 사고해야 하지만, 지역적 수준에서 현실을 고려하여 실천할 수 있는 세계 시민의 안목과 자세를 길러야 할 필요가 있음

가장 지역적인 것이 가장 세계적인 것이라는 것을 보여주는 대표적 사례로 우리나라의 '난타'를 들 수 있다. 난타는 우리나라 사물놀이를 서양식 공연 양식에 접목한 작품으로 언어를 사용하지 않고 소리와 몸짓으로만 공연하는 비언어극이다. 국내에서 크게 성공한 난타는 2004년에 아시아 공연물 최초로 뉴욕 브로드웨이에 성공적으로 진출하였으며, 지금까지도 국내외에서 큰 인기를 끌고 있다.

✓ 다국적 기업의 발전 과정과 의의

발전 과정	초기의 다국적 기업은 미국기업을 중심으로 확장 발전해 나가면서 제국주의적 시장 확대의 측면과 유사한 발전궤도를 보였다. 다국적 기업이 발생하기 시작할 무렵에는 미국을 중심으로 한 다국적 기업의 공세적 해외 진출이 일반적 형태였다. 특히 초기에는 주로 유럽 시장에 제한된 것이었기 때문에 미국의 공세에 시달려야 했던 유럽국가와 기업들의 우려와 저항이 심하였다. 그러나 미국의 뒤를 이어 유럽의 다국적 기업이 후발 주자로 세계시장에서 경쟁하면서 아시아, 제3세계 국가들까지 점차 세계시장을 놓고 경쟁하는 형태에 이르게 되었다.
의의	초기에는 다국적 기업의 일방적 이윤추구와 그에 대응한 현지 기업 및 국가와의 대립과 저항의 관계 구도가 이루어졌다. 그러나 시간이 흐르면서 이를 극복하고 서로 간의 상생(相生)을 추구하는 국제적 책임과 역할을 인식하는 성숙된 기업문화를 이루어 나가기 시작하였다. 또한 다국적 기업의 형태 역시 과거의 선진국 일변도에서 전 세계 다방면에서 다양하게 확장 발전해 나가고 있다는 점에서도 알 수 있듯이 다국적 기업의 공세적이고 제국주의적 성향은 기업과 현지 국가 간의 협조적, 조화적 상황으로 진화되어가고 있다.

☑ 반세계화 운동

반세계화 운동은 주로 세계 정의 운동, 대안 세계화 운동, 반 법인 세계화 운동 혹은 신자유주의적 세계화에 반대하는 운동이라고 불리기도 한다. 이러한 운동에 참가하는 사람들은 다음과 같은 비판적인 생각들을 가지고 있다. 대규모의 다국적 기업들이 무역 협정과 관세가 철폐된 경제 시장을 통해 막강한 정치적 권력을 가지고 있다며 비판적인 입장을 취한다. 특히 그러한 기업들은 노동 안전 기준, 노동 고용과 보상 기준, 환경 보존 원칙 그리고 국가 입법권과 자주권을 통해, 혹은 이러한 것들을 조정함으로써 이윤을 극대화시키고자 한다는 점에서 비난을 받는다.

《위키백과》

TIPS

지필고사
- 세계화와 지역화의 의의
- 세계 도시의 성장 배경
- 다국적 기업의 특징
- 세계화에 다른 문제점과 해결 방안

수행 평가
- 세계화를 바로 보는 관점: 긍정적 측면과 부정적 측면
- 세계화에 따른 문제점 해결 방안

02 평화의 의미와 중요성

✏️ 개념정리

1. 국제 사회의 갈등

의미	• 갈등이 국가 간에 일어나거나 국가 내부에서 일어났다가 점차 국가 간의 문제로 확산되는 것
종류	• 전쟁, 테러, 분쟁, 시위, 소요 사태 등
발생 원인	• 자국 혹은 자민족 이익 추구 • 자원, 영토, 민족, 종교, 이데올로기 등의 사이에서 갈등과 대립
특징	• 미국과 소련의 냉전 체제가 완화된 데탕트(긴장 완화) 이후 국제 갈등은 점차 복잡하게 전개되는 양상을 보임 → 다양한 요인의 복합적 현상
양상	• 자원 확보를 둘러싼 갈등, 테러(불특정 다수의 목숨까지 위협 → 국제 평화까지 위협)
해결 방안	• 국제 협력의 필요성 증대: 한 국가 혹은 한 민족만의 노력으로는 해결하기 힘듦 • 국가, 인종, 성별, 나이를 떠나 인류 전체가 세계 평화를 위한 노력 필요 → 갈등 당사자 간의 대화와 협력, 지구촌 공동체 의식에 기반한 국제 사회 행위 주체(UN, 강대국 등)들의 노력 필요

2. 평화를 위한 노력

(1) 평화의 의미

① 사전적 의미: 인간 집단 간에 전쟁이나 갈등 없이 세상이 평온한 상태

② 평화의 두 가지 의미

소극적 평화	국가 간 무력 충돌(전쟁, 테러, 범죄, 폭행 등)이 없고 각 나라의 주권이 외부의 간섭을 받지 않는 상태
적극적 평화	인간에게 가해지는 모든 폭력(사회·경제적 억압, 신체적 고통 등)이 없는 상태 → 직접적 폭력·구조적 폭력·문화적 폭력까지 제거하여 인간다운 삶을 영위할 수 있는 상태

(2) 적극적 평화를 위한 노력의 필요성: 권위주의, 불공정한 경제 질서, 신체적·정신적 폭력 문화를 없애기 위해 끊임없는 노력 필요 → 진정한 의미의 민주주의 확립, 인권 보장, 정의 실현의 적극적 평화 달성 가능(인류의 생존, 국제 정의의 실현, 인류의 번영 도모)

3. 국제 사회 행위 주체와 역할

(1) 행위 주체의 등장 배경: 20세기 두 차례의 세계 대전을 겪으면서 전쟁을 방지하고, 갈등을 해결하기 위해 범세계적인 국제기구 필요성 인식(베르사유 체제, 대서양 헌장)

➡ 대서양 헌장: 제2차 세계 대전 중 1941년 8월 14일 영국 처칠 총리와 미국 루스벨트 대통령이 북대서양에서 5일간의 선상 회의 끝에 발표한 공동선언

(2) 행위 주체

정부 간 기구	각국 정부를 회원으로 국제 사회의 행위 주체(국제 규범 정립) → 국제 연합(UN), 유럽 연합(EU), 세계 무역 기구(WTO) 등
국제 비정부 기구	개인이나 민간단체를 회원으로 하는 국제 사회의 행위 주체 → 그린피스, 국경 없는 의사회(MSF), 국제 사면 위원회(AI) 등
개인	전직 국가 원수, 국제 연합 사무총장, 노벨상 수상자, 유명 배우·가수·스포츠 스타 등

　인류는 끊임없이 평화로운 삶을 추구해 왔습니다. 그러나 청동기 시대 이후부터 지금까지 지속되어온 종족 혹은 국가 간의 갈등과 대립뿐만이 아니라 개인 간의 갈등과 대립 역시 평화로운 삶을 지속하기 어렵게 했습니다. 인류 역사상 갈등과 대립, 분쟁과 폭력이 존재하지 않았던 시기는 거의 없었다고 해도 과언이 아닙니다. 지금 이 순간에도 지구촌 곳곳에서 자원, 영토, 민족, 종교 등 다양한 원인으로 국제적 갈등이 일어나고 있습니다.

　독립된 주권을 가진 국가가 상호 교류하는 국제 사회에서 다양한 원인으로 일어나는 갈등과 분쟁이 전 세계적 평화를 위협하고 있습니다. 국제 사회라는 지구촌 전체의 상호 의존성이 높은 현재에는 세계 어느 한 부분에서 발생한 국제 분쟁은 지구촌의 다른 국가나 지역에도 큰 영향을 끼치게 됩니다.

국제 사회의 갈등은 자국 혹은 자민족의 이익만을 추구하거나 자원, 영토, 민족, 종교, 이데올로기 등의 사이에서 생기는 갈등과 대립으로 발생합니다. 특히 제2차 세계 대전 이후 미국과 소련 사이에서 이데올로기에 의한 냉전 체제가 닉슨 독트린에 의해 데탕트(긴장 완화)가 추진된 이후에는 앞에서 언급한 다양한 원인으로 다양하고 복잡하게 전개되는 양상을 보이고 있습니다. 냉전 체제하에서는 우리나라 6·25 전쟁과 베트남 전쟁이 가장 대표적 충돌이라고 할 수 있죠.

다양한 분쟁 중에서는 먼저 종교 때문에 발생한 분쟁이 있습니다. 영국 내의 신교도와 구교도의 대립과 갈등은 영국 연방에서 독립한 아일랜드 공화국 탄생 이후 아일랜드 북부 6개 주(북아일랜드, 영국령) 지역에서의 분쟁을 생기게 하였습니다. 이들 사이의 갈등은 1969년부터 1998년 사이에 폭력 사태로 무려 3,500여 명이 사망하는 결과를 낳았습니다. 또한 중동 지역에서 크리스트교와 이슬람교의 갈등은 이스라엘과 중동 국가들의 전쟁, 레바논 내전 등의 문제를 불러왔습니다. 또한 힌두교와 이슬람교 간의 갈등이 분쟁으로 발전한 카슈미르 지역을 둘러싼 인도-파키스탄 간의 전쟁도 있었습니다.

정치와 종교가 결합한 분쟁의 형태로는 소련이 무너지고 동유럽 소련 위성 국가들이 독립하는 과정에서도 많은 상황이 나타났습니다. 대표적인 것이 유고슬라비아연방 공화국이 해체되는 과정에서 서로 다른 종교를 믿는 민족 간의 갈등으로 보스니아 내전을 사례로 들 수 있습니다. 또한 남아메리카대륙의 동남단, 아르헨티나의 대륙부에서 약 500km 떨어진 남대서양의 소도인 포클랜드의 영유권을 둘러싸고 영국과 아르헨티나 간의 전쟁도 있습니다. 실질적으로는 1833년 이후 영국령인 포클랜드에 대하여, 1816년 에스파냐로부터 독립 시 그 영유권도 계승한 것으로 주장하는 아르헨티나가 1982년 4월 2일 무력 점령을 감행한 데서 시작된 포클랜드 전쟁은 결국 아르헨티나 군대의 철수로 끝났습니다. 포클랜드 전쟁은 근해에 매장되어 있는 석유와 남극 대륙의 전진 기지로서의 영토적 중요성 때문에 일어난 전쟁이었습니다.

이처럼 전 세계적으로 평화를 유지한다는 것은 결코 쉽지 않습니다. 평화란 무엇일까요? 사전적으로는 전쟁이나 갈등이 없이 세상이 평온한 상태라고 되어 있습니다. 좀 더 세밀하게 평화를 알아볼까요?

평화에는 소극적 평화와 적극적 평화가 있습니다. 소극적 평화란 전쟁이나 테러와 같은 물리적 폭력이 없는 상태를 의미합니다. 소극적이라도 조금 넓게 본다면 국가 간의 무력 충돌이 없고, 각 국가의 주권이 외부의 간섭을 받지 않는 경우도 해당됩니다. 따라서 소극적 평화를 실현하기 위해서는 전쟁이나 범죄, 테러와 같은 물리적 폭력을 제거하는 것이 중요합니다. 그러나 이런 정도의 평화를 추구하더라도 각 개인 주변에 존재하는 많은 일들은 평화롭지 못한 경우도 많습니다. 따라서 평화를 적극적으로 규정할 필요가 생겼습니다.

적극적 평화란 인간에게 가해지는 모든 폭력, 즉 직접적 폭력을 포함하여 빈곤, 기아를 비롯한 사회·경제적 억압과 신체적 고통 등이 없는 상태를 의미합니다. 각 개인이 인간다운 삶 유지할 수 있는 모든 평화적 상태를 말하는 것입니다. 적극적 평화가 이루어진다면 개인은 물리적 폭력뿐만 아니라 각종 차별과 억압으로부터도 벗어나 인간으로서의 존엄성을 존중받으며, 인간다운 삶을 유지할 수 있습니다. 혹시 생각나는지는 모르지만, 독립협회도 이런 주장을 했었습니다. 독립협회의 주장은 봉건 질서를 유지하려던 국가로부터의 억압을 벗어나기 위해서였던 것입니다.

따라서 적극적 평화를 실현하기 위해서는 권위주의, 불공정한 경제 질서, 신체적·정신적 폭력 문화를 없애기 위한 끊임없는 노력이 필요합니다. 예를 들어 진정한 의미의 민주주의 확립, 인권 보장, 정의의 실현 등의 방법을 통해 적극적 평화를 달성하기 위하여 노력해야 합니다.

국제 사회에서 평화의 실현이 중요한 이유는 첫째, 인류의 안전과 생존을 보장할 수 있습니다. 제1차 세계 대전, 제2차 세계 대전은 많은 인명의 피해를 가져왔습니다. 특히 제2차 세계 대전에서는 독일 나치의 홀로코스트, 일본 군국주의의 난징 대학살, 미국의 일본에 대한 원자폭탄 투하로 민간인도 많이 희생되었습니다. 그때보다 더 향상된 무기들은 인류의 파멸을 가져올 수 있습니다. 이러한 세계 대전도 처음부터 의도된 세계 전쟁은 아니었습니다. 지역적 차원의 자그마한 사건에서 세계 전쟁으로 확산되었던 것입니다. 그러므로 평화를 유지해야만 인류가 안전하게 살아갈 수 있는 것입니다.

두 번째로는 적극적 평화를 추구해야만 세계적 문제로 떠오른 빈곤, 차별 등 불평등 문제들이 해결되어 국제 정의가 실현될 수 있습니다.

세 번째로는 평화의 실현을 통해서 현세대는 물론 미래 세대의 생존과 번영까지 이루어낼 수 있습니다.

국제 사회에서 갈등과 대립이 증가하고, 그 유형이 다양해지면서 이를 해결하기 위한 국제 사회의 행위 주체들도 국제 연합을 포함하여 다양해지고 있습니다. 사실 국제 사회에서는 20세기 두 차례의 세계 대전을 겪으면서 전쟁을 방지하고, 갈등을 해결하기 위해 범세계적인 국제기구 필요성 인식하였습니다. 제1차 세계 대전 이후 베르사유 체제는 국제 연맹이 설립되었고, 제2차 세계 대전에서는 대서양 헌장의 정신에 따라 국제 연합이 만들어졌던 것입니다. 그러나 국제 연맹은 제2차 세계 대전을 막지 못하는 한계를 보여주자, 제2차 세계 대전이 끝나고 강력한 국제 사회 행위 주체인 국제 연합(UN)이 만들어졌습니다. 국제 연합은 세계 대전을 방지하고 있지만, 지역적으로 벌어지는 분쟁과 질병, 기아, 차별, 불평등 등을 완전히 해소하지는 못하고 있습니다.

따라서 국제 연합 외에도 국제 평화를 유지하기 위해 행위 주체는 다양하게 대두하고 있습니다. 국제 사회에서의 행위 주체는 크게 국가, 국제기구, 비정부 기구 등으로 나눌 수 있습니다. 국가는 일정한 영역과 국민을 바탕으로 주권을 가진 국제 사회의 가장 기본적이고 대표적인 행위 주체입니다. 이러한 국가들의 정부들이 모여 구성된 조직체가 국제기구입니다. 국제기구는 각 국가의 정부를 구성 단위로 하여 평화 유지나 경제·사회 협력 등 국제적 목적이나 활동을 하고 있습니다. 이들은 국제 규범을 정립하기도 하는데, 대표적으로 국제 연합(UN), 유럽 연합(EU), 세계 무역 기구(WTO) 등을 꼽을 수 있습니다. 국제 비정부 기구는 개인이나 민간단체를 회원으로 하는 국제 사회의 행위 주체를 꼽을 수 있는데, 그린피스, 국경 없는 의사회(MSF), 국제 사면 위원회(AI), 우리나라에서 출범한 굿네이버스 등이 있습니다. 한편 개인이라도 국제 사회의 평화에 기여하는 사람들도 있습니다. 전직 국가 원수, 국제 연합 사무총장, 노벨상 수상자와 함께 유명 배우·가수·스포츠 스타 등에서도 국제 평화를 위해 노력하는 경우도 많습니다. 영화배우 중에서 국제 분쟁 지역의 난민의 실상을 알리며, 이들을 위해 봉사하는 안젤리나 졸리같은 영화배우가 대표적입니다.

✅ 세계의 주요 분쟁 지역

분쟁 사례	분쟁 내용
아프가니스탄 내전	1989년 소련과의 10년 전쟁 이후 아프가니스탄은 내전 상태가 되었다. 이후 아프가니스탄이 알 카에다를 두둔하자 미국이 대테러 전쟁의 일환으로 이 내전에 개입하였다
스리랑카 내전	불교계 다수 신할리즈 족의 차별과 탄압에 대한 힌두계 소수 타밀 족의 반발로 격화된 아시아 최장·최악의 내전(1965~2009년)으로, 반인륜적 잔혹 행위로 국제 사회에서 많은 지탄을 받았다
콩고 민주 공화국 내전	장기 독재 정권과 반정부 세력 간의 내전에 이웃 르완다를 비롯한 주변 10여 개국이 개입하여 국제전으로 번졌다. 지금도 분쟁 중이며, 수백만 명의 난민이 발생하고, 대량 학살이 이루어졌다
르완다 내전	1959~1996년 동안 아프리카의 르완다와 부룬디에서 벌어진 후투 족과 투치 족의 종족 분쟁으로, 수십 년에 걸친 학살과 질병 및 기아로 수백만 명이 사망했다
바스크 분리 운동	에스파냐 북부의 바스크 지방에 거주하는 소수 민족인 바스크 족의 독립 운동이다
체첸 분쟁	러시아 종교회를 믿는 슬라브 족의 러시아와 이슬람교를 믿는 체첸 족 간의 민족·종교·정치·영토 등과 관련된 분쟁이다. 두 차례의 전쟁으로 약 24만 명이 사망하였다
수단 내전과 다르푸르 사태	북부와 남부 간의 인종·종교·문화 갈등으로 두 차례 내전 끝에 2011년 흑인 기독교계의 남수단이 분리 · 독립하였다. 그동안 약 200만 명이 사망하고 400만 명 이상의 난민이 발생했다. 한편, 서부 다르푸르에서는 수단 정부의 아랍화 정책을 둘러싸고 정부군 및 아랍계 민병대와 반군 간의 내전이 계속되고 있다
카슈미르 분쟁	카슈미르 지역의 2/3는 힌두교 국가인 인도가, 1/3은 이슬람교 국가인 파키스탄이 담당하나 주민의 77%는 이슬람교도, 22%는 힌두교도이다. 이에 따라 분쟁이 발생하고 있다

✅ 테러를 대하는 여러 방식

테러 발생	2015년 프랑스 파리 시내에서 일어난 자살 테러 사건: 이슬람 국가(IS)가 배후에서 조종하여 일어난 테러 사건으로 130명 이상의 사망자, 300명 이상의 부상자가 발생

국가적 대응	프랑스 정부의 적극적 강경 대응: 올란드 대통령은 우리 영토 내에서 일어난 테러에는 강경하게 맞서 싸우자고 텔레비전 방송에서 입장 표명
국제 연합 안전 보장 이사회의 결의	이슬람 국가(IS)를 격퇴하는데 필요한 모든 조치를 취할 것을 만장일치로 결의 → "테러는 야만적이고 비열한 행위"라고 규탄
누리 소통망(SNS)에서의 소통	자발적으로 자신의 프로필 사진 위에 프랑스 국기 필터를 적용한 후, "PRAY FOR PARIS(파리를 위해 기도하다)"라는 해시태그를 달음

✅ 국제 비정부 기구

국경 없는 의사회	국가나 민족, 인종, 종교 등을 초월하여 어려움을 겪는 사람이 있는 곳이면 세계 어느 곳이든 가서 도움의 손길을 내미는 '국경 없는 의사회'는, 개인이나 기업의 후원으로 운영되는 국제 의료 구호 단체이다
국제 사면 위원회 (국제 엠네스티)	인권 침해, 특히 언론이나 종교의 자유에 대한 탄압과 반체제 인사들에 대한 투옥 및 고문 행위를 세계 여론에 고발하고 정치범의 석방 등을 위해 노력하는 국제기구이다
그린피스	알래스카 앰칫카 섬에서 미국이 핵실험을 하려는 것에 반대하기 위해 캐나다 브리티시컬럼비아에서 1971년 처음 만들어진 환경 보호 단체로, 멸종위기에 있는 고래와 바다표범을 남획으로부터 보호하며, 독성이 있는 화학 폐기물이나 방사능 폐기물의 해양투기를 막고, 핵무기 실험 반대 운동에 힘을 기울이고 있다
굿네이버스 (Good Neighbors)	1991년 대한민국에서 설립된 비영리단체이다. 글로벌 아동 권리 전문 단체이다. 유엔아동권리협약(UN CRC)과 유엔 지속가능발전목표(UN SDGs)를 기반으로 아동 권리 옹호, 교육, 보건, 식수 위생, 소득증대, 조합운동, 네트워크, 재난구호와 인도적 지원, 사회적 경제사업, 지속가능한 환경 등의 분야에서 580만 여 명의 아동과 지역주민을 대상으로 활동하고 있다

TIPS

지필고사
- 국제 갈등 발생 배경 및 사례
- 평화의 두 가지 의미: 소극적 평화와 적극적 평화
- 정부 간 국제기구의 특징과 종류
- 국제 비정부 기구의 특징과 종류

수행 평가
- 테러에 대항하는 여러 가지 방식
- 국제 갈등 및 협력 사례
- 소극적 평화와 적극적 평화 추진 방법 및 사례
- 다양한 국제기구 및 국제 비정부 기구의 활동

동아시아의 갈등과 국제 평화

✏️ 개념정리

1. 통일의 필요성

(1) 남북 분단의 배경

　① 국내적 배경: 민족 내부의 통합 부족(이념적 갈등), 6·25 전쟁(남북 분단 고착화)

　② 국제적 배경: 제2차 세계 대전 이후 등장한 냉전 체제에서 비롯된 국제 환경

(2) 남북 분단의 문제점: 불필요한 국력 낭비, 이산가족의 고통, 자원의 분할 사용 등

(3) 통일의 필요성: 인도주의적 요청(이산가족 상봉 등), 민족 동질성 회복, 민족 역량

　의 낭비 방지 → 민족의 생존과 번영 달성 및 세계 평화에 이바지

(4) 해결 방안: 평화적 교류와 협력의 지속적 추진, 통일에 우호적 국제 환경 조성 등

2. 동아시아 역사 갈등의 발생

(1) 영토 분쟁 문제

쿠릴 열도 남부의 북방 4개 섬 (4도)	쿠릴 열도 남부의 4개 섬(이투루프섬, 쿠나시르섬, 시코탄섬, 하보마이 군도)에 대한 러시아와 일본 사이의 영토 분쟁으로, 1905년 러일 전쟁으로 일본 영토가 되었다가 제2차 세계 대전 이후 소련의 영토가 되었다. 현재 일본이 반환을 요구하고 있다
센카쿠 열도 (중국명: 댜오위다오)	동중국해 남서부에 위치한 다섯 개의 무인도와 세 개의 암초로 구성된 군도로, 타이완과 류큐제도 사이에 있다. 중화인민공화국과 중화민국, 일본이 영유권을 주장하고 있으며, 청일 전쟁 이후 일본이 점유하고 있다
시사 군도 (영어명: 파라셀 제도)	중국 하이난성에 딸린 군도로, 중국 하이난섬 남동쪽의 남중국해에 위치하고 있다. 중국, 타이완, 베트남, 필리핀, 말레이시아, 브루나이 등 동아시아의 여러 나라가 시사 군도에 대한 영유권을 주장하고 있다

난사 군도 (영어명: 스플래틀리 군도)	남중국해 남부 해상에 있는 군도로, 군도의 동쪽에는 필리핀, 서쪽에는 베트남, 남쪽에는 보르네오섬(말레이시아와 브루나이), 북쪽에는 중국이 있다. 말레이시아, 베트남, 브루나이, 중화민국, 중화인민공화국, 필리핀이 이 군도의 영유권을 주장하고 있다

(2) 역사 인식 문제

일본의 역사 왜곡	① 일본의 독도 영유권 주장: 시마네현 고시를 통한 억지 주장(대한 제국 칙령 제 41호와 비교 필요) ② 일본의 역사 교과서 왜곡: 식민 지배와 침략 전쟁 미화 ③ 일본군 위안부(일본군 성노예) 및 강제징용: 일본 정부의 강력하고 뻔뻔한 부정
중국의 동북 공정	① 특징: 중국의 역사 왜곡 ② 내용: 고조선, 고구려, 발해 등 과거 만주 지역을 중심으로 전개된 우리의 역사를 자신들의 지방 정권(중국의 지역사)으로 주장 ③ 배경: 한반도 통일 이후 발생할 수 있는 영토 분쟁 방지 목적

(3) 동아시아 역사 갈등 해결을 위한 노력

    ① 일본의 고노 담화와 무라야마 담화를 통한 사과 → 아베 총리 이후 일본 정부는 부정

    ② 민간 부분에서의 노력: 한·중·일 공동 역사 교과서 개발, 청소년 역사 캠프 개최

    ③ 과제: 한·중·일 동아시아 3국이 서로의 역사와 문화를 올바르게 이해할 수 있는 사업 지원, 국제 사회의 지지를 얻기 위한 외교적 노력 필요

3. 대한민국의 국제 사회 평화에 대한 기여

(1) 국제 사회에서 대한민국이 갖는 중요성

지정학적 측면	유라시아 대륙과 태평양을 연결하는 지리적 중요 거점
경제적 측면	경제 개발 협력 개발 기구(OECD)에 가입한 경제 대국
정치적 측면	국제 연합 안전 보장 이사회의 비상임 이사국을 역임하는 등 국제 사회의 정치적 영향력 증대
문화적 측면	다수 문화재의 유네스코 세계 문화유산 등재 및 한류 열풍

(2) 우리나라의 국제 사회 평화에 대한 기여 방안

    ① 분단 극복으로 동아시아의 군사적 대립과 긴장 완화

② 해외의 경제적 원조: '받던 나라에서 주는 나라로'

③ 국제 연합 회원국으로 국제 평화 유지군 참여

④ 지구 온난화 방지와 환경 보호 및 질병 퇴치(코로나-19 등)에 적극 동참

⑤ 국제 비정부 기구 적극 참여 : 반전 및 평화 운동, 환경 운동 등 다양한 활동 전개

우리 민족이 일제의 강점에서 벗어난 8·15 광복 이후, 남북한으로 미·소군이 진주하여 분할 점령되었습니다. 분단의 씨앗은 '적당한 시기에 적당한 절차'에 따라 정부를 세워주겠다는 카이로 회담과 소련이 대일전 참전을 약속한 얄타 회담에서 비롯되었습니다. 더구나 이념적 갈등으로 우리 민족이 좌·우익 세력으로 대립하게 되면서 국제 연합의 총선거에 의한 통일 정부 구성 방안이 소련과 북한의 거부로 실현되지 못하고, 38도선을 경계로 분단은 고착화되었습니다. 이후 1950년 소련의 지원을 받은 북한의 남침으로 6·25 전쟁이 일어났고, 결국 휴전선을 경계로 정전 상태의 분단이 지금까지 이어지고 있습니다.

우리 민족이 통일해야 하는 이유는 개인적 차원에서부터 민족적 모든 분야에서 다양하게 설명할 수 있습니다.

첫째, 민족 동질성의 회복과 평화 정착에 기여할 수 있습니다. 우리 민족은 오랜 기간 같은 문화와 전통을 유지해 왔지만, 분단 이후, 각기 다른 정치 체제 속에서 살아오면서 언어부터 사고에 이르기까지 이질화가 심화되고 있습니다. 또한 휴전 협정이 유지되면서 언제 다시 6·25 전쟁과 같은 상황이 생길지 불안한 상황이 지속되고 있습니다. 따라서 민족의 동질성을 회복하고 한반도에 평화를 정착시키기 위해서 통일은 꼭 필요한 요소입니다.

둘째, 이산가족의 고통을 해소할 수 있습니다. 분단과 전쟁으로 아직도 많은 이산가족이 혈육을 보지 못하는 세월이 많이 흘렀습니다. 이별의 아픔과 고통, 고향을 방문하지 못하는 안타까움 속에서 살고 있는 이산가족들이 통일로 만날 수 있다면 인도주의적 차원에서 민족 구성원의 아픔을 치유할 수 있습니다.

셋째, 민족의 역량을 최대한으로 발휘할 수 있습니다. 현재 남북한은 정치, 경제. 외교, 군사적 대립에 따른 대규모의 분단 비용을 지불하면서 소모적인 경쟁을 하

고 있습니다. 통일이 되면 남북한이 상호 보완 효과가 크게 나타날 수 있습니다. 예를 들어 남한의 자본 및 가술이 북한의 자원 및 노동력과 결합하여 경제 성장의 토대가 될 수 있습니다. 또한 한반도의 지리적 이점을 이용하여 태평양과 유라시아를 연결하는 물류 중심지로서의 역할도 커질 수 있습니다. 이는 국가 경쟁력의 강화와 민족의 역량을 높이는데 큰 도움이 될 수 있습니다.

이외에도 정치적 안정의 효과로 민족 구성원 모두가 자유와 인권을 보장받을 수 있으며, 활발한 인적·물적 교류를 통하여 분단으로 나타난 이념, 지역, 세대 간의 갈등도 해소될 수 있습니다. 또한 민족 문화의 전통을 계승 발전시키는 데에도 유리해집니다. 통일이 된다면 초기 통일에 따른 비용으로 어려움이 발생할 수도 있지만, 통일이 가져오는 시너지 효과는 무척 높을 것으로 생각됩니다.

오늘날 동아시아 지역에서는 각 분야에서 국가 간의 긴밀한 관계가 유지되고는 있지만, 영토 문제와 역사 인식 문제 등에서 갈등을 겪고 있습니다.

동아시아의 문호가 개방되고 근대화되는 과정에서 청일 전쟁, 러일 전쟁 등 다양하고 복잡한 사건들과 현재 해양 자원을 둘러싼 경쟁 때문에 동아시아와 여러 주변국에는 해양 영토 분쟁이 격화되고 있습니다. 대표적인 것이 일본과 러시아 간의 쿠릴 열도 남부의 북방 4개 섬에 대한 분쟁과 중국과 일본 사이의 센카쿠 열도(댜오위다오) 분쟁을 들 수 있습니다. 한편 중국은 주변 동남아시아 국가들과 시사 군도(파라셀 군도), 난사 군도(스프래틀리 군도) 분쟁도 겪고 있습니다.

타이완과 류큐 사이의 다섯 개의 무인도와 세 개의 암초로 구성된 센카쿠 열도는 청일 전쟁 이후 일본이 현재까지 실효적으로 지배하고 있습니다. 일본이 청일 전쟁에서 승리한 후, 청으로부터 타이완 등과 함께 영토 할양으로 차지했는데, 제2차 세계 대전이 끝나고 미국이 점령하였습니다. 1972년 미국이 일본에 반환하였으나, 이 지역에 상당량의 석유와 천연가스가 매장되었다는 사실이 알려지면서 중국이 일본의 지배는 불법이며 자국 영토라고 주장하면서 지금까지 대립하고 있습니다. 두 국가 사이에는 소규모의 무력 충돌까지도 벌어지는 지경입니다. 타이완 역시 거리상의 이점을 들어 자국 영토라고 주장하고 있습니다.

쿠릴 열도 남부의 4개 섬(북방 4도서)는 19054년 러일 전쟁이 끝나고 일본 영토로 편입되었다가, 제2차 세계 대전에서 일본이 항복하면서 소련의 영토가 되었습니다. 일본의 강력한 반환 요구에도 불구하고 러시아는 제2차 세계 대전 이후 합법적으로 귀속되었다고 하면서 영토 반환을 거부하고 있습니다.

이외에도 중국의 경우 해양 자원 확보 및 정치적 영향력 행사를 위해 시사 군도와 난사 군도에서 동남아시아 국가들과 영토 분쟁을 일으키고 있습니다. 이러한 영토 분쟁은 국가 간의 전쟁으로 확대될 소지가 다분하기 때문에 갈등 해소를 위해 노력해야 합니다. 일부 학자들이 독도에서도 역시 우리나라와 일본 간의 영토 분쟁이 있다고 보는데, 이는 잘못된 것입니다. 영토 분쟁이란 그 영토의 귀속 여부가 불확실할 때 생기는 것으로 독도는 역사적으로나, 현실 실효적 지배 상황으로 보았을 때 영토 분쟁 대상이 절대 될 수 없습니다. 이를 영토 영토 분쟁이라고 하는 것은 일본 정부의 함정에 빠지는 길이므로, 유의해야 합니다.

중국, 일본과 우리나라는 동아시아의 거점 국가들로 다른 동아시아 국가들과 협력하여 아시아의 중요성을 증대시켜야 하는 의무가 있습니다. 따라서 세 국가의 협력은 단지 3국 번영뿐만 아니라 동아시아의 번영과 직결됩니다. 그러나 중국과 일본은 자국의 이익만을 추구하는 민족주의가 강화되면서 역사 왜곡을 서슴지 않고 있어서 큰 우려를 일으키고 있습니다.

일본은 침략 전쟁 과정에서 당시 일본의 식민지였던 조선과 타이완뿐만 아니라 중국, 필리핀, 심지어 아시아 지역에 거주하던 서영 여성들까지도 일본군 '위안부'로 강제 동원하였습니다. 또한 한국인들을 강제 지용에 동원하기도 하였습니다. 이에 대해 일본 정부는 고노 외상과 무라야마 총리 시절 인정하기도 하였으나, 아베 총리 이후의 정부에서는 부정하는 행동을 보이고 있으며, 이런 내용도 일본 교과서에서 정당화하거나 삭제하는 상황입니다. 또한 그들이 일으킨 한국 침략을 '진출'로, 출병을 '파견'으로 미화하는 등 교과서에서 자신들의 책임을 회피하는 서술을 하고 있습니다. 또한 제2차 세계 대전을 일으켜 처벌받은 전쟁 범죄자의 위패를 안치한 야스쿠니 신사를 정치인들이 참배하는 등, 과거의 군국주의를 미화하는 행동을 보이고 있습니다. 한편 우리나라의 고유 영토인 독도를 러일 전쟁 중에 시마네현 고시로 강제 점령한 내용을 가지고 자신들의 고유한 영토라고 우기는 뻔뻔함을 보이고 있습니다. 독도는 한국사에서 자세히 다루지만 역사적으로도 우리의 고유 영토이며, 대한 제국 칙령 제41호에 명백히 표시되어 있습니다. 또한 당시 다른 국가들뿐만 아니라 일본에서 발행한 지도에도 우리의 영토로 표시되어 있는 경우가 허다합니다.

중국은 '동북공정'이라는 국가사업을 통해 고조선, 고구려, 발해의 역사를 중국의 지방 정권처럼 왜곡하면서 중국 역사에 포함하고 있습니다. 이는 중국 영토 내에 있는 소수 민족들의 분리 독립 주장을 막고 국경 지역을 안정화시키려는 목적에서 동북쪽뿐만 아니라 중국 주변의 모든 역사를 왜곡하고 있는 것입니다. 우리 정부가 역사 주권 침해라고 즉각 반발하면서, 중국은 이 문제를 학문적 영역에서만 다룬다고 약속하였습니다. 그러나 중국은 다양한 방식으로 우리 고대사에 대해 자국의 역사로 왜곡하고 있습니다.

정부 차원에서 조직적으로 진행되는 동아시아의 역사 갈등은 동아시아의 평화와 번영에 큰 장애물이 되고 있습니다. 이에 대해 민간 부분에서는 일본의 왜곡된 교과서에 대항하기 위하여 한·중·일 공동 역사 교과서를 개발하고 청소년 역사 캠프를 개최하는 등 다양한 교류 방식을 통하여 올바른 역사 인식을 갖도록 노력하고 있습니다. 역사를 둘러싼 갈등은 서로의 입장 차이가 있고, 정부가 솔선하지 않는 한 해결되기 쉽지 않습니다. 따라서 역사 갈등은 역사적 사실 관계를 규명하는 작업에서 출발하여 상호 존중의 관점에서 해결 방안을 찾아야 합니다. 이를 통해 우리나라·중국·일본이 서로 역사와 문화에 대하여 올바르게 이해할 수 있는 사업을 지원하면서, 국제 사회의 외교적 노력도 포함해야 합니다.

마지막으로 국제 사회 평화에 기여할 수 있는 우리나라의 노력에 대해서 살펴봅시다.

대한민국은 6·25 전쟁 이후 군사적·경제적 원조 대상국으로 다른 날에 많은 도움을 받았습니다. 그러나 국민들의 노력으로 짧은 시간 안에 경제 성장과 정치 발전을 달성하면서, 이제는 다른 나라에 대한 경제적 지원뿐만 아니라 한류 문화의 전파, 각종 국제기구에서의 활약, 대규모의 스포츠 대회 개최 등으로 국제 사회에서 영향력을 확대하고 있습니다. 이제는 원조를 받던 국가에서 원조를 지원하는 국가로 전환하게 된 것입니다.

우리나라는 유라시아 대륙과 태평양을 연결하는 지정학적 측면, 세계 10위 권 안에 드는 경제적 영향력, 각종 국제기구의 주도 국가라는 정치적 측면, 다수 문화재의 유네스코 세계 문화유산 등재 및 K-pop, K-cinema, K-drama 등 한류에 열풍을 바탕으로 한 문화적 측면에서 국제 사회에서의 비중이 높아지고 있습니다. 이에 따라 분단을 극복하고 통일을 이루어 동아시아 및 세계 평화에 기여하고, 저개발 국가나 개발도상국을 적극적으로 지원해서 받던 나라에서 주는 나라로 변화하고, 국제 연합 회원국으로 국제 평화에 적극 협조하며, 각종 국제 비정부 기구에 적극 참여하여 지구 온난화 방지 등 환경 보호와 각종 평화 운동 등에 우리나라가 가진 영향력을 발휘하여야 합니다.

☑ 통일 비용 추산(통일 이후 20년간)

경제적 비용 3,372조 원	• 시장 통합, 산업 진흥 비용: 146조 원 • 기반 시설 구축 비용: 291조 원 • 농림, 수산, 식품 분야 지원 비용: 145조 원 • 기업 등 민간 부분 투자 비용: 2,790조 원
사회적 비용 227조 원	• 교육 지원, 갈등 해소 비용: 25조 원 • 보건, 복지 지원 비용: 202조 원
정치·안보적 비용 18조 원	• 정치, 행정 비용: 4조 원 • 국방, 외교 안보 비용: 14조 원
문화·체육·관광 분야 비용 5조 6,000억원	※ 통일 후 20년간 들어가는 비용으로 경제적 가치로 환산할 수 없는 항목은 제외한 액수

(통일 연구원)

통일 비용은 우리나라가 매년 지출하는 군사비가 국내 총 생산(GDP)의 2.5%라는 점에 비추어 보면 훨씬 발전적 측면이 있다. 또한 분단 비용이 한 번 사용되면 돌아올 수 없는 세금이지만, 통일 비용은 언젠가 우리에게 다시 돌아올 수 있는 경제 재건이나 제도 통합에 사용되는 비용이라는 점에서 투자금이라고 볼 수 있다. 또한 분단의 불안정한 상황을 해소한다는 점에서 통일이 가져올 무형적 가치는 무궁하다고 할 수 있다.

☑ 일본의 고노 담화와 무라야마 담화

고노 담화	1993년 8월 4일 1년 8개월 동안의 조사 끝에 당시 관방 장관이었던 고노 요헤이 장관이 일본군 위안부에 대한 인정과 사죄의 내용 담음
무라야마 담화	일본 81대 총리인 무라야마 도미이치가 1995년 8월 15일 일본의 전쟁 범죄 인정과 식민 지배에 대한 사죄의 내용 담음

일본 정부나 일본인이라고 해서 모두 자신들의 과거 침략에 대하여 부정하는 것은 아니다. 사회당 정부 등은 침략 과정에서 일으킨 자신들의 과오에 대하여 사죄한 적

도 있다. 그러나 제2차 세계 대전 이후 가장 오랫동안 권력을 차지한 자민당 정부는 자신들의 과오를 반성하기보다는 합리화하는데 주력하였다. 특히 이런 상황은 아베 정부 이후 심화되었다.

☑ 한국 국제 협력단(KOICA)의 활동

외교부 산하 기관으로 정부 차원의 대외 무상 협력 사업을 전담하고 있다. 대한민국과 개발도상국과의 우호 협력 관계 및 상호교류를 증진시키고 이들 지역의 경제·사회 발전을 지원하기 위해 설립되어 한국의 개발 경험과 기술을 필요로 하는 국가에 대해 지원하는 사업을 하고 있으며, 인도적 차원에서 가난한 국가 주민의 복지향상에 힘쓰고 천재지변에 따른 재난 구조 등의 국제 협력 사업을 펼치고 있다. 주요 사업으로는 프로젝트사업, 국내 초청 연수사업, 해외 봉사단 파견사업, 해외 재난 긴급 구호, 인도적 지원 사업, 민관협력사업, 국제기구를 통한 지원 사업 등이 있다.

TIPS

지필고사
- 남북 분단의 원인과 통일의 필요성
- 동아시아 갈등 종류(영토 분쟁과 역사 인식 갈등)
- 국제 사회에서 우리나라가 기여하고 있는 내용

수행 평가
- 통일 이후 국토의 종합적 이용 계획 수립
- 통일 비용의 규모 사용 우선 순위
- 동아시아 갈등 지역 파악과 내용
- 대한민국이 국제 사회에 기여할 수 있는 노력

미래와 지속 가능한 삶

01 세계의 인구와 인구 문제

개념정리

1. 세계 인구 분포와 인구 구조

(1) 세계의 인구 분포

　① 특징: 자연환경과 인문 환경의 영향을 받기 때문에 불균등하게 분포

　② 분류: 자연적 요인과 사회·경제적 요인에 따라 인구 분포 상황 차이

인구 밀집 지역	기후가 온화한 지역, 평야 지역, 용수를 구하기 쉬운 지역, 산업이나 교통이 발달한 지역, 일자리가 풍부한 지역(대도시 등)
인구 희박 지역	춥고 건조한 기후 지역, 험준한 산지 지역, 산업이 발달하지 않은 지역 등

　➡ 선진국은 인구 증가율이 정체 또는 감소하는 반면 개발 도상국은 출생률이 높아 인구 증가율도 높은 편

　➡ 출생률: 일정 기간에 출생하는 인구가 차지하는 비율로 인구 1,000명에 대한 연간 출생자 수를 의미

2. 세계 연령별 인구 구조

(1) 특성: 유소년층(0세~14세) 26.0%, 청장년층(15세~64세) 65.8%, 노년층(65세 이상) 8.2%로 구성

(2) 변화: 유소년층 인구 비중 감소, 노년층 인구 증가 전망

　➡ 선진국은 기대 수명이 길어지면서 노년층 비중이 높으며, 유소년층 비율보다 중위 연령이 높음. 반면 개발 도상국은 출생률이 높고 기대 수명이 짧아 노년층보다는 유소년층 비율이 높고, 중위 연령이 낮음

➡️ **중위 연령**: 특정 지역이나 국가의 전체 인구를 연령 순서로 세웠을 때, 그 중앙에 위치한 사람의 연령 의미을 의미함

3. 세계의 인구 이동

(1) 의미: 인구가 한 장소에서 다른 장소로 옮겨 가는 것

(2) 종류

① 경제적 이동: 개발 도상국에서 고용 기회가 풍부한 선진국으로의 이동 등 → 멕시코에서 미국으로의 이동(트럼프 벽 설치로 방어)

② 정치적 이동: 내전에 따른 난민의 이동 등 → 서남아시아와 아프리카 등의 내전

③ 환경적 이동: 사막화, 해수면 등 기후 변화에 따른 환경의 재앙 피해 이동 → 사하라 사막 남쪽의 사헬 지대에서의 가뭄으로 인한 이동

➡️ **사헬 지대**: 사하라 사막의 연변에 접한 점이지대로, 남쪽으로 서아프리카의 열대지방까지 뻗어 있는 광대한 사바나 초원지역인 수단 평원의 북부지역을 포함하기도 함

(3) 선진국 인구 유입에 대한 평가

긍정적 평가	생산 연령 인구의 증가, 문화적 다양성 증가 등
부정적 평가	해외 이주 노동자들의 송금으로 외화 유출, 난민 수용 문제, 문화적 갈등 문제 등

4. 세계의 인구 문제

(1) 저출산 · 고령화 문제

발생 지역	• 주로 유럽과 앵글로아메리카 지역 및 아시아 일부 지역의 선진국 등
발생 원인	• 저출산: 결혼 및 출산에 대한 가치관의 변화, 평균 결혼 연령의 상승, 출산·육아로 경제적 부담 증가(일과 가정생활 양립의 어려움) • 고령화: 위생 및 영양 상태 개선으로 장수 가능
영향	• 생산 연령 인구의 감소에 따른 노동력 부족, 소비 감소로 경기 침체, 인구의 고령화 심화(노인 부양비와 노인 복지 비용 증가), 세대 갈등 등
대책	• 저출산: 출산과 양육 지원 정책의 확립(청년 일자리 확보, 임신·출산을 위한 의료비 지원, 보육 시설 확충, 여성에 대한 처우 개선 등), 양성평등 또는 가족 친화적 고용 문화의 확산, 세대 간 정의 실현 등 • 고령화: 일자리 확대와 정년 연장, 사회 보장 제도 개선 등

⬤ **세대 간 정의:** 현세대와 미래 세대 간의 형평성을 고려하는 것으로, 미래 세대에 대한 배려,

또는 의무나 책무가 현세대에 있다는 '미래 세대론'에서 비롯함

(2) 인구 과잉 문제

발생 지역	• 주로 아시아, 아프리카, 라틴 아메리카 지역의 개발 도상국
발생 원인	• 사망률은 낮아졌으나, 출생률은 여전히 높음
영향	• 식량과 자원 부족(기아·빈곤 문제 발생), 일자리 부족(실업 문제), 사회 기반 시설의 부족 등
대책	• 인구 과잉 대책 문제 시행: 산아 제한 정책, 경제 발전과 기술 개발을 통한 식량 증산, 빈곤 해결 및 일자리 창출 • 도시 문제 대책: 중소 도시 육성 정책, 촌락 생활 개선 정책 등

인구란 어느 한 시점에 일정 지역에서 사는 사람의 수를 의미합니다. 전체 인구는 출생이나 사망 같은 자연적 원인과 전출·전입과 같은 원으로 계속 변화합니다.

세계의 인구는 지구 전체에 균등하게 분포하지 않습니다. 인구 분포는 대체로 자연환경과 인문 환경의 영향을 크게 받기 때문입니다. 전근대 시기에는 주로 기후가 온화한 지역, 토양이 비옥한 평야 지역, 산업이나 교통이 발달한 지역에 인구가 밀집하고, 건조하거나 추운 지역, 험준한 산지 지역에는 인구가 희박하였습니다. 근대에 들어와서는 자연환경보다는 주로 교통이나 일자리 같은 사회적·경제적 원인으로 산업 기반이 갖추어진 공업 지대 등에 인구 분포가 밀집하는 경향을 보여 주었습니다.

전근대 시기 세계의 인구는 오랫동안 완만하게 증가하다가 산업 혁명을 거쳐 근대 시기로 들어오면서 빠르게 증가하였습니다. 산업 혁명으로 경제가 발전하고 생활 수준이 올라갔기 때문입니다. 또한 의료 기술도 크게 발전하면서 평균 수명이 늘어나고 영아 사망률도 낮아진 것도 큰 영향을 끼쳤습니다.

인구 구조는 어느 인구 집단의 연령별·성별 인구 구성 상태를 의미하는데, 현재는 연령별 인구 구조가 주목되고 있습니다. 세계의 연령별 인구 구조는 유소년층 (0~14세) 26.0%, 청장년층(15~64세) 65.8%, 노년층(65세 이상) 8.2%로 구성되어 있습니다. 선진국들이 있는 대륙에서는 유소년층 비중이 감소하는 반면 노년층 비중은

크게 증가할 것으로 전망되고 있습니다. 물론 개발 도상국의 경우에는 아직 유소년층의 인구 분포가 높게 나타나고 있습니다. 중위 연령 역시 선진국에서 높게 나타나고 있습니다. 한편 일부 국가에서는 남아 선호 사상의 영향으로 특정 연령층에서 남자가 더 많은 남초 현상이 나타나기도 합니다.

산업화 이후 근대 사회로 전환해 가면서 인구 이동이 많아지고 있습니다. 인구 이동이란 한 장소에서 다른 장소로 옮겨 가는 것을 말하는데, 전 근대 사회에서는 전쟁을 통한 인구 이동이 있었지만, 그 외의 원인으로 이동하는 경우는 적었습니다. 그러나 근대 이후에는 교통과 통신의 발달 및 경제의 세계화로 인구 이동의 규모와 범위가 크게 확대되었습니다.

인구 이동은 개발 도상국에서 일자리 찾기에 풍부한 선진국으로 이동하는 경제적 이동, 정치적 갈등, 내전에 따른 난민이 이동하는 정치적 이동, 토양의 사막화·해수면 상승 등의 기후 변화에 따른 환경적 이동 등이 있습니다. 한때 트럼프 대통령 시절에 멕시코로부터 미국으로 이주해 오는 경제적 이동을 막기 위하여 벽을 세우는 트럼프 벽 얘기를 들어본 적이 있을 겁니다. 특히 국제적 인구 이동은 아시아, 아프리카, 남아메리카 등에 있는 개발 도상국에서 유럽, 북아메리카, 오세아니아 등 선진국으로 경제적 이동을 하는 경우가 많습니다.

이렇듯 선진국으로 인구 유입이 많아지는 것에 대한 평가는 극단적으로 갈라집니다. 긍정적 평가로는 선진국의 고령화 및 어려운 일 기피 현상을 해결해주는 생산 연령 인구의 증가와 문화적 다양성이 증가는 상황 등을 예로 들 수 있습니다. 반면에 부정적 평가로는 해외 이주 노동자들의 송금으로 외화가 유출되는 것과 이슬람 지역 출신 이주자들과의 문화 갈등처럼 사회·문화적 갈등이 증가하고 있는 것을 예로 들 수가 있습니다.

현재 세계는 지역에 따라 저출산·고령화 문제와 인구 과잉 문제로 골치를 앓고 있습니다.

먼저 저출산·고령화가 문제가 되는 지역은 주로 유럽과 앵글로 아메리카 지역 및 아시아 일부 지역의 선진국에서 나타나고 있습니다. 합계 출산율(출산 가능한 15~49세 여성이 평생 낳는 자녀의 수)이 낮아지는 저출산 현상은 산업화 이후 여성들의 사회 진출이 많아지고 결혼 연령이 상승하면서 결혼 및 육아에 대한 가치관이 크게 변화하였기 때문입니다. 또한 출산·육아로 경제적 부담이 증가한 것과 일과 가정생활 양립의 어려움도 큰 영향을 끼쳤습니다. 반면에 위생 및 영양 상태가 개선되어 생활 수준이 높아지고 의학 발달로 평균 기대 수명이 늘어나면서 고령 인구는 늘어나고 있는 상황입니다. 이에 따라 생산 연령 인구 감소에 따른 노동력 부족과 소비 인구의 감소로 경기가 침체되는 문제가 발생하고 있습니다. 또한 고령화에 따라 노인 부양비와 노인 복지 비용이 증가하면서 세대 간의 갈등도 발생하고 있습니다.

이를 해결하기 위해서는 일자리를 늘리고 임신·출산에 대한 의료비와 양육비를 지원하며, 여성에 대한 처우 개선을 통해 출산과 양육에 대한 정책을 수립하여 실천해야 합니다. 이를 위해 양성평등 또는 가족 친화적 고용 문화를 확산하고, 미래 세대에 대한 배려를 하는 세대 간의 정의가 실현되어야 합니다. 또한 고령 인구에 대해서는 일자리 확대와 정년 연장, 사회 보장 제도 개선과 같은 정책을 수립하여 빈곤한 노후 생활을 하지 않게 하는 대책이 보장되어야 합니다.

반면에 아시아, 아프리카, 라틴 아메리카의 개발 도상국 등의 지역에서 일어나고 있는 인구 과잉 문제도 있습니다. 산업화 이후 사망률은 점차 낮아지고 있으나, 출생률은 여전히 높기 때문에 인구 과잉 현상이 나타나고 있는 것이죠. 이러한 인구 과잉은 식량과 자원 부족으로 기아나 빈곤 문제를 일으키고 있으며, 일자리가 부족하여 실업 문제를 야기하고 있습니다. 또한 경제력이 낮은 경우가 많아서 사회 기반 시설이 부족하여 악순환이 계속되고 있습니다.

이를 해결하기 위해서는 산아 제한 정책을 시행하여 인구 증가를 방지하고, 경제 발전과 기술 개발을 통한 식량 증산과 빈곤 해결 및 일자리 창출로 기아와 빈곤에서 벗어나게 해야 합니다. 또한 선진국들이 개발 도상국이 발전하기 위해 지원을 아끼지 말아야 하며, 개발 도상국들은 중소 도시를 육성하고 촌락 생활을 개선하는 등 도시 문제를 스스로 해결해야 합니다.

세계 보건 기구는 세계 평균 기대 수명이 2000년에 66.4세였다가 2015년에는 71.4세로 늘어났다고 발표하였습니다. 그러나 저출산·고령화 추세로 생산 연령 인구가 감소하여 잠재 성장률이 하락하고 노인 부양의 부담으로 세대 간의 갈등이 일어날 수 있습니다. 따라서 장기적인 안목으로 인구 정책을 펼쳐서 미래 세대와 함께 잘 살 수 있는 환경을 조성하여야합니다.

☑ 세계의 난민 수 증가

난민이란 인종, 종교 또는 정치적·사상적 차이 등의 이유로 받는 박해를 피해 다른 나라로 이동하는 사람을 의미한다.

주요 난민 발생국으로는 다음 국가를 들 수 있다.

(만 명, 2016)

국가	시리아	아프가니스탄	소말리아	남수단	수단
난민의 수	490	270	110	80	60

UN 난민 기구

2015년 한 해 동안 6,530만 명의 난민들이 자기 국가를 떠나서 다른 나라로 이동하였다. 난민 발생은 어쩔 수 없는 상황에서 이루어지지만, 난민을 수용해야 하는 국가 입장에서는 자국 내의 경제 상황을 생각하면 무작정 받아들일 수만도 없다. 또한 문화적(종교적·민족적) 차이로 생길 수 있는 갈등도 무시할 수 없는 상황이다. 우리나라에 이동해 오는 난민의 수도 증가하고 있는데, 이에 대한 국가적 입장을 정리해야 할 필요가 있다.

☑ 저출산·고령화에 대한 대응

현재 중국의 출산율은 1.4 정도로 현 수준의 인구를 유지하는 데 필요한 2.1에 못 미친다. 반면 인구 노령화는 급속도로 진행돼 현재 중국의 60세 이상 노인 비율은 13.26%로 이미 경도(輕度) 노령화 사회에 진입했다. 이에 중국은 30년 넘게 유지해온 한 자녀 정책을 포기하고 '전면적인 두 자녀' 허용 정책을 실시할 전망이다. 우리나라의 경우에도 심각한 저출산·고령화 문제를 해결하기 위하여 정부가 공식적으로 인구감소지역을 공식적으로 지정하고 10년간 매년 1조원대를 지원하여 '지역 소멸' 위기에서 벗어나는 것을 돕기로 했다. 행정안전부는 18일 연평균 인구 증감률, 인구 밀도, 고령화 비율 등 8개 지표로 만든 인구감소지수를 활용해 전국 지자체 중 인구감소지역 89곳을 뽑아 발표한 바 있다.

☑ 잠재 성장률

한 나라 경제가 물가상승을 유발하지 않으면서 달성할 수 있는 성장률이라는 의미로, 한 나라 경제가 실제로 만들어낸 모든 생산물의 가치를 추산한 실제 성장률과 대비되는 개념이다. 원래는 노동·자본 등의 생산요소를 모두 투입해 달성할 수 있는 최대 성장률을 의미했으나, 석유파동·외환위기 등 극심한 경제 불안을 겪으면서 현재의 의미로 사용되고 있다. 잠재 성장률과 실제 성장률은 국민총생산(GNP) 또는 국내총생산(GDP)을 지표로 측정하는데, 실제 GNP(또는 GDP)와 잠재 GNP의 차인 GNP 갭으로 경기 양상을 예상할 수 있다.

TIPS

지필고사
- 인구 성장률의 대륙별 차이
- 인구 구조의 특징
- 인구 유입과 인구 유출 국가 비교
- 잠재 성장률 유지를 위한 인구 정책

수행 평가
- 인구 구조에 따른 세대 간 갈등과 정의
- 저출산·고령화 대책
- 양성평등에 대한 과제

02 세계의 자원과 지속 가능한 발전

✏️ 개념정리

1. 자원의 의미와 분포

자원의 의미	• 인간에게 이용 가치가 있으면서 기술적·경제적으로 개발이 가능한 것
자원의 특성	• 유한성: 매장량의 한정으로 언젠가는 고갈될 수 있는 특성 • 편재성: 일부 자원이 특정한 지역에 치우쳐 분포하는 특성 → 국제적 이동 현상 발생(석유, 석탄 등) • 가변성: 기술·경제·문화적 조건 등에 따라 자원의 의미와 가치가 달라지는 특성
자원 소비량의 변화	• 세계의 자원 소비량: 인구 증가와 산업 발달로 증가하는 추세 • 세계 1차 에너지 소비 구조: 석유〉석탄〉천연가스

2. 에너지 자원의 특징

(1) 석탄

용도 및 특성	• 제철 공업 및 발전용 산업에 이용 • 산업 혁명 이후 주요 에너지원으로 대두
생산 지역	• 중국, 미국, 인도, 오스트레일리아 등에서 생산 많음
매장 및 분포	• 여러 지역에 비교적 고르게 매장되어 있어서 생산지와 소비지가 일치하는 경우가 많음 → 석유보다 국제 이동량 적음

(2) 석유

용도 및 특성	• 수송용 및 화학 공업의 원료로 이용 • 19세기 내연 기관의 발명과 자동차 보급 확산으로 수요 급증
생산 지역	• 사우디아라비아, 미국, 러시아 등에서 생산 많음
매장 및 분포	• 서남아시아 페르시아만 주변에 세계 석유의 50% 정도가 매장되어 있고 편재성 강함 → 생산지와 소비지가 달라 국제적 이동이 활발함

(3) 천연가스

용도 및 특성	• 산업용, 화학 공업 원료, 가정용으로 이용 • 냉동 액화 기술의 발달로 운반과 사용 편리로 확산 → 소비량 급증
생산 지역	• 미국, 러시아, 이란 등에서 생산 많음
매장 및 분포	• 러시아 및 카스피 해 인근, 미국 등에 많이 분포되어 있음

3. 에너지 자원의 문제점

(1) 자원 고갈: 인구 증가와 산업 발달로 에너지 자원의 소비가 빠르게 증가

(2) 자원 확보를 둘러싼 갈등: 자원 민족주의 대두 → 자원 생산국은 자국의 정치적·경제적 이익을 위해 자원을 무기화

(3) 환경 오염 문제: 자원 개발과 소비에 따른 환경 오염 확산

(4) 에너지 소비 격차 심화: 에너지 소비 상위 10개국이 전체 화석 에너지의 50% 이상 사용

4. 신·재생 에너지 자원의 개발

(1) 배경: 기존 에너지 자원의 고갈과 환경 오염 문제 대두

(2) 종류

    ① 재생 에너지: 태양열, 태양광, 풍력, 바이오, 폐기물, 수력, 해양, 지열 등

    ② 신생 에너지: 연료 전지, 수소 에너지, 석탄 액화 및 가스화 등

5. 지속 가능한 발전과 이를 위한 노력

(1) 지속 가능한 발전의 의미와 필요성

의미	미래 세대가 그들의 필요를 충족시킬 가능성을 손상하지 않는 범위에서 현재 세대의 성장을 추구하는 발전
필요성	한정된 자원을 지나치게 사용할 경우 미래 세대가 안정적으로 생활할 권리까지 빼앗는 결과를 가져옴

(2) 배경: 대규모 환경 오염 사건 이후 국제회의에서 논의되기 시작

(3) 발전 방향: 사회적 평등, 환경 보전, 경제 성장을 포괄하는 개념으로 정립

경제적 지속성	• 환경적 가치를 고려한 경제 발전 • 빈곤 퇴치, 기업 책임, 소득 재분배 등
환경적 지속성	• 인간과 자연의 조화와 균형 유지 • 생물의 종 다양성, 기후 변화 등 대비
사회적 지속성	• 세대 간 형평성 • 인권, 평등, 건강, 문화적 다양성 등

(4) 지속 가능한 발전을 위한 노력

국제적 노력	• 환경 보건, 교육, 인권 등 다양한 국제기구와 함께 노력 필요 • 지속 가능 발전 목표((Sustainable Development Goals, 약자로 SDGs): 2016 　~2030년 동안 국제 사회가 달성해야 할 목표 제시 • 국제 환경 협약 체결: 교토 의정서, 파리 협정 등과 같은 기후 변화 협약 체결
개인적 노력	• 윤리적 소비 실천, 친환경적인 생활 방식 실천 필요(로컬 푸드 구매하기, 공정 　무역 제품 이용, 빈곤국 후원하기 등)

　자원이란 인간에게 이용 가치가 있으면서 기술적·경제적으로 개발이 가능하고 이용할 수 있는 것을 의미합니다. 그중에서도 각종 산업의 원료이자 일상생활과 경제 활동에 필요한 에너지를 생산하는 데 이용되는 광물 자원과 함께 중요한 기반이 되는 에너지 자원이 대표적입니다. 오늘날 주로 사용되는 에너지 자원은 석탄, 석유, 천연가스 등의 화석 연료가 있습니다. 에너지 자원의 특성으로는 첫째, 매장량이 한정되어 있어서 언젠가는 고갈될 수밖에 없는 유한성, 둘째, 자원의 대부분이 대륙별로 고르게 분포되어 있지 않고 일부 지역에 많이 매장되어 있는 편재성, 셋째, 기술·경제·문화적 조건에 따라 자원의 의미와 가치가 달라지는 가변성 등이 있습니다.

　세계적으로 인구 증가와 산업의 발달로 에너지 자원을 포함한 천연자원에 대한 수요는 크게 증가하고 있습니다. 에너지 자원의 경우에는 현재 석유, 석탄, 천연가스 순서로 소비 비중이 큽니다. 물론 시대에 따라 소비 비중은 달라져 왔습니다. 산업 혁명 시기에는 석탄의 사용이 많았고, 현재에는 석유 사용이 가장 많습니다. 앞으로 천연가스의 소비가 다른 자원에 비해 소비가 많아질 수도 있습니다.

석탄은 화석 연료 중에서 가장 먼저 사용되기 시작하여 산업 혁명 시기에 주요 동력원이 되었는데 세계사 등에서 배운 제임스 와트의 증기 기관이 바로 석탄을 사용하였던 것입니다. 석유 사용이 늘어난 현재도 많이 사용되고 있는데, 주로 석탄은 제철 공업이나 발전용 산업에 크게 이용되고 있습니다. 석탄은 각 대륙에 매장이 비교적 고르게 분포되어 있는데, 그중에서도 중국, 미국, 인도, 오스트레일리아 등에서 생산이 많습니다. 석탄은 생산지와 소비지가 일치하는 경우가 많아서 석유보다는 국제 이동량이 적은 편이기는 하지만, 중국이 경제 성장을 크게 하면서 중국에서 생산된 석탄뿐만 아니라 오스트레일리아에서 수입해서 쓰는 것처럼 국제 이동량이 아주 낮은 것은 아닙니다.

석유는 20세기 들어 탐사 및 정제 기술이 발달하면서 연료와 산업 원료로 각광받았습니다. 석유는 현재 사용 비중이 가장 큰 에너지원으로 내연 기관의 발명과 자동차 등 교통수단의 보급이 확산되면서 수요가 급증하였습니다. 특히 현대에 들어 화학 공업이 발달하면서 현재 세계에서 가장 많이 사용되고 있습니다. 석유는 사우디아라비아, 미국, 러시아 등에서 많이 생산되는데, 서남아시아 페르시아만 주변에 세계 석유의 50% 정도가 매장되어 있어서 자원의 편재성이 에너지 자원 중에서 가장 크다고 할 수 있습니다. 따라서 주 소비국인 유럽 등 선진국에서 주로 사용하는데, 생산은 페르시아만 등지에서 이루어지면서 국제적 이동이 가장 많은 에너지 자원이 되었습니다. 우리나라의 경우에도 석유 수입량은 대단히 많아서 석유 가격이 올라갈 때마다 산업이 휘청거릴 정도입니다. 1970년대 중동의 산유국들이 석유 가격을 올리는 두 번에 걸친 오일 쇼크로 경제 전반에 큰 타격을 입기도 하였습니다.

마지막으로 천연가스는 요즘 자동차 연료로도 사용하고 있지만, 주로 가정용으로 사용되고 있습니다. 기체로 되어 있기 때문에 운반과 저장 과정의 어려움을 겪다가 냉동 액화 기술의 발달로 운반과 저장이 편리해지면서 수요가 크게 늘어나고 있는 실정입니다. 천연가스는 석탄과 석유보다는 연소 시에 대기 오염 물질의 배출이 적은 편이라서 수요는 가정용뿐만 아니라 산업용 등으로 그 사용량이 더욱 급증하고 있습니다. 천연가스는 주로 미국, 러시아, 이란 등에서 생산이 많은 편이며, 러시아 및 카스피 해 인근, 미국 등에 주로 매장되어 있습니다. 천연가스 역시 석유처럼 국제 이동량이 증가하고 있는 추세입니다. 우리나라에서는 천연가스 수송선을 만드는 기술이 뛰어나 조선업에서도 큰 수입을 올리고 있습니다.

에너지 자원은 곧 산업 발달과 밀접한 관계를 가지고 있어서 여러 가지 문제를 일으키기도 합니다. 첫 번째 문제로는 한정된 자원이라서 생기는 자원 고갈 문제가 있습니다. 인구 증가와 산업 발달로 소비가 빠르게 증가하면서 점점 에너지 자원이 고갈되어 가고 있는 실정입니다. 두 번째는 에너지 자원의 유한성에 기반하여 자원 생산국이 정치적·경제적 이익을 위해 자원을 무기화하는 자원 민족주의가 대두하면서 에너지 자원을 둘러싼 국제적 갈등이 높아지고 있습니다. 이는 결국 에너지 자원을 둘러싸고 전쟁이 나기도 하고 가격이 올라가서 경제 발달에 심각한 영향을 일으키게 됩니다. 세 번째는 기존의 에너지 자원을 사용하면서 생기는 대기·토양·해양 오염 등 환경 오염이 확산되고 있습니다. 2007년 12월 충청남도 태안군 만리포 북서쪽 10km 지점에서 해상크레인이 유조선과 충돌하여 원유 1만 2547㎘가 유출된 사건을 기억하고 있나요? 정부와 국민들의 엄청난 노력으로 어느 정도 복구되었지만, 지금까지도 생태계 교란 문제는 완전히 해소되지 못하고 있는 상황입니다. 네 번째는 에너지 소비 격차가 갈수록 심화되는 문제가 있습니다. 에너지 소비 상위 10개국이 전체 화석 연료의 절반 이상을 사용하게 되면서 경제 격차 역시 커지고 있습니다.

이와 같은 문제점을 해결하기 위해서는 우리가 어떤 대책을 세워야 할까요?

현재 세계 각국은 환경 오염을 최소화하고 자원 고갈 상황을 해결하기 위하여 재생산이 가능한 신·재생 에너지 자원 개발에 힘을 쏟고 있습니다. 태양열, 태양광, 풍력, 바이오, 폐기물, 수력, 해양, 지열 등의 재생 에너지 개발과 연료 전지, 수소 에너지, 석탄 액화 및 가스화 등의 신생 에너지 개발이 그 대표적인 사례입니다. 우리나라도 탄소 배출량을 줄이고 에너지 자원의 다각화를 위하여 신·재생 에너지 개발에 노력하고 있습니다.

과학 기술의 발달과 경제 발전으로 인류의 삶은 더욱 편리하고 풍요로워졌습니다. 반면 공업화·도시화로 대규모 환경 오염이 일어나면서 자원의 한계와 환경의 중요성을 인식하게 되었습니다.

1972년 국제 연합 인간 환경 회의(UNCHE)에서 '지속 가능성'이라는 표현이 제시되었고, 1992년 브라질 리우데자네이루에서 개최된 국제 연합 환경 개발 회의 (CNCED)에서는 지속 가능한 발전이 거론되었습니다. 2002년 지속 가능 발전 세계 정상 회의(WSSD)에서는 지속 가능한 발전은 현재 세대의 자원 이용과 개발 수준이 미래 세대의 욕구를 충족시킬 수 있는 범위 내에서 이루어져야 함이 강조되었습니다. 지속 가능한 발전은 미래 세대가 그들의 필요를 충족시킬 가능성을 손상하지 않는 범위에서 현재 세대의 성장을 추구하는 발전을 의미합니다. 한정된 자원을 지나치게 사용할 경우 미래 세대가 안정적으로 생활할 권리까지 빼앗는 결과를 가져올 수 있기 때문입니다.

지속 가능한 발전이라는 의미는 사회적 평등, 환경 보전, 경제 성장을 포괄하는 개념으로 정립되면서 경제적 지속성으로는 환경적 가치를 고려한 경제 발전을 이루면서 빈곤 퇴치와 기업 책임, 소득 재분배 등의 내용에 주의해야 합니다. 또한 환경적 지속성으로는 인간과 자연의 조화와 균형을 유지하면서 생물의 종이 더욱 다양화되고 기후 변화에 대비하는 상황을 만들어야 합니다. 사회적 지속성으로는 세대 간의 형평성을 유지하고 인권, 평등, 건강, 문화적 다양성이 이루어지도록 노력해야 합니다.

이를 위해서는 국제적 노력과 개인적 노력이 필요합니다. 국제적으로는 환경 보건, 교육, 인권 등 다양한 국제기구와 함께 노력할 필요가 있습니다. 예를 들어 2016~2030년 동안 국제 사회가 달성해야 할 지속 가능 발전 목표((Sustainable Development Goals, 약자로 SDGs)가 제시되었고, 교토 의정서, 파리 협정 등과 같은 기후 변화 협약 등 국제 환경 협약이 체결되었습니다.

개인적으로는 윤리적 소비 실천과 친환경적인 생활 방식(로컬 푸드 구매하기, 공정 무역 제품 이용, 빈곤국 후원하기 등)을 실천하는 노력이 있어야 하겠습니다.

◉ 제1, 2차 석유 파동과 세계 경제

1973~1974년 중동 전쟁(아랍·이스라엘 분쟁) 당시 아랍 산유국들의 석유 무기화 정책과 1978~ 1980년의 이란 혁명으로 인한 석유 생산의 대폭 감축으로 석유의 공급이 부족해지자, 국제 석유 가격 이 급상승하고, 그 결과 전 세계가 경제적 위기와 혼란을 겪은 사건을 말한다. 오일쇼크 또는 유류파동 이라고도 한다.

제1차 석유파동은 석유 의존도가 심한 여러 나라에 큰 충격을 주었다. 석유공급의 양적 제한은 실질적 생산 감소와 생활 수준의 저하를 초래하게 된다. 또한 가격의 급격한 상승은 ① 인플레이션의 가속화, ② 석유수입 지불대금의 증가에 의한 해외로의 소득이전의 증가 → 국내수요 감소 → 불황·실업, ③ 국제수지 악화라는 삼중고(三重苦)를 가져오게 된다.

제2차 석유파동 기간인 1978년 12월부터 1980년 7월 사이에 석유 가격은 약 2.4배(배럴당 12.9달 러에서 31.5달러로) 급등했고, 다시 세계 경제에 커다란 혼란을 불러왔다. 생산비용의 상승으로 인플 레이션이 가속화되었고, 세계 각국의 성장률은 둔화되었으며 무역수지는 악화되었고, 국제금융과 통 화질서는 교란되었다.

두 번에 걸친 석유 파동은 우리나라에도 정치·경제·사회적으로 많은 영향을 끼쳤 습니다. 경제 발전이 위축되면서 독재 정치로 정권 유지가 어려워지자 박정희 정부는 1979년 부·마 민주화 운동 등 국민의 민주화 운동을 무력으로 억압하였습니다. 이런 상 황에서 김재규가 박정희를 저격하면서 박정희 유신 체제는 막을 내리게되었습니다.

◉ 자원 민족주의

특정 자원을 많이 보유하고 있는 개발 도상국들이 자원을 국유화 내지 국제정치에 무기화하려는 현상으로 한 국가뿐만이 아니라 석유 수출국 기구(OPEC)처럼 자원 보 유국들이 합심하여 자국의 이익을 극대화하려는 움직임을 말하다. 즉 자원보유 개발 도상국이 협조 단결하여 부존자원(경제적 목적에 이용할 수 있는 지각 안의 지질학적 자원)을 국유화해 자원 소비 선진국에 대항하려는 것으로 자원 내셔널리즘이라고도 불 린다. 석유 수출국 기구(OPEC)DP 의한 두 차례에 걸친 석유 파동이 대표적인 사건으 로, 최근에는 천연가스, 철광석, 쌀과 밀 등을 생산하는 국가들도 비슷한 움직임으로 보 이고 있다.

✅ 에너지 자원의 환경 오염, 석유 유출

2021년 10월 미국 캘리포니아 남부 해상에서 47만ℓ가 넘는 석유가 대규모로 유출되는 사고가 발생했다. 4일(현지 시간) 미국 CNN 방송 등에 따르면 미국 LA 남쪽 해변인 헌팅턴비치 인근에서 최소 약 3,000배럴, 47만 7,000ℓ 가량의 석유가 유출되었다. 석유 유출은 해상 석유 플랫폼 '엘리'에 연결된 송유관 파손에서 시작되어 흘러 나왔으며, 석유 유출로 생긴 기름띠는 헌팅턴비치에서 남쪽에 있는 뉴포트비치까지 약 10.7km에 걸쳐 형성되었다. 캘리포니아주 오렌지카운티의 행정 책임자인 카트리나 폴리 감독관은 이 석유 유출로 카운티 정부가 육군 공병대, 비영리단체 랜드트러스트 등과 함께 야생동물의 서식지로 보전하기 위해 수십 년간 애써온 90종의 조류가 서식하는 생태계의 보고인 탤버트 습지 곳곳에 석유가 스며들어 야생동물에게 큰 타격을 주고 있다고 발표하였다.

✅ 지속 가능한 발전 관련 국제 기구

국제 연합 환경 계획 (UNEP)	국제 연합(UN)의 환경계획을 지도·조정할 목적으로 1972년에 결성된 보조기구
국제 연합 개발 계획 (UNCD)	1965년 확대 기술 원조 계획과 국제 연합 특별 기금이 통합되어 결성된 국제 연합 보조기구
국제 자연 보호 연맹 (IUCN)	자연보존과 생태학적으로 천연자원의 지속적인 사용을 촉진하기 위해 1948년 10월에 프랑스 퐁텐블로에서 설립된 환경 조직
세계 보건 기구 (WHO)	1948년 국제 보건 사업의 지도 조정, 회원국 정부의 보건 부문 발전을 위한 원조 제공, 전염병과 풍토병 및 기타 질병 퇴치 활동, 보건 관계 단체 간의 협력 관계 증진 등을 목적으로 발족된 국제 기구
국제 연합 아동 기금 (UNICEF)	제2차 세계 대전의 피해를 입은 아동들을 구제할 목적을 가지고 국제 연합 국제 아동 긴급 기금이라는 명칭으로 1946년 12월 11일에 설립, 1953년 오늘날의 국제 연합 아동 기금으로 발전
국제 연합 교육 과학 문화 기구 (UNESCO)	두 차례의 세계 대전을 치르면서 인류의 정치·경제적 협력만으로는 지속적인 평화 유지가 곤란하다는 자각에서 1946년 11월 14일 유네스코 헌장을 발효하여 교육·문화·과학에 관한 국제적 협력을 목적으로 설립된 국제 기구
국제 연합 식량 농업 기구 (FAO)	1946년 식량 및 농산물의 생산과 분배의 효율 증진, 영양수준의 향상과 농민 생활의 향상을 목적으로 상설 설치된 국제 기구
국제 연합 인권 이사회 (UNHRC)	2006년 국제적인 인권 보호와 인권 강화를 위해 47개국으로 구성된 국제 연합 산하 정부 간 국제기구

국제 노동 기구 (ILO)	1919년 노동 조건을 개선하여 사회 정의를 확립하고 나아가 세계 평화에 공헌하기 위하여 설립된 국제기구

03 미래 지구촌의 모습과 내 삶의 방향

✏️ 개념정리

1. 미래 지구촌의 모습 예측의 필요성

(1) 미래 사회의 변화에 대응하는 국가의 능력 함양: 변화를 예측하여 준비한 국가는 세계의 중심이 될 수 있지만, 변화에 적응하지 못하면 후진 국가로 퇴보

(2) 미래 사회의 변화에 대응하는 개인의 능력 함양: 미래 사회의 변화에 대한 예측과 준비를 통해 개인의 발전을 이끌어낼 수 있음

2. 미래 지구촌의 모습 예측

정치·경제·사회적 측면	• 국제 사회: 선진국과 개발 도상국과의 빈부 격차 심화(자유 무역 확산), 종교적·문화적 차이, 영토 분쟁 등 문제 발생으로 갈등 심화 → 정치 협력과 국제기구 활동을 통해 안보·영토·종교 문제 해결 노력 필요 • 개인: 빈부 격차, 사회적 불평등 등에 따른 갈등 심화 → 복지 사회 확충 및 공정성 강화로 문제 해결 노력 필요 • 특정 직업 소멸로 실업 등의 문제 발생 가능성
과학·기술적 측면	• 시간과 거리가 크게 단축되고 인간들의 활동 범위가 확대됨 • 인간의 생활 공간이 우주로까지 확대됨 • 정보 통신 기술 발달로 근무 및 학습 방향의 다양화 • 기계(컴퓨터 포함) 만능주의로 안전 문제 발생 및 사생활 침해 문제 가능성이 심화될 수 있음 → 인문성 강화 필요
환경적 측면	• 기후 변화: 지구 온난화에 따라 생태계의 큰 변화 발생 가능성 높음 • 사막화: 기후 변화와 인간들의 생활 지역 확대로 토지 황폐화 가속 현상 심화 → 현재의 환경 문제가 해결되지 않으면 지구촌의 생태 환경이 크게 악화될 가능성 높음

3. 미래 삶을 위한 우리의 준비

(1) 지구 공동체 구성원으로서의 역할: 지구 공동체의 일원으로서 권리와 의무를 다하고 지구촌의 더 나은 삶을 실현하기 위하여 노력해야 함

(2) 지구 공동체의 구성원으로서 가져야 할 태도

　　① 다양한 문화를 이해하고 수용하는 개방적인 자세 필요

　　② 전 세계를 삶의 무대로 삼아 자신의 미래와 삶의 방향 설정

　　③ 인류의 발전을 추구하려는 태도

(3) 미래의 삶을 위한 우리의 준비

　　① 올바른 인성과 가치관 확립: 개방적 태도와 관용 정신 함양

　　② 비판적 사고력 증진: 사회 현상을 비판적으로 분석하여 합리적 해결 방안 모색

　　③ 세계 시민으로서의 공동체 의식 함양: 인류 공통의 보편적 가치(세계 시민 의식) 함양

인류는 지금까지 살아온 기간의 변화보다 앞으로 살아갈 미래의 엄청나게 큰 변화에 부딪히게 될 것으로 예상됩니다. 따라서 우리 인류는 미래에 나타날 수 있는 다양한 문제를 예측하여 그 대안을 추진함으로써 미래 사회의 변화에 능동적이고 적극적으로 대처해 나가야 합니다.

미래 사회의 변화에 대응하는 국가는 세계의 중심 국가로 우뚝 설 수 있지만, 그렇지 못한 국가는 후진 국가로 뒤처지게 되고 말 것입니다. 신항로가 개척된 이후, 유럽 세계를 보더라도 중심 국가가 에스파냐에서 영국으로, 영국에서 미국으로 계속 변화해 왔습니다. 이런 세계의 역사는 다가올 미래 사회에 어떻게 대처했느냐에 따라 중심 국가의 변화가 일어난 것입니다. 또한 개인 역시 미래 사회의 변화에 대한 예측과 준비를 하고 있다면, 개인의 더욱 나은 발전을 이룰 수 있을 것입니다.

미래의 지구촌은 어떤 모습일까요? 미래의 지구촌에 대해서는 긍정적인 예측과 부정적인 예측이 있습니다. 먼저 정치·경제·사회적 측면에서 국제 사회에서는 선진국과 개발 도상국 간의 빈부 격차가 더욱 심화될 수 있고, 종교적·문화적 차이로 갈등이 더욱 심화될 수도 있습니다. 또한 현재에도 문제로 지적되는 영토 분쟁

도 계속 발생할 수 있습니다. 이러듯 부정적인 예측도 가능하지만, 선진국을 중심으로 정치 협조를 이루어내고 국제기구 활동으로 갈등을 극복해 나간다면 미래 국제 사회는 안정된 형태를 유지할 수 있다는 낙천적 예측도 가능합니다. 또한 개인에게는 개인 간의 빈부 격차와 사회적 불평등이 더욱 확대되면서 갈등을 유발할 수도 있다고 부정적으로 예측되기도 합니다. 그러나 민주주의 정부의 노력으로 복지 사회가 확대되고 공정성이 담보되는 사회로 변화한다면 미래 사회에서의 개인의 입장은 강화될 수도 있습니다.

　과학 기술적인 측면에서는 긍정적인 예측이 많습니다. 교통과 통신의 발달로 시간과 거리가 크게 단축되고 지구촌 안에서 인류의 활동 범위가 넓어지고, 정보 통신 기술의 발달로 근무 및 학습 방향의 다양화가 이루어질 수 있습니다. 코로나-19가 유행한 시기의 재택근무의 확대나 쌍방향 학습 형태의 발전을 사례로 들 수 있습니다. 또한 항공 기술의 발달로 인간의 생활 공간이 우주로까지 확대될 수도 있습니다. 그러나 거리가 가까워지면서 코로나-19처럼 전 세계로 질병의 전파 속도가 빨라졌다든지, 기계의 기능을 맹신하여 기계 만능주의에 빠질 수도 있다는 부정적 예측도 있습니다. 무선 통신망이 단절될 경우 대금 지불 등 어려운 일을 겪은 경우를 보면 더 큰 재앙도 가능할 수 있다고 생각되기도 합니다. 터미네이터 등의 영화를 보면 과학 기술 발달에 따른 미래 사회의 어두운 점을 예측할 수 있습니다. 그리고 기존의 일자리는 소멸되어 실업 사태가 큰 문제가 될 수도 있지만, 새로운 일자리가 생겨나는 경우도 많습니다. 일제 강점기에 자동차가 많아지자, 인력거를 타는 사람이 줄어들면서 인력거꾼들의 시위가 있었습니다. 그러나 결국 인력거의 자리는 버스나 택시가 대신하게 되었고 운전기사라는 새로운 직업이 생긴 것처럼 말입니다.

　환경적 측면에서는 부정적 예측이 많습니다. 지금처럼 환경에 대한 대책이 강력하지 못하다면 미래의 환경은 크게 나빠져서 지구촌의 생태 환경이 크게 악화될 수 있다는 것입니다. 지구 온난화로 기후 변화가 생태계에 많은 문제를 일으키고 있으며, 토지 황폐화로 사막화되는 지역이 늘어나고 있습니다. 또한 무분별한 자원 사용과 쓰레기 문제로 환경 오염도 극심해지고 있습니다. 토양과 해양의 수질이 나빠지고 생태계가 혼란에 빠진 모습을 여러 미디어를 통해 자주 보았을 것입니다. 미래 사회에서는 이런 상황이 더욱 악화될 수 있다는 것입니다. 스웨덴 출신의 10대 환경 보호 운동가인 그레타 툰베리의 활동처럼 환경 보호에 우리도 앞장서야 할 것입니다. '자연은 후손에게 물려주는 것이 아니라, 우리가 후손에게서 빌려 쓰는 것이다.'라는 말처럼 미래 세대에게 깨끗한 지구를 돌려주어야 합니다. 국제기구와 선진국들도 이런 문제를 해결하기 위하여 탄소 배출량 감소 같은 환경에 대한 협약을 맺는 등 많은 노력을 기울이고 있습니다.

우리가 맞이할 미래의 삶을 위하여 우리는 어떤 준비를 하여야 할까요?

오늘날 세계는 인간, 자본, 정보, 기술 등이 자유롭게 교류되면서 지구촌을 형성하고 있습니다. 신자유주의 경제 체제는 빈부 격차를 크게 만들었지만, 교류적 측면에서는 일정 부분 효과를 거두는 측면도 있었습니다. 그러나 지구촌이라는 단어가 자연스럽게 사용되기 위해서는 하나의 공동체로서의 역할과 의무를 다해야 합니다. 우리 인류는 지구 공동체의 일원으로서 권리와 의무를 다하며, 앞으로 미래의 더 나은 삶을 실현하기 위하여 노력해야 합니다.

첫째, 지구촌의 다양한 문화를 이해하고 수용하는 개방적인 태도를 가지기 위하여 올바른 인성과 가치관을 확립하여야 합니다.

둘째, 사회 현상을 비판적으로 분석하여 합리적 해결 방안을 모색하기 위한 비판적 사고력을 길러야 합니다.

셋째, 인류 공통의 보편적 가치를 함양하여 세계 시민으로서의 공동체 의식을 함양하여야 합니다.

이를 통해 전 세계를 삶의 무대로 삼아 자신의 미래와 삶의 방향을 정해야 합니다. 또한 나의 발전이 인류의 발전이라는 의식을 가지고 미래 사회의 변화에 대처하는 능력을 기르도록 하여야 합니다.

✅ 미래 사회를 위한 준비를 예견한 인물, 앨빈 토플러

미래학자인 앨빈 토플러는 그의 저서 〈제3의 물결〉에서 세 가지 유형의 사회를 설명하고 이를 "물결"에 비유하였다. 각 물결은 구시대의 사회와 문화를 제치고 새로운 사회와 문화를 그 위에 만들게 된다.
첫 번째 물결은 농업 혁명에 의한 수렵 채집의 문명이 농경사회로 대체 되는 혁명적 사회 변화이다.
두 번째 물결은 핵가족, 공장 같은 교육시스템과 기업의 주요 요소를 가진다. 제2의 물결 사회는 고도로 산업화 되어 있으며 대량생산, 대량분배, 대량소비, 대량교육, 대량휴양, 대중문화와 대량살상무기들에 기반하고 있다. 이러한 것들은 표준화, 중앙화, 집중화 그리고 동기화를 통해 엮이게 되며 우리들이 관료주의라 부르는 조직에 의해 운영된다.
세 번째의 "제3의 물결"은 후기 산업화 사회이다. 1950년대 후반부터 이미 제2의 물결의 사회에서 제3의 물결의 사회로의 변혁이 일어나기 시작했으며 제3의 물결은 흔히 불리듯 정보화 사회 같은 이름에 의해 설명되고 있다.

앨빈 토플러는 제3의 물결 시대의 사회에서는 탈 대량화, 다양화, 지식기반 생산과 변화의 가속이 있을 것이라고 예측했으며, "변화는 탈선형화 되어 있으며 거꾸로도, 앞으로도 그리고 옆으로도 발전이 가능하다."라고 주장하고 있다.

✅ 영화로 보는 미래 사회

터미네이터 시리즈	아일랜드	매트릭스
1984년 제임스 카메론이 감독한 미래 세계에 대한 미국의 공상 과학 영화이다. 여러 편이 시리즈로 제작되었다	2005년 마이클 베이가 감독한 미국의 공상 과학 영화이다. 인간의 수명을 늘리기 위한 클론(복제인간)에 대한 내용이다	1999년 앤디/래리 워쇼스키가 감독한 가상 현실 속에 사는 인간에 대한 미국의 영화로 여러 편이 시리즈로 만들어졌다

✅ 세계 시민 의식

지구 공동체의 일원이 됨에 따라 생기는 권리, 책임감, 의무이다. '시민'이라는 용어는 사람과 도시, 나라와 그들의 일상생활 특정 지역에서 정치적으로 참여할 권리와 관련 있다. 시민이 '세계적'이라는 용어와 결합될 때, 세계 시민은 일반적으로 특정 정 국가나 장소의 시민으로서의 정체성을 넘어 "지구 공

동체"의 시민으로서의 정체성을 중요하게 생각하는 사람이다. 이 생각은 한 사람의 정체성을 지리적이나 정치적인 경계에서 벗어나게 한다. 또 세계 시민으로서의 책임감이나 권리는 지리적이나 정치적인 경계에서 초월한 인간다움에서 나온다. 이것은 그들의 국가성이나 다른, 좀 더 지역적인 정체성을 비난하거나 포기하는 그런 사람을 의미하지 않는다.

《위키백과》

한 뉴스 기관에서 세계 18개국 2만 명을 대상으로 '국적, 인종, 지역 공동체, 세계 시민, 종교적 전통 중에서 자신의 정체성을 규정하는 요소에 대해 조사하였다. 이 질문에 대답에서 51%가 자신을 '세계 시민'이라고 응답하여 제일 많은 비율을 차지하였다. 특히 자신을 '세계 시민'이라고 대답한 비율이 높은 나라는 나이지리아(75%), 중국(71%), 페루(70%) 순이었다.

TIPS

지필고사
- 여러 가지 분쟁 내용과 지역
- 미래 사회에서의 사용 도구
- 환경오염과 대책
- 미래 삶을 위한 준비 내용(가치관 등)

수행 평가
- 환경 보전을 위한 실천 행동(튠베리)
- 미래 지구촌에서 특정 국가의 영향력 강화에 대한 찬반
- 과학 기술에 따른 미래 사회 삶의 모습
- 미래 사회를 대비하기 위한 나의 자세

참고 문헌

동아출판, 『통합사회』

미래엔, 『통합사회』

비상교육, 『통합사회』

지학사, 『통합사회』

천재교육, 『통합사회』

권태환·홍두승 외, 『사회학의 이해』, 외다산출판사, 2009.

마이클 샌델 저/ 김명철 역, 『정의란 무엇인가』, 와이즈베리, 2014.

알래스데어 매킨타이어 저/이진우 역, 『덕의 상실』, 문예출판사, 2021.

오연호, 『우리도 행복할 수 있을까』, 오마이북, 2014.

이중환, 『택리지』, 한길사, 1992.

전국지리교사 모임, 『지리, 세상을 날다』, 서해문집, 2009.

진영재, 『정치학 총론』, 연세대학교, 2021.

최현자, 박주영, 『청소년을 위한 금융 이야기』, 금융 감독원, 2003.

한국은행 경제교육센터 경제교재편찬위원회, 『(한국은행의) 알기 쉬운 경제 이야기.
　　　3: 고등학생을 위한』, 한국은행, 2005.

한진수, 『경제학 에센스』, 더난출판사, 2008.

참고 자료

https://unfccc.int(UN 기후 변화 회의)

http://isdpr.org/activities/result/02(국민대통합위원회 사업)

http://www.fpkorea.com/2014/main/main.asp(한국FP협회)

http://www.yuhan.co.kr/(유한양행)

https://ko.wikipedia.org/wiki/%EA%B3%B5%EC%A0%95_%EB%AC%B4%EC%97%AD

https://ko.wikipedia.org/wiki/%EB%B0%98%EC%84%B8%EA%B3%84%ED%99%
94_%EC%9A%B4%EB%8F%99

https://ko.wikipedia.org/wiki/%EC%84%B8%EA%B3%84%EC%8B%9C%EB%AF
%BC%EC%9D%98%EC%8B%9D

https://kostat.go.kr/portal/korea(통계청)

https://www.kinu.or.kr/main/kinu(통일 연구원)

https://www.unhcr.or.kr/unhcr/main(UN 난민 기구)

https://commons.wikimedia.org/wiki/File:Swiss_Federal_Assembly_session,_with_
spectators_gallery.jpg

https://civilnet.net/act/?idx=11295598&bmode=view

https://ko.wikipedia.org/wiki/%EB%AC%B4%EC%9D%B8_%ED%95%AD%EA%B
3%B5%EA%B8%B0

https://ko.wikipedia.org/wiki/%EB%8F%84%EC%8B%9C_%EC%9E%AC%EA%B0
%9C%EB%B0%9C

https://commons.wikimedia.org/wiki/File:Seoul_Cheonggyecheon_night.jpg

https://commons.wikimedia.org/wiki/File:London_307.JPG

https://ko.wikipedia.org/wiki/%ED%82%A4%EB%A3%A8%EC%8A%A4_%EC%9B
%90%ED%86%B5

고등통합사회

쉽-게
배우기

2022년 6월 30일 초판 인쇄 | 2022년 7월 10일 초판 발행

지은이 박상재 · 서인원

펴낸이 한정희
펴낸곳 종이와나무
편집·디자인 김윤진 김지선 유지혜 한주연 이다빈
마케팅 유인순 전병관 하재일
출판신고 제406-2007-000158호

주소 경기도 파주시 회동길 445-1 경인빌딩 B동 4층
대표전화 031-955-9300 | 팩스 031-955-9310
홈페이지 www.kyunginp.co.kr | 전자우편 kyungin@kyunginp.co.kr

ISBN 979-11-88293-16-2 53300
값 15,000원